Gerhard Schwarz / Was Jesus wirklich sagte

Gerhard Schwarz

Was Jesus *wirklich* sagte

Wie man „Tote" lebendig macht

Überarbeitete
und ergänzte Neuauflage

Eine Provokation

Die Deutsche Bibliothek – CIP-Einheitsaufnahme

Schwarz, Gerhard:
Was Jesus wirklich sagte : wie man „Tote" lebendig macht /
Gerhard Schwarz. Überarbeitete und ergänzte Neuauflage. –

Wien ; Klosterneuburg : EDITION VA BENE, 2000.
(Eine Provokation)
ISBN 3-85167-106-6

© Copyright by Mag. Dr. Walter Weiss
EDITION VA BENE
Wien–Klosterneuburg, 2000

E-mail: edition@vabene.at
Homepage: http://www.vabene.at

Das Werk, einschließlich aller seiner Teile, ist urheberrechtlich geschützt.
Jede Verwertung außerhalb der engen Grenzen des Urheberrechtsgesetzes
ist ohne Zustimmung des Verlages unzulässig und strafbar. Das gilt
insbesondere für Vervielfältigungen, Übersetzungen, Mikroverfilmungen
und die Einspeicherung und Verarbeitung in elektronischen Systemen.

Einige Bibelzitate sind der Original-Luther-Übersetzung
(zitiert nach „Goldene Klassiker Bibel"
von 1895/1896 der evangelischen Kirchenkonferenz)
entnommen.

Umschlaggestaltung: Horst Thom, Wien
Druck: Theiss Druck, Wolfsberg
Satz und Druckvorlage: Mag. Franz Stadler, Königstetten
Produktion: Die Druckdenker GmbH, Wien

Printed in Austria

ISBN 3-85167-106-6

Inhaltsverzeichnis

Einleitung 7

Gesetz und Autonomie. 13

Wer ist Jesus? 35

Das Reich Gottes 55

Der Vater 73

Vater, Sohn und Geist 105

Tod und Auferstehung 117

Jesus und die Frauen. 135

Die Wunder 145

Was wissen wir von Jesus 169

Ausblick. 189

Bibliographische Hinweise 217

Anmerkungen 222

Treffen sich zwei Rabbiner. Sagt einer: „Was würdest du tun, wenn dein Sohn so meschugge wäre, von sich zu behaupten, er wäre Gottes Sohn?" Sagt der andere: „Ich würde sofort machen ein neues Testament."

Einleitung

Wir leben heute in einer Zeitenwende, deren Ausmaß noch gar nicht abzusehen ist. Das Studium der virtuellen Realität und die neuen Entwicklungen im Bereich von Wirtschaft und Gesellschaft haben mich – paradoxerweise – zunehmend mehr an die Aussagen des Neuen Testaments erinnert, sofern man das Christentum als Erlösungsreligion betrachtet. Nicht zufällig scheinen mir heute die christlichen Kirchen – besonders die katholische – in eine Krise zu geraten, da es ihnen nicht gelingt, die Fragen der Gegenwart für ihre Mitglieder befriedigend zu beantworten.

Teile dieses Buches habe ich vor 30 Jahren geschrieben. Ich glaube, es war 30 Jahre zu früh. Denn erst heute ergibt sich die Situation, diese Botschaft zu verstehen. Wieso?

• Wir kommen in Zeiten, in denen immer mehr die Verantwortung des einzelnen Menschen gefragt wird. Immer weniger kann man sich auf Vorgesetzte und Chefs verlassen. Die Hierarchien funktionieren nicht mehr. Sie lösen jedenfalls nicht mehr alle Probleme.

• Die in kleinen Gruppen vernetzten Selbständigen brauchen immer mehr das, was man „Konsensfindung" nennt. Konsens setzt selbständige und eigenverantwortliche – interdependente – Personen voraus. Bei Jesus von Nazareth hieß es „Liebe". In Hierarchie und Abhängigkeit gibt es aber keine Liebe. Erst mit der Abschaffung der „Sklaverei" wird sie möglich. (Sklaven werden aber nicht dadurch abgeschafft, daß man sie „Mitarbeiter" nennt und die Herren „Vorgesetzte".)

• Die Moral ist allgemein in einer Krise. Dies hängt m. E. damit zusammen, daß man sich immer weniger an tradierte, vorgegebene Normen hält. Vorschriften sind unflexibel und

oft für Anpassungen an neue Situationen in einer sich rasch ändernden Welt unbrauchbar.
- Ebenso unbrauchbar sind Jenseits- und Wunderglaube, weil sie die Menschen entmündigen. Wer an ein Jenseits glaubt, kann diese Welt nicht ernst nehmen. Wer auf Wunder hofft, braucht sich selbst nicht anzustrengen.
- Im Politischen erleben wir den raschen Zerfall der Diktaturen. Auch sie setzen auf Unmündigkeit. Immer weniger Völker akzeptieren eine Fremdbestimmung. Die Kriege der Gegenwart – und der Zukunft – sind ausnahmslos Autonomiekriege. Unser Herz schlägt dabei meist für die Unterdrückten und gegen die Fremdherrschaft.
- Auf der anderen Seite wird Akzeptanz von Fremden – als Partner – immer wichtiger. „Liebet Eure Feinde", ist eine Parole, die eigentlich erst in der Gegenwart hätte erfunden werden müssen.
- Wir alle leiden unter der Dominanz der Ökonomie. Fast scheint es so, als ob für sie andere Spielregeln gelten (müssen) als für die Beziehung von Mensch zu Mensch.
- Die Frauen sind weder weltweit noch innerhalb des sogenannten christlichen Kulturkreises wirklich gleichwertig. In einigen Kirchen werden sie nicht einmal zum Priesteramt zugelassen, in anderen sind sie eine Minderheit in den Führungspositionen. Auch in Wirtschaft und Gesellschaft sind sie nicht proportional vertreten. Wieso hat es das Christentum in 2000 Jahren nicht geschafft, den ursprünglichen Ansatz – alles was Menschenantlitz trägt ist zugleich menschlich und göttlich – durchzusetzen?

Meine These lautet: Die grundlegenden Elemente eines menschlichen Selbstverständnisses, das die gegenwärtige Zeitenwende bewältigen kann, sind seit der Achsenzeit – wie es Karl Jaspers nennt – in den sogenannten Erlösungsreligionen dargestellt.

In den Erlösungsreligionen (z. B. Taoismus, Buddhismus, Christentum usw.) geht es um die Selbstbestimmung des Menschen. Alle wesentlichen Entscheidungen (z. B. die

Frage: Was ist gut, was ist böse?) werden der Verantwortung des einzelnen übertragen. Das Leben bekommt Sinn zwischen Geburt und Tod, es wird nicht auf ein Jenseits vertröstet. Nicht eine höhere Macht (Gott oder Götter, Geister und Dämonen) sind für die Ordnung auf der Welt verantwortlich, sondern die Menschen selber.

Ob es Erlösung oder Erleuchtung heißt, ob „der zu sich selbst Erwachte" (wie der Philosoph Suzuki das Wort „Buddha" übersetzt) oder das individuelle Gewissen, das Jesus als Resultat seiner Mission anstrebt: Die Menschen sollen vom Jenseitsglauben und Fremdbestimmung befreit werden. Wer andere unterdrückt – ob äußerlich oder innerlich – ist ein „Teufel", und Jesus hat ihn aus den „Besessenen" ausgetrieben. Das Wort „Besessen" ist eine sehr brutale aber auch sehr treffende Bezeichnung für jemanden, der nicht er selbst sein kann.

Dieser Zustand nicht selbst sein können, nicht über sich verfügen zu können, sondern etwas zu tun oder zu denken, was man eigentlich nicht tun oder denken wollte, heißt bei Jesus auch „Sünde". Noch etwas brutaler vergleicht Jesus diesen Zustand als bei lebendigem Leibe tot sein. Wenn es gelingt, diese Sünde zu überwinden (es geht am besten, wie wir wissen, durch die Liebe, also durch Konsensfindung), der lebt neu, ein zweites oder drittes oder x-tes Leben. Im Neuen Testament heißt dies auch Auferstehung. Die Auferstehung des Leibes findet natürlich zu Lebzeiten statt.

Die Ablehnung eines Jenseits durch die Erlösungsreligionen hat seine guten Gründe. Die ärgsten Manipulationen und Unterdrückungen der menschlichen Selbstbestimmung finden mit Hilfe von Jenseitsvorstellungen statt. In Asien kultivierte man die Wiedergeburtslehren, die es den „Fremdbestimmern" ermöglichten, mit Hilfe von Regeln eine Verhaltensanpassung der Menschen in die gewünschte Richtung zu erreichen. Wer nicht brav war, mußte im nächsten Leben mit einem „Abstieg" rechnen. Wer sich konform verhielt, konnte sich auf eine Wiedergeburtskarriere freuen.

In Europa will die Kirche oder wollen jedenfalls Teile ihrer Repräsentanten bis heute nicht darauf verzichten, mit Himmel und Hölle jenen zu drohen, die sich nicht an ihre Gesetze halten. Allerdings tun das die genannten Vertreter gegen ihre eigene Lehre. In der christlichen Dogmatik ist die Eigenverantwortung des Menschen (Gewissen) fest verankert, und auch die Auferstehung des Leibes ist gegen das heidnische Seelenrecycling definiert.

Auch Gott ist nach christlicher Lehre nicht ein Gespenst im Jenseits, sondern in Jesus von Nazareth „vollständig der Gottheit und vollständig der Menschheit nach wahrer Mensch und wahrer Gott". Diese Entscheidung des Konzils von Calcedon interpretiert die Geistbestimmung des Menschen als göttlich, und Gott ist Wesen, das „aus sich heraus entscheidet" – „ens a se" wie es im Mittelalter hieß. Die Fremdbestimmung kommt dem Geschöpf zu „ens ab alio". Durch die Erlösung werden die Menschen ihrer Göttlichkeit teilhaftig und sind nun, genauso wie es Jesus von Nazareth war, Einheit von Gott und Mensch. Deswegen kann man auch behaupten, daß Jesus von Nazareth in seiner Eigenschaft als Einheit von Gott und Mensch wieder auferstanden ist, in jedem von uns, der diese Erlösung nachvollzieht – also eigenverantwortlich und in Liebe handelt.

Damit man den Auferstandenen nicht mit den Knochen verwechselt, die noch in irgendeinem Grab liegen (oder nicht, aber das ist unwichtig), bekommt er einen neuen Namen, er heißt „Christus". Christus ist er als in uns Auferstandener. Die Menschen, in denen sich dieselbe Einheit von Gott und Mensch wiederfindet wie in Jesus von Nazareth, heißen „Christen". So ähnlich, wie in Asien „der zu sich selber Erwachte" „Buddha" heißt und alle, die ebenfalls der Erleuchtung teilhaftig werden, „Buddhas" heißen. Damit ist die „Befreiung gesichert", wie es im 26. Sutra heißt. „Gesichert ist meine Befreiung, dies ist mein letztes Leben, eine Wiedergeburt wird es nicht geben." Der Gedanke des Nirwana, des wirklichen Endes, kann nur dann Frieden bringen, wenn man das Immer-wiedergeboren-werden-Müssen als fremde Last empfunden hat.

Das Christentum reflektiert diesen Gedanken aber in dem Verständnis Gottes als eines Dreieinigen. Gott Vater wäre noch der jenseitige Gott (obwohl er im Alten Testament als Jahwe noch ganz schön diesseitig donnern konnte), Jesus die Menschwerdung Gottes, und der Heilige Geist ist die Anwesenheit Gottes im Menschen seit dem Tod des Jesus von Nazareth bis heute. Die Transzendenz liegt aber nicht in einem Jenseits, sondern im Menschen selber: „Inscende in te et trancende te", sagt Augustinus.

Ich behaupte, auf dieser Einsicht in die Geistbestimmung des Menschen beruht die Wissenschaft (jeder soll selber prüfen können, was wahr ist), beruht die Demokratie (jeder soll mitentscheiden können) und beruhen die Menschenrechte (alles, was Menschenantlitz trägt, ist zugleich auch göttlich).

Diese Geistbestimmung wird uns auch ins virtuelle Zeitalter tragen. Dies möchte ich aber in einem zweiten Teil darlegen. In diesem Buch wird noch einmal eine meines Erachtens für heute und die Zukunft brauchbare Interpretation der Aussagen des Jesus von Nazareth im einzelnen genau betrachtet.

Lassen Sie sich überraschen.

Gesetz und Autonomie

Europa und damit die Welt verdanken die heutige Form ihrer Existenz einer Anzahl von Revolutionen. Den politischen Revolutionen gehen aber immer solche im Geistigen voraus. Erst eine bestimmte Einstellung und Freiheit kann Fesseln von sich werfen. Es ist ein faszinierendes Werk, dem „Zu-sich-selber-Kommen des Menschen im Bewußtsein der Freiheit" (Hegel) zu folgen – soweit wir es können – und die Entwicklung unseres Weltbildes vom alten Orient zur Welt des 21. Jahrhunderts zu betrachten. Eine Beobachtung können wir dabei immer wieder machen: Ideen werden meist einige Generationen vor ihrem Wirksamwerden geboren. Zeitgenossen erkennen den Sprengstoff bestimmter Ideen nur selten, und so werden oft Weichen gestellt, die der Zug der Geschichte erst Jahrhunderte später passiert, und dennoch bestimmen sie seine Richtung. So begann erst Augustinus zum ersten Mal zu begreifen, was die griechischen Philosophen (etwa Sokrates, Platon, Aristoteles) für das Christentum bedeuten und was andererseits Jesus von Nazareth für die Philosophie bedeutet. Heute, nachdem wir schon lange in dem Zug sitzen, der damals abgefertigt wurde, entdecken wir erst, wie grundsätzlich neu die Gedanken besagter Griechen waren, und sehen ein, warum sie gerade in Palästina bei den Juden und später im Römischen Reich ihre Fortsetzung gefunden haben.

Stefan Zweig hat für solche Kulminationspunkte der Geschichte den Ausdruck „Sternstunden der Menschheit" gebraucht. Eine solche „Sternstunde" war ohne Zweifel die Lehrer-Schüler-Generation Sokrates, Platon und Aristoteles. Eine andere Sternstunde war Jesus von Nazareth und Paulus.

Obwohl man beide Abfolgen nicht direkt miteinander vergleichen kann, so hängen sie doch zusammen. Jesus konfrontierte das jüdische Gesetz mit einem Gedanken, den rund 400 Jahre vorher Sokrates in Athen diskutiert und den 350 Jahre vor Jesus Aristoteles schriftlich dargestellt hatte: das Problem der Selbstbestimmung des Handelns oder, wie es Aristoteles ausdrückte, der Freiheit.

Der Kern des Gedankens ist der, daß die Freiheit nicht in der Äußerlichkeit einer Handlung liegt: „Als unfreiwillig gilt, was aus Zwang oder Unwissenheit geschieht",[1] meint Aristoteles und sagt dann über das menschliche Handeln: „Der Mensch handelt aber freiwillig, denn das Prinzip, das die vielen Glieder des Leibes bei solchem Handeln bewegt, ist im Menschen, und immer da, wo das bewegende Prinzip im Menschen liegt, steht es auch in der Macht des Menschen zu handeln oder nicht zu handeln. So ist denn dieses Handeln freiwillig." (Nikomachische Ethik 1110b)

Die Unfreiwilligkeit wird noch genauer bestimmt (z. B. die Gewalt): „... wenn die Ursache in den äußeren Umständen liegt", während bei der freien menschlichen Handlung „das bewegende Prinzip in dem Handelnden selbst liegt".

Aus der Selbstbestimmung der Handlung leitet Aristoteles die Verantwortlichkeit des Individuums ab. Für die Verantwortlichkeit des Individuums gebrauchen wir heute das Wort Autonomie. Die Aristotelische Definition ist bis heute gültig und auch in die Gesetze eingegangen: Jemand, der nicht als Herr seiner Entscheidungen angesehen werden kann, wird vom Gesetz nicht zur Rechenschaft gezogen. Herr seiner Entscheidungen sein ist auch eine Voraussetzung für die Moral. Daher kann nur der Entscheidende und Handelnde gut oder böse handeln. Wer „nicht zurechnungsfähig ist", steht damit zugleich auch außerhalb moralischer Bestimmung.

Moralische Selbstbestimmung setzt aber nicht nur eine gewisse Emanzipation des Menschen von der Natur voraus, sondern auch eine des Individuums von der Gesellschaft.

Man könnte sogar sagen, es setzt Individualität überhaupt voraus; andererseits konstituiert sie aber auch diese. Individuelle Entscheidung ist für den Menschen keineswegs etwas Selbstverständliches. Es ist einer der großen Irrtümer, denen Europäer in nichteuropäischen Kulturkreisen oft erliegen, daß sie voraussetzen, jedes erwachsene Individuum könne selbst entscheiden. Wie viele Menschen treffen die Entscheidungen nicht selbst, sondern der Stamm oder die Familie, der Medizinmann oder der Priester, der Älteste oder der politische Führer entscheidet für sie! Sogar wenn man sich in der eigenen Umgebung und unter „Christen" umblickt, könnte man gelegentlich meinen, Selbstbestimmung der Handlung sei ein Programm, keine Wirklichkeit.

Auch im griechischen Kulturbereich (Hellenismus) blieb diese Theorie des Aristoteles durch lange Zeit bloße Theorie. Wie wir heute wissen, setzt Selbstbestimmung nicht nur einen bestimmten Naturbegriff voraus (der nicht mehr mythologisch-magisch sein darf), sondern auch eine bestimmte Existenzweise, die z. B. nicht mehr Abhängigkeit von einem jenseitigen allmächtigen Zauberer benötigt.

Was aber in das hellenistische Allgemeinbewußtsein allmählich eindrang, war die Unterscheidung von Äußerlichkeit und Innerlichkeit – wobei „innen" nicht wie das Schachtelinnere, also wieder „äußerlich", nämlich räumlich aufgefaßt werden dürfte. Daß die Tugend in der Gesinnung liegt und nicht im äußeren Ablauf einer Handlung, gehörte zum Repertoire jedes Weisheitslehrers, ob er nun Stoiker, Kyniker, Epikureer oder Platoniker war. Allerdings – und darauf wurde schon hingewiesen – ging dieses Erstreben der Gesinnung meist auf Kosten des Leibes: Je mehr wir unseren Leib für etwas Negatives ansehen, desto mehr – so wurde behauptet – verwirklichen wir das Sittliche und werden „unsterblich". Unsterblich sei nur die Seele, lehrten die Platoniker, und der Leib sei der Kerker der Seele.

Tugend ist damit notwendig Askese, Abtötung des Leiblichen, soweit wie möglich. Wodurch dieser großartige

Gedanke, daß der Mensch in der Natur nicht aufgeht und sich – weil er mehr ist als bloße Natur – von ihr emanzipieren kann, wieder ruiniert wurde. Denn mit der Askese um der Askese willen, mit einer Tugend, deren Inhalt die Negation des Leiblichen (der Antriebe, Gefühle usw.) darstellt, läßt sich nicht leben und handeln. Schon weit entfernt von der platonischen Verehrung für alles Schöne, lehrten die hellenistischen Propheten die Tugend als Verachtung des Leibes, und weit entfernt von der aristotelischen Unterscheidung von äußerlicher und freiwilliger Handlung, lehrten sie die Freiheit als Freiheit vom Leib. Es ist hier nicht der Ort, auf die vielschichtigen Gründe für diese Entwicklung einzugehen; einer der Gründe ist aber sicherlich der, daß sich die aristotelische Freiheit des sokratischen Emanzipationsgedankens ohne grundsätzliche Neuorientierung des Menschen im Verhältnis zur Welt und den dazugehörigen Organisationsformen der Menschen, die jedem Menschen seine Möglichkeit zur Selbstbestimmung gab, nicht halten konnte.

Eine solche Neuorientierung – oder besser: Vorschläge für eine solche Neuorientierung – wurden in der sogenannten Achsenzeit in China, Indien und Europa ungefähr gleichzeitig gemacht.

In China war es Laotse, der einen Gegenwurf kontra den Konfuzianismus versuchte. In Indien war es Gautama Siddharta, der die Rückbesinnung auf sich selber als (achtfachen) Weg betrachtete. In Europa war es der Grieche Sokrates, der das Prinzip „Bestimme dich selbst" aufstellte.

In Palästina war es Jesus von Nazareth, der dieses Prinzip dann einige Jahrhunderte später in der westlichen Welt geschichtsmächtig machte. Er griff zunächst den Gedanken der Unterscheidung von Äußerlichkeit und innerer Selbstbestimmung der Handlungen auf und konfrontierte damit das jüdische Gesetz. Die jüdische Religion bot eine ungleich günstigere Voraussetzung für die Entwicklung der Selbstbestimmung als der griechische Mythos. Das jüdische Gesetz war nämlich gerade an dem Punkt der Differenz von allgemeiner Verbindlichkeit und individueller Auslegung in die Krise geraten.

Die Thora, das Gesetz, regelte fast alle Bereiche des menschlichen Handelns durch göttlichen Befehl. Wann, wo und wie Gott angebetet werden sollte, war genauso festgelegt wie es die Einzelheiten des Ehelebens oder der Ernährung waren, wodurch reine (= erlaubte) Speisen und unreine (= unerlaubte) Speisen definiert wurden. Die Autorität Gottes verlangte Gehorsam gegenüber dem Gesetz, und dieser Gehorsam implizierte dafür das Heil des einzelnen und des Volkes, das Heil Israels. Das Gesetz stiftete einen Bund zwischen Gott und dem auserwählten Volk. Das Gesetz war sehr einfach und doch für die Bedürfnisse des Nomadenvolkes differenziert genug, um alle Entscheidungen aus dem Gesetz heraus treffen zu können. Für die Griechen bedeutete das jüdische Gesetz die reine „Heteronomie", d. h. Fremdbestimmung. Nicht der Mensch entscheidet, was gut und böse ist, sondern das Gesetz. Der „aufgeschriebene Buchstabe" ist dabei natürlich außerordentlich unflexibel und kümmerte sich nicht um kulturellen Fortschritt oder um Situationen, für die das Gesetz nicht paßte.

Mit der Rückkehr aus dem Babylonischen Exil und der Aufnahme fremder (besonders griechischer) kultureller Einflüsse kam nun die Krise des Gesetzes. War es früher Hort der Schwachen und Hilfe im Sturm – „Nicht weise ist, wer das Gesetz haßt, und wer es nicht hält, wankt wie ein Schiff im Sturm" (Sirach, 33, 2) –, so wird es nun das Dorado der Ausleger. „Am Buchstaben wird nichts mehr geändert, dafür tritt die mündliche Überlieferung ein. Der neue Stand der Schriftgelehrten, der sich in der nachexilischen Zeit herausbildet, übernimmt die Aufgabe, das schriftliche Gesetz zu hüten, zu erklären und jeweils aktuell anzuwenden. Es entsteht eine mündliche Auslegungstradition, die von den Schriftgelehrten, d. h. vor allem den Gesetzeskundigen getragen ist." So formuliert es W. Trilling in seinem Buch „Fragen zur Geschichtlichkeit Jesu". Dann heißt es dort weiter: „Die Nachfolger der frühen Gesetzeslehrer sind die Juristen und Schriftgelehrten, die Rabbiner der Zeit Jesu. Schriftliches Gesetz und mündliche Auslegung haben in der Auffassung der rabbinischen Theologie die gleiche Würde und Kraft der Verpflichtung. Zwischen beiden besteht eine lückenlose Einheit und Kontinuität." Und der Autor schließt: „Wenn die mündliche Überlieferung angetastet würde, käme das einem Angriff auf das heilige Gesetz und damit auf den letzten Gesetzgeber, auf Gott selber gleich."[2]

Die immer differenzierter und komplizierter werdende Auslegung kreierte aber nicht nur den neuen Stand der Schriftgelehrten und baute die Funktion und Autorität des Rabbi aus, sondern verleitete auch dazu, das Gesetz zu umgehen. Immer größer wurden die Lücken im Gesetz, und mit neuen Problemen, die auftauchten, galt immer mehr das Prinzip: Was nicht verboten ist, ist erlaubt. Ein „Overkill" an Regeln mobilisiert auch heute noch die Phantasie, diese Regeln zu umgehen.

Eine ähnliche Entwicklung gab es vorher in Griechenland, nämlich die Sophistik. Wieweit Zusammenhänge bestehen (also etwa die Sophistik in ihrer Fragestellung auch auf Palästina ausstrahlte), ist noch nicht genau erforscht.

Die relativ willkürliche Auslegung des Gesetzes korrumpierte aber nicht nur dessen eigentlichen ursprünglichen Sinn (war das Gesetz doch Zeichen der Erwählung Israels), sondern schuf auch eine neue bevorzugte Herrenklasse: Schriftgelehrte (Sadduzäer und Pharisäer). Ihnen oblag es, das Gesetz auszulegen, und einige von ihnen verwendeten es mit der Zeit als massives Herrschaftsinstrument. Gerade (und nur) formale Gebote eignen sich außerordentlich gut zur Unterdrückung anderer, die in der Befolgung der formalen Gebote noch immer ihr Heil sehen.

Die formale Befolgung des Gesetzes zum alleinigen Kriterium von Gut und Böse zu machen beschwor aber eine noch weitere große Gefahr herauf. Je differenzierter das Gesetz ist, desto leichter kann man sich jeweils so unterordnen, daß die eigene Handlung – mag sie gut oder böse sein – auf jeden Fall als gut ausgewiesen werden kann. Man kann Witwen und Waisen unterstützen, wie das Gesetz einen dazu verpflichtet, man kann aber auch als Pharisäer den Witwen ihr Hausgut für das Hersagen langer Gebete wegnehmen.

Die Kaste der Schriftgelehrten legte das Gesetz oft so aus, daß sie dabei als die Guten heraussstiegen und ihren Vorteil hatten. Bis heute nennt man daher jemanden, der sich bei allen Handlungen als der Bessere vorkommt, einen Pharisäer. Die Pharisäer sind deshalb der Hauptangriffspunkt der Kritik Jesu. Sie sind Heuchler, weil ihre Worte mit ihren Taten nicht übereinstimmen. Sie unterdrücken ihre Mitmenschen und lassen sich Meister nennen. Matthäus gibt im 23. Kapitel seines Evangeliums eine Zusammenfassung der Vorwürfe Jesu gegen die Pharisäer (Matth. 23,1–33): „Auf des Moses Lehrstuhl haben sich die Schriftgelehrten und Pharisäer gesetzt. Alles nun, was sie euch sagen, das tut und befolgt, doch nach ihren Werken handelt nicht, denn sie reden wohl, aber sie handeln nicht. Sie binden schwere und unerträgliche Lasten und bürden sie den Menschen auf die Schultern." Dann folgt die berühmte Wehklage: „Der Größte unter euch soll euer Diener sein. Wer sich selbst erhöht, soll erniedrigt werden, wer sich selbst erniedrigt, wird erhöht.

Wehe euch, ihr Schriftgelehrten und Pharisäer, ihr Heuchler, ihr verschließt das Himmelreich vor den Menschen, ihr selbst geht nicht hinein und ihr laßt auch die nicht hinein, die hinein möchten." Der Leser sei eingeladen, die darauf folgenden Tiraden Jesu auf die Pharisäer selbst in der Bibel nachzulesen (Matth. 23,1–33).

Das Verhältnis Jesu zur geistlichen Obrigkeit – der er ja selber auch entstammt – war, wie man sieht, äußerst konfliktträchtig. Dahinter steht aber eine weltgeschichtliche

Differenz, die wir ähnlich auch in Indien bei den Brahmanen feststellen, aber auch in China, etwa bei Dschuang Dsi: Wer entscheidet letztlich über gut und böse?

Was Jesus den Pharisäern vorwirft, ist, daß sie das Gesetz zu einer bloßen Äußerlichkeit gemacht haben. Diese Äußerlichkeit ist eine Folge der pharisäischen Emanzipation vom Gesetz, die durch die Auslegung eingetreten ist. Es ist vielleicht ein kleiner, aber wesentlicher Schritt vom Gehorsam gegenüber dem Gesetz und seinem Sinn bis zur Auslegung und damit zur Entscheidung darüber, was gut und böse ist, und der möglichen nachträglichen Rechtfertigung aus dem Gesetz. Je öfter man in vom „Gesetz" nicht festgelegten Fällen entscheiden muß, desto leichter wird dieser Schritt vollzogen. Interpolation und Kasuistik sind der Beginn einer Emanzipation des Gewissens vom Gesetz.

Jesus zieht die Konsequenz aus diesem Prozeß und konfrontiert die Pharisäer mit der Unterscheidung von der bloßen Äußerlichkeit und dem Sinn einer Handlung. Diese Unterscheidung hatte aber in der Weltgeschichte ungeheure Konsequenzen.

So versucht Jesus etwa die jüdischen (äußerlichen) Reinheitsvorschriften wieder auf den alten Sinn zurückzuführen: Er definiert „Reinheit" ganz anders, nämlich von der Gesinnung her. Äußerliches kann den Menschen auch nur äußerlich unrein machen. Dies waren damals in Palästina aber revolutionäre Gedanken. Bei Matthäus 15, 1–20 heißt es: „Da traten Pharisäer und Schriftgelehrte aus Jerusalem an Jesus mit der Frage heran: ‚Warum übertreten deine Jünger die Überlieferung der Alten? Sie waschen ja nicht die Hände, wenn sie essen.'" Jesus nimmt dies zum Anlaß, um festzustellen: „Nicht was eingeht zum Munde, macht den Menschen unrein, sondern was herauskommt aus dem Munde, das macht den Menschen unrein." Es folgt das Gleichnis mit den Blinden, dann sagt Jesus: „… was aus dem Munde herauskommt, das kommt aus dem Herzen heraus, und das macht den Menschen unrein. Denn aus dem Herzen kommen böse Gedanken, Mord, Ehebruch, Unzucht, Diebstahl, falsches Zeugnis, Lästerung. Das ist 's, was den Menschen unrein macht. Aber mit ungewaschenen Händen essen macht den Menschen nicht unrein."

Jesus gibt aufgrund der aufgetretenen Differenz von außen und innen dem Gesetz einen neuen Sinn. Den Unterschied von äußerlicher Reinheit und Gewissensreinheit gab es bei Moses noch nicht. Mit der Möglichkeit dieser Unterscheidung – sie hat ihre Wurzeln bei den Griechen – wurde es notwendig, dem Gesetz einen neuen Sinn zu geben. Nicht äußerliche Zeichen oder Handlungen (Händewaschen) machen den Menschen rein, sondern die Selbstbestimmung.

Bis heute gibt es sowohl zwischen den christlichen Kirchen, als auch innerhalb der katholischen Kirche den Streit, was man alles dem Gewissen überlassen müsse, und wo sich die Kirche inhaltlich zur moralischen Qualität einer Handlung äußern soll.

Nach der Revolution des Jesus von Nazareth kann man einer Handlung äußerlich grundsätzlich nicht ansehen, ob sie gut oder böse ist.

In einer Kleinstadt begegnet dem katholischen Pfarrer auf der Straße ein Junge, der einen frischen Rosinenkuchen trägt und sich die Rosinen herauspickt und schmecken läßt. „Mein Sohn!" spricht der Pfarrer ihn an. „Du sollst nicht naschen!" Der Junge antwortet: „Erstens bin ich nicht Ihr Sohn. Zweitens sagte meine Mutter, ich solle einen Kuchen ohne Rosinen holen. Und drittens bin ich evangelisch."

Die Stelle Matth. 15,1-20 ist deshalb so interessant, weil hier gezeigt wird, daß der Sinn eines Gesetzes durch nachträgliche Kasuistik ins Gegenteil verkehrt werden kann. Es war – damals wie heute – das aktuelle Thema der „Pensionsreform". Bei den Juden gab es die Regel, daß die Jungen für die Alten sorgen mußten. Man überließ das aber nicht zur Gänze den individuellen Verhältnissen, die ja zwischen Jung und Alt nicht immer gut sein müssen, sondern die Alten konnten ihre „Pension" beim Tempel einklagen, wenn die Jungen nicht zahlten. In diesem Fall holte sich der Tempel bei den Jungen das Geld. Für den Fall aber, daß der Tempel vielleicht auch nicht so gut bei Kassa war oder aus irgendeinem Grunde, führten die Pharisäer und Schriftgelehrten eine „Modifikation" dieser Regel ein: Wenn die Jungen die Hälfte des Geldes, das sie den Alten zahlen sollten, dem Tempel unter dem Titel „Weihegabe" spendeten, brauchten sie die zweite Hälfte nicht mehr abzuliefern. Also Tempel und Junge teilten sich die Pension auf Kosten der Alten.

Jesus meinte dazu, daß damit eigentlich der Sinn des Gesetzes ins Gegenteil verkehrt wurde. Er sagt: „Gott hat doch geboten: du sollst Vater und Mutter ehren... Ihr aber sagt: Wer zu Vater oder Mutter sagt, was ich Dir zukommen lassen sollte ist Weihegabe, der braucht seinen Vater und seine Mutter nicht mehr zu ehren." Jesus zieht daraus den Schluß: „So setzt ihr das Gebot Gottes um eurer Überlieferung willen außer Kraft." Eigentlich, so könnte man diese Revolution – hier unter der Lupe – so formulieren: Das, was die Pharisäer und Schriftgelehrten können, nämlich das Gesetz so interpretieren, wie man es selbst für richtig hält, das können nicht nur die Herren des Tempels, sondern das kann auch Jesus, oder aber das können alle. Jeder Mensch sollte in die Lage versetzt werden, den Sinn eines Gesetzes für sich selber „richtig" zu interpretieren, und damit geht die Autorität, die früher das Gesetz und seine Interpreten hatte, auf jeden einzelnen Menschen über. Gerade die nach Meinung von Jesus „falsche" Interpretation des Gesetzes etwa in Fragen der „Pension" zeigt, daß das Gesetz eben interpretiert werden muß, Jesus nennt dies „Erfüllung" oder „Vollendung" des Gesetzes. Es ist nur mehr *eine* der Voraussetzungen des Handelns geworden. Es sagt Matth. 5,17–28: „Glaubt doch nicht, daß ich gekommen bin, das Gesetz oder die Propheten aufzuheben. Nicht sie aufzuheben bin ich gekommen, sondern sie zu vollenden." Dann folgt wieder der Seitenhieb gegen die Pharisäer: „Denn ich sage euch, wenn eure

Gerechtigkeit nicht größer sein wird als die der Schriftgelehrten und Pharisäer, so werdet ihr nicht in das Himmelreich kommen. Ihr habt gehört, daß zu den Alten gesagt worden ist: Du sollst nicht töten! Wer aber tötet, soll dem Gericht verfallen. Ich aber sage euch: Jeder, der seinem Bruder zürnt, soll dem Gericht verfallen sein ..."

An die Stelle des formalen Gehorsams tritt die Gesinnung, das Gesetz wird damit zum Motiv, und so tritt an die Stelle des Zwanges die freie Entscheidung. Damit ist das Gesetz nicht aufgehoben, sondern „vollendet", d. h. auf seinen Sinn gebracht. Paulus denkt diesen Gedanken noch weiter und meint: Die höchste Vollendung erreicht das Gesetz dort, wo keinerlei Differenz zwischen Äußerlichkeit und Gesinnung mehr existiert, nämlich in der Liebe: „Die Liebe ist des Gesetzes Vollendung" (Römer 13,10).

Manche Theologen sehen in den Partien Matthäus 5,17–19 einen Widerspruch zu Jesu Handlungen. So etwa Bultmann: „Sie (die Gemeinde) hat ihren Standpunkt – sei es dem Paulus, sei es anderen hellenistischen Missionaren gegenüber – in die Jesus in den Mund gelegten Worte gefaßt, die von der Unvergänglichkeit auch des kleinsten Gesetzesbuchstaben reden und ausdrücklich sagen, daß Jesus nicht gekommen sei, das Gesetz aufzulösen, sondern es zu erfüllen (Matthäus 5,17–19)."[3] Der Widerspruch scheint mir aber nur ein äußerlicher zu sein. Jesus hebt das Gesetz nicht auf, das würde ja bedeuten, daß er es durch ein anderes – ebenso inhaltliches – ersetzen müßte. Er vollendet es, d. h. er verlangt nicht die formale Erfüllung des Buchstabens als Kriterium des Guten, sondern die Gewissensentscheidung dem Gesetz gegenüber. Dies zeigt sich am besten dort, wo er dem Gesetz direkt widerspricht. In Leviticus 20,10 heißt es: „Wenn ein Mann mit der Frau seines Nächsten Ehebruch treibt, dann sollen der Ehebrecher und die Ehebrecherin des Todes sterben." Bei Johannes 8,1–11 lesen wir Jesu Einstellung zu dieser Frage: „Da führten die Schriftgelehrten und Pharisäer eine Frau herbei, die man beim Ehebruch ertappt hatte, stellten sie in die Mitte und sagten zu ihm: ‚Meister, diese Frau wurde auf frischer Tat ertappt als Ehebrecherin. Im Gesetz hat uns Moses befohlen, sie zu steinigen. Was sagst du dazu?"

Dies ist aber eine klassische „Falle" und eine für Jesus nicht ungefährliche Situation. Denn sagt er jetzt: „Steinigt sie", dann folgt er ja gerade wieder dem Brauch, aus der Äußerlichkeit einer Handlung auf ihren moralischen Wert zu schließen. Ehebruch muß ja – auch damals schon – nicht unmoralisch sein, auch nicht wenn es das Gesetz verbietet. Sagt er aber: „Steinigt sie nicht", dann hat er im heiligen Tempelbezirk etwas gegen das Gesetz gesagt, und die Herren des Tempels hätten ihn an Ort und Stelle selber steinigen dürfen. Dies war ja die einzige Tötungs- und Exekutionsart, die den Juden von den Römern zugestanden wurde: jemanden steinigen zu dürfen, der im Tempel etwas gegen das Gesetz sagt.

Jesus und der Evangelist Johannes waren sich dieser Falle bewußt, denn es heißt: „Das sagten sie, um ihn auf die Probe zu stellen, damit sie einen Grund hätten zur Anklage gegen ihn." Es ist verständlich, daß Jesus nicht sofort antwortete. „Jesus aber bückte sich nieder und schrieb mit den Fingern auf die Erde. Da sie aber nicht nachließen mit ihren Fragen, richtete er sich auf und sprach: ‚Wer von euch in diesem Punkte ohne Sünde ist, der werfe den ersten Stein auf sie.'" Dieser „Ausweg" aus der Falle „Gesetz gegen Autonomie" ist berühmt geworden. Denn Jesus stellt sich nicht gegen das Gesetz, er ist nicht dagegen, daß sie gesteinigt wird, aber nur der, der „so etwas noch nie getan hat", werfe den ersten Stein. „Und er bückte sich abermals und schrieb auf die Erde. Als sie aber das hörten, schlichen sie davon, einer nach dem anderen, von den Ältesten angefangen bis zum letzten."

Wer so etwas noch nie getan hat, werfe den ersten Stein, ist ein überdeutlicher Appell an das eigene Gewissen, für welches das Gesetz nur eine mögliche Empfehlung (Motiv) darstellt. Der Appell wurde auch gehört, denn sie sind der Reihe nach alle davongeschlichen, „die Ältesten zuerst", wie Johannes nicht ohne Humor hinzufügt.

Ich vermute übrigens, daß der Wiener Slang-Ausdruck „schleich dich", der immer dann verwendet wird, wenn der andere einen moralischen Appell verwendet, selber aber auch nicht besser zu sein scheint, von dieser Bibelstelle abgeleitet ist.

Das Ende der Geschichte hat übrigens dazu geführt, daß diese Stelle in vielen Bibelabschriften später weggelassen wurde, weshalb sie bis heute als „unecht" gilt. Man hat allerdings in der letzten Zeit Fragmente des Johannesevangeliums entdeckt, die sehr alt sind und diese Geschichte (zum Teil) enthalten. Es geht nämlich so weiter: Nachdem sich alle „geschlichen" hatten, „blieb Jesus allein zurück mit der Frau, die in der Mitte stand. Da richtete sich Jesus auf und sprach zu ihr: ‚Frau wo sind sie? Hat keiner dich verurteilt?' Sie sagte: ‚Keiner Herr.' Da sprach Jesus zu ihr: ‚Auch ich verurteile dich nicht. Gehe hin und sündige nicht mehr.'" Je nach Lesart müßte man korrekterweise übersetzen: „Auch ich verurteile dich nicht in dieser Sache."

Ein wenig spürt man den Triumph noch aus dem Text, daß „innere" Entscheidung gegen die „Äußerlichkeit" gesiegt hat. Natürlich folgt daraus nicht, daß man jetzt ein Gesetz aufstellen müßte, das lautet: „Du sollst ehebrechen." Für die Ordnung der Gesellschaft sind Regeln notwendig. Was sie aber für den einzelnen bedeuten, ist von diesem selbst zu entscheiden.

Eine ähnliche Situation besteht bezüglich des Sabbatgebotes, das Jesus nur befolgt, wann und wo er es für gerechtfertigt hält. Daraus folgt, daß Jesus es auch gelegentlich bricht; dann entsteht aber ein Widerspruch zum Alten Testament. „Der Herr sprach zu Moses: ‚Sage den Israeliten, beobachtet besonders meine Sabbate, denn sie sind ein Zeichen zwischen mir und euch in allen euren Geschlechtern. Daran soll man erkennen, daß ich, der Herr es bin, der euch heiligt. Beobachtet also den Sabbat, denn heilig soll er euch sein. Wer ihn entheiligt, muß des Todes sterben" (Exodus 31, 12–14). Dementsprechend wurde die Entheiligung des Sabbats auch geahndet. Numeri 15, 32–36 wird erzählt, daß die Israeliten einen, der am Sabbat Holz sammelte, vor Gericht stellten und kurz darauf steinigten. Jesus aber heilte, wo es notwendig war, auch Kranke am Sabbat: In der Synagoge, wo ein Mann mit gelähmter Hand war, fragt Jesus die Pharisäer: „Ist es erlaubt, am Sabbat Gutes zu tun oder Böses, ein Leben zu retten oder zu töten?" Weil sie schweigen, blickte er sie zornig an und befahl dem Manne: „Strecke deine Hand aus!" Der streckte sie aus, und seine Hand war gesund. „Die Pharisäer aber gingen hinaus und hielten sogleich mit den Herodianern Rat wider ihn, wie sie ihn vernichten könnten" (Mark. 3, 1–6).

Jesus aber kehrt auch das formale Gebot zugunsten des Menschen um. Die Trennung von Gesetz und Gesinnung, wodurch das Gesetz erst seine widerwärtige Äußerlichkeit bekam, machte den Menschen zum Knecht des Gesetzes. Die Fundierung der Entscheidung im Gewissen als letzter Instanz gab dem Gesetz wieder seinen ursprünglichen Sinn, Hilfe und Motiv für die Entscheidung zu sein, das Heil des Menschen zu fördern. Daher ist „der Sabbat um des Menschen willen da und nicht der Mensch um des Sabbats willen" (Mark. 2, 27).

Der Mensch, der selber Herr seiner Entscheidungen ist, niemandes Knecht mehr, jedenfalls nicht in der Fremdbestimmung, ist natürlich in neuer und unerhört verschärfter Weise verantwortlich. Er kann nicht mehr hoffen, durch äußerliche Ritualien die schlechte Gesinnung zu kompensieren. Denn nicht erst Ehebruch ist das Problem, sondern schon die Entscheidung dazu muß verantwortet werden. Nicht erst das Schimpfwort gegen den Bruder ist problematisch, sondern schon „der Haß im Herzen".

Um dies zu verdeutlichen, greift Jesus zu paradoxen Formulierungen: „Ihr habt gehört, daß gesagt wurde: Aug um Aug, Zahn um Zahn. Ich aber sage euch: Dem Böswilligen leistet keinen Widerstand. Vielmehr, wenn jemand dich auf die rechte Wange schlägt, so biete ihm auch die andere dar" (Matth. 5, 38–42). Die linke Wange ist dabei nicht eine Erweiterung des Gesetzes in der Form: Wenn man die zweite Backe hingehalten hat, hört die Gemütlichkeit auf, und man kann getrost zurückschlagen. Jesus fordert vielmehr eine völlig neue Einstellung zum anderen Menschen, die sich überhaupt nicht um Gesetz und Vorschriften, Regeln und Prinzipien kümmert, sondern in eine Gemeinschaft mit den Menschen eintritt. In dieser Gemeinschaft ergeben sich die Handlungen aus der Selbstbestimmung, wobei als einziges Prinzip die Liebe gilt. Daß Jesus die Empfehlungen nicht als inhaltliches neues Gebot aufgefaßt hat, geht schon daraus hervor, daß er vor dem Hohenpriester, als er eine Ohrfeige bekam, keineswegs die andere Wange hingehalten hat, im Gegenteil: Er setzte sich zur Wehr: „Habe ich unrecht geredet, so beweise das Unrecht! Wenn aber recht, warum schlägst du mich?" (Joh. 18, 23)

Diese Antwort vor dem Hohen Rat kann uns aber noch etwas lehren: Die Überwindung des Bösen kann grundsätzlich nicht auf der Basis des Rechtes, d. h. der anonymen Bestimmung eines Menschen stattfinden. Die einzige Möglichkeit, das Böse zu bewältigen, ist in der konkreten Situation, in der konkreten Gemeinschaft und in ihr wiederum nur durch das Gute gegeben. Solange man Haß wiederum mit Haß begegnet, hat man keine Möglichkeit, den Haß abzubauen und zu bewältigen. Paulus hat dieses Prinzip, das seither als christliche Feindesliebe in die Terminologie der Geschichte eingegangen ist, so zusammengefaßt: „Laß dich nicht vom Bösen überwinden, sondern überwinde das Böse durch das Gute" (Römer 12, 21).

Im übrigen handelt es sich hier um eine der ersten Formulierungen jenes sozialpsychologischen Gesetzes vom „Teufelskreis des Mißtrauens". Ich habe bei sehr vielen Konfliktinterventionen immer wieder die Erfahrung gemacht, daß zwei Konfliktparteien aus dieser Mißtrauensspirale nicht mehr alleine herauskommen. Man nimmt an, daß der Ehepartner oder der Kollege einem nicht die volle Wahrheit sagen und wird mißtrauisch, d. h. man entzieht ihm nun seinerseits Informationen. Je mehr man aber mißtrauisch wird, desto mehr wird der andere zurückhalten, womit er wiederum beweist, wie sehr man mit dem Mißtrauen recht hatte: Man wird ihm noch weniger sagen, noch mehr mißtrauen usw. Schließlich verkehren sie nur mehr schriftlich miteinander. Was mit den paradoxen Formulierungen im NT aus heutiger Sicht gemeint ist, ist das Durchbrechen dieser Mißtrauensspirale. Einer muß damit anfangen, dem anderen wieder Vertrauen entgegenzubringen. Der wird es honorieren und seinerseits einen Akt des Vertrauens setzen. Dadurch bekommt man die Hoffnung, es geht doch mit ihm, man wird mehr Vertrauen zeigen, was wiederum mit mehr Vertrauen beantwortet werden kann usw. Der Aufbau dieser Vertrauensspirale, wenn die Kommunikation im Mißtrauen zusammengebrochen ist, entwickelt sich genau nach den paradoxen Formulierungen der „Feindesliebe".

Das Paradoxe in Jesu Formulierungen zielt nicht nur auf eine Inkompetenz des Gesetzes für die zwischenmenschlichen Probleme (sobald man zum Richter geht, ist sozusagen schon alles verloren), sondern auf eine neue Einstellung zum Menschen überhaupt. Im Anschluß an das oben Zitierte folgen in der Bergpredigt jene berühmten Partien, die bisher in der Weltgeschichte nur aus dem Munde Jesu zu vernehmen waren:

„Ihr habt gehört, daß gesagt worden ist: Liebe deinen Nächsten und hasse deinen Feind. Ich aber sage euch: Liebet eure Feinde, tut Gutes denen, die euch hassen. […] Denn wenn ihr die liebt, die euch lieben, was habt ihr dann für einen Gewinn? […] Und wenn ihr nur eure Brüder grüßt, was tut ihr dann Besonderes? […] So seid denn ihr vollkommen, wie euer himmlischer Vater vollkommen ist!" (Matth. 5, 43–48)

Aus heutiger Sicht müßte man wohl annehmen, daß es sich um eine erste Fassung einer Konsenstheorie handelt, die über Gruppenkonsens hinausgeht. Das Paradox der Liebe ist ja eine Kleingruppenideologie. „Normalerweise" würde man Feinde hassen und Freunde lieben. Anders ist der

Unterschied von Freund und Feind gar nicht definierbar. Eine unspezifische Liebe (so etwa nach dem Motto: „Seid umschlungen, Millionen, einen Kuß der ganzen Welt") ist keine brauchbare Grundlage für Konsensverhalten.

„Von Natur aus" werden also Freunde (=Angehörige einer kleinen Gruppe) geliebt und die „Fremden" abgelehnt. Diese Schranke zu überwinden und auch mit „Feinden" zu kooperieren war sicher eines der großen Erfolgsrezepte des Homo sapiens, weil es einen Risikoausgleich ermöglichte.

Die Feindesliebe wäre also – etwa im Sinne des vieldiskutierten „prisoner's dilemma" (s. mein Buch: Konfliktmanagement, Gabler-Verlag, 5. Aufl., 2000) – eine Kooperation über Stammesgrenzen hinweg.

Im Prinzip stellt ja schon das „Gesetz" – also Regeln und Normensystem – eine Überhöhung der Natur dar. Durch Jesus wird auf der Ebene des individuellen Gewissens die Relativierung des Normensystems betrieben – sicher mit dem Effekt einer größeren Flexibilität. Hier ist zu überlegen, wie größere Sozialgebilde mit diesem Prinzip der Selbstbestimmung umgehen und auf welche Grenzen sie dabei stoßen.

Die Umwertung aller Werte, wie sie Jesus vollzogen hat, bleibt nicht auf der Ebene des Gesetzes, indem sie die alten Gebote durch neue ersetzt. Jesus ersetzt vielmehr das Gesetz als sittliche Instanz überhaupt durch die wesentlich flexiblere individuelle Selbstbestimmung. Das Gesetz bleibt bestehen, aber als äußerliches, es wurde sozusagen in seiner Äußerlichkeit durch Jesus bestätigt – unter das Gesetz muß wie bisher jeder subsumiert werden können, aber es ist keine Heils-Instanz mehr. Jesus hat damit, um moderne Ausdrücke zu gebrauchen, die Trennung von Religion und Staat vollzogen. Noch bei den Römern war der Kaiser zugleich auch Gott, war die staatliche Ordnung zugleich heilig. Die Unterscheidung von Gesetz und Gewissen aber trennt die Moral und den Glauben vom Gesetz, über das in Zukunft der Staat herrschen wird. Das Gewissen und seine Ausbildung führt zu entscheidungsfähigen Individuen und der Staat mit formalen Gesetzen über viele Zwischenstufen zur Demokratie. Erst wenn der Herrscher nicht mehr Gott ist oder direkt von Gott gesendet oder auserwählt wird, kann die Idee entstehen, ihn vom Volke wählen zu lassen. Erst wenn das Volk, d. h. jeder einzelne, Herr seiner Entscheidungen ist, besteht Aussicht, daß eine vernünftige(!) Regierung vom Volk gewählt werden kann.

Eine der Voraussetzungen für ein Funktionieren des entmythologisierten „Staates" war die Institution der Kirche. Erst die Kirche gestattete wirklich, den Staat frei von Glaubensproblemen zu organisieren. Ob und inwieweit die Zwei-Schwerter-Theorie (Papst und Kaiser, religiöse und staatliche Autorität als getrennte Instanzen) heute innerhalb der Kirchen sich in einer Trennung in formale Instanz und theologisches Problembewußtsein zu wiederholen beginnt, soll hier nicht untersucht werden. Voraussetzung einer Demokratie ist jedenfalls, daß die Frage, die von der Religion (in welcher Form immer) aufgeworfen wird (Sinn des Lebens, des Todes, der Freiheit), nicht von den staatlichen Autoritäten beantwortet werden darf. Denn wo die Gesinnung zum Bewußtsein gekommen ist, kann das Gesetz nicht mehr auf die Gesinnung angewendet werden. Die Gesinnung muß dem Gesetz gegenüberstehen können – das kann sie aber nur, wenn das Gesetz nicht zugleich eschatologische Heilsinstanz darstellt. Insofern war die Kirche, die diese Fragen zunächst für sich beanspruchte, Anstoß, den Staat von diesen Problemen freizuhalten.

Berühmt für dieses Problem ist das Gleichnis vom Pharisäer und Zöllner: Der Pharisäer betet: „Gott, ich danke dir, daß ich nicht bin wie die übrigen Menschen ..." Der Zöllner aber betet: „Gott, sei mir Sünder gnädig!" Jesus sagt dazu: „[...] dieser ging gerechtfertigt nach Hause, jener nicht. Denn jeder,

der sich selbst erhöht, wird erniedrigt werden, doch wer sich selbst erniedrigt, wird erhöht" (Luk. 18, 9–14).

Gerade der religiöse Ernst des Pharisäers, fast ist man versucht zu sagen: sein humorloser Gehorsam ist das Gefährliche. Er erreicht keine Instanz zur eigenen Entscheidung, er ist durch den Vergleich gebunden und nicht frei. Jesus und später noch deutlicher Paulus betonen dem Ernst des Gesetzesgehorsams gegenüber den Humor der Kinder Gottes, der neuen Freiheit, die Jesus den Menschen bringt, und so wird „im Himmel mehr Freude sein über einen Sünder, der sich bekehrt, als über neunundneunzig Gerechte, die keine Bekehrung nötig haben" (Luk. 15, 7). Schon die Zahl 99 zeigt, wie wenig ernst Jesus die Gerechtigkeit nimmt, die von sich meint, daß sie schon (vergleichsweise) vollkommen ist.

Das Kind ist daher der von Jesus immer wieder gebrauchte Hinweis auf den eigentlich „unernsten" Sinn der Agape, die meiner Meinung nach mit „Humor" übersetzt werden müßte.

Bei näherer Betrachtung kann man nämlich auch im Text des Neuen Testaments durchaus heitere Seiten entdecken. So wie der Wiener Philosoph Nestroy sagt: „Der Ernst hat eine moralische Seite, eine schauerliche Seite [...], aber ein elektrisches Fleckerl hat er immer und da fahren bei gehöriger Reibung die Funken der Heiterkeit heraus." So etwa Mark. 9, 33–40: „Sie kamen nach Kapharnaum. Zu Hause angelangt, fragt er sie: ‚Worüber habt ihr euch auf dem Wege unterhalten?' Sie schweigen. Sie hatten nämlich auf dem Wege miteinander darüber gesprochen, wer der Größte sei."

Diese Diskussion ist auch gruppendynamisch interessant. Jedes Sozialgebilde benötigt ein „ranking". Wer hat die „oberste" Position (Alpha-Position), wer die zweite usw. und wer die letzte (Omega-Position). Am Beginn von Gruppen, und meist auch von Zeit zu Zeit, gibt es immer wieder Rangkämpfe, die wenig Sachinhalte bringen, sondern der Festsetzung einer Rangordnung dienen.

Wie wir heute wissen, treten diese Rangordnungsfragen immer dann auf, wenn eine Gruppe neue Situationen bewältigen muß. Meist muß dann auch neu gerankt werden (siehe dazu auch Schwarz, „Die „Heilige Ordnung der Männer", 3. Aufl., S. 128 f., und „Konfliktmanagement", 4. Aufl., S. 132, Rangkonflikte).

Nach Meinung von Jesus ist seine Lehre durchaus ein Anlaß, diese Rangordnung unter den Jüngern neu zu überdenken. Wenn Erlösung bedeutet, daß jeder Mensch selber Auctoritas wird, also Autorität, d. h. wörtlich übersetzt „Urheber" seiner eigenen Handlungen, die nicht mehr fremdbestimmt von anderen werden, dann muß natürlich auch die Rangordnung neu überdacht werden. Führen heißt dann nicht mehr: anordnen, befehlen usw., sondern führen muß heißen: dem anderen helfen, selber reif zu werden, selber entscheidungsfähig zu werden, selber Autorität zu werden. In letzter Instanz heißt das: selber göttlich und menschlich zu werden.

Jesus nimmt daher den – eigentlich nicht ganz „ernsten" – Rangstreit der Jünger zum Anlaß, diese Entwicklung zur Selbstbestimmung bis zur göttlichen Sendung als Führungsaufgabe zu definieren.

„‚Wer der Erste sein will, sei von allen der Letzte und aller Diener.' Dann nahm er ein Kind, stellte es in ihre Mitte, schloß es in seine Arme und sprach zu ihnen: ‚Wer ein solches Kind aufnimmt mit meinem Namen, der nimmt mich auf, und wer mich aufnimmt, nimmt nicht mich auf, sondern den, der mich gesandt hat.'" (Mark. 9,33–37)

Damit stellt Jesus in dieser „einfachen" Szene einen Bezug zu seiner „Sendung" und damit zur Geschichte her.

Die Problematik des Sinnes der Geschichte ist in dieser Frage schon deshalb vorweggenommen worden, weil sich der eigentliche Sinn des individuellen Gewissens nach Jesus nicht in der moralischen Bestimmung des Menschen gegenüber dem Gesetz erschöpft. Der Sinn des menschlichen Lebens ist nicht, moralisch gut zu sein. Jesus war nicht ein lebender kategorischer Imperativ, der seinen Mitmenschen auf die

Schulter geklopft hat mit der Bemerkung: „Immer brav anständig bleiben!" Und das Reich Gottes ist keine Olympiade der Sittlichkeit. Gerade die durch die Gesinnungsleistung gewonnene individuelle Selbstbestimmung ist nichts Letztes – vom Sinn des Todes und der Geschichte her betrachtet. Auch die Emmaus-Jünger haben Jesus nicht als Individuum erkannt, sondern erst abends beim Brotbrechen, nachdem sie einen Tag lang mit dem Auferstandenen gewandert sind.

WER IST JESUS?

Das Verhältnis des Menschen Jesus von Nazareth zu seiner überindividuellen geschichtlichen Bestimmung ist denn auch das eigentliche Hauptproblem seiner Person. Seinen Zeitgenossen, besonders dem jüdischen Establishment, ging er durch Verstöße gegen Gesetz und Sitte auf die Nerven. Der eigentliche Konfliktherd aber lag und liegt noch immer in der Interpretation seiner Person. Wer ist Jesus?

Gesetz und Sitte scheint Jesus als etwas betrachtet zu haben, das dazu da ist, um dagegen zu verstoßen. Man faßt seine Worte und Handlungen in dieser Richtung etwas abmildernd als „Grenzüberschreitungen" zusammen. Nicht nur daß er als Prophet aus Galiläa stammt, was für orthodoxe Juden an sich schon einen Minuspunkt bedeutet („aus Galiläa kommt doch kein Prophet", Joh. 7,52), begab er sich auch einige Male ins „Heidenland", nach Caesarea Philippi und sogar nach Tyrus und Sidon in die phönizischen Großstädte. Von Heiden erzählt er laut, daß er bei ihnen mehr Glauben gefunden habe als in Israel („solchen Glauben habe ich in Israel nicht gefunden", Matth. 8,10, Luk. 7,9), die Feinde Israels stellt er als Beispiele hin:

Einem Schriftgelehrten erzählt er (Luk. 10,25–37) die Geschichte vom barmherzigen Samariter, der einen Verwundeten rettete, an dem vorher ein Priester und ein Levit vorbeigegangen waren, ohne sich um ihn zu kümmern. Ohne Zweifel war diese Geschichte für jeden rechtgläubigen Juden ein Schock.

Bei Matthäus 8,11 behauptet Jesus sogar, daß Israel keineswegs ein Abonnement auf das Reich Gottes habe: „Viele Heiden werden kommen von Ost und West und zu Tische sitzen mit Abraham, Isaak und Jakob im Himmelreich. Die Söhne des Reiches aber werden hinausgeworfen in die Finsternis draußen. Da wird Heulen und Zähneknirschen sein." Jesus verstieß nicht nur gegen die Speise- und Reinheitsvorschriften der Juden, sondern auch gegen das Sabbatgebot.

Seine Stellung zur jüdischen geistlichen und weltlichen Obrigkeit wird noch klarer durch den Umgang mit Heiden, öffentlichen Sündern und Sünderinnen. Gelegentlich lädt er sich selbst bei solchen ein, was sich für keinen anständigen Menschen gehört, geschweige denn für einen Rabbi.

Daher läßt er sich auch von Zachäus einladen (Luk. 19, 1–10). Schriftgelehrte wie Nikodemus, die ernsthaft mit Jesus diskutieren wollten, mußten ihn heimlich des Nachts besuchen, um sich nicht zu kompromittieren. War Jesus aber doch einmal bei einem Pharisäer eingeladen, hatte er meist etwas auf Lager, was seinen Gastgeber beschämte.

Berühmt ist die Geschichte mit der Sünderin im Haus eines Pharisäers: Dort salbt sie Jesu Füße. Der Pharisäer mokiert sich darüber: „Wäre er ein Prophet, so wüßte er, wer und was für ein Weib das ist, das ihn da berührt, eine Sünderin.' Da nahm Jesus das Wort und sprach zu ihm: ‚Simon, ich habe dir etwas zu sagen.'" Jetzt folgt der Vergleich mit den zwei Schuldnern: „Ein Gläubiger hatte zwei Schuldner, der eine schuldete ihm 500, der andere 50 Denare. Da sie aber nicht bezahlen konnten, schenkte er es beiden. Wer von ihnen, sprich, wird ihn am meisten lieben?' Simon antwortete: ‚Ich nehme an, der, dem er das meiste geschenkt hat.' Da sagte er: ‚Du urteilst richtig.'" Dann belehrt Jesus Simon: „Siehst du hier das Weib? Ich kam in dein Haus, und du gabst mir kein Wasser für die Füße, sie aber hat mit Tränen meine Füße benetzt und mit den Haaren getrocknet. Du gabst mir keinen Kuß, sie aber hat seit meinem Eintritt nicht aufgehört, meine Füße mit Küssen zu bedecken. Du salbtest nicht mein Haupt mit Öl, sie aber hat meine Füße mit Salböl gesalbt." Und Jesus schließt: „Deswegen, sage ich dir, sind ihr viele Sünden vergeben, denn sie hat viel geliebt. Wem aber wenig vergeben wird, der liebt wenig.' Zu ihr aber sprach er:

‚Deine Sünden sind dir vergeben.' [...] ‚Dein Glaube hat dir geholfen, gehe hin in Frieden.'" (Luk. 7,36–50)

Das Bestürzendste für die Juden war aber nicht seine Mißachtung des Gesetzes und der guten Sitten, sondern die Autorität – in jüdischer Terminologie: die Anmaßung, mit der er sprach. Wie kann ein Mensch Sünden vergeben? Wie kann ein Mensch sagen: Im Gesetze steht zwar ... ich aber sage euch? Zu allem Überfluß wird seine Lehre auch noch geglaubt, „denn er lehrte sie wie einer, der Macht hat, und nicht wie ihre Schriftgelehrten" (Matth. 7,29). Nur in Nazareth, wo man ihn kannte, glaubte ihm auch das Volk nicht. Ein Prophet mit solchem Anspruch muß von außen kommen und darf nicht auch ein „gewöhnlicher Mensch" sein wie alle andern. Jesus war das aber. Er ist keineswegs vom Himmel gefallen oder dem Meer entstiegen, sondern in Nazareth aufgewachsen.

„Und er kam in seine Vaterstadt und lehrte sie in ihrer Synagoge, so daß sie ganz verwundert fragten: Woher hat er denn solche Weisheit und solche Wunderkräfte? Ist er nicht der Zimmermannssohn?" Und Jesus antwortet mit dem heute geflügelten Wort: „Nirgends gilt ein Prophet so wenig wie in seiner Vaterstadt und in seiner Familie." (Matth. 13, 53–58, Mark. 6, 1–6)

Obwohl ihn und seine Familie alle kannten, obwohl er nie bestritt, ein Mensch zu sein, sagte er doch auch zugleich: „Mein Reich ist nicht von dieser Welt" (Joh. 18, 36). Und in der Begründung vor Pilatus fügt er hinzu: „Denn ich bin dazu geboren und dazu in die Welt gekommen, daß ich der Wahrheit Zeugnis gebe. Jeder, der aus der Wahrheit ist, hört auf meine Stimme." Jesus stellt einen Anspruch, wie er größer nicht gestellt werden kann. Seine Lehre ist Wahrheit – „und ihr werdet die Wahrheit erkennen" (Joh. 8, 32). Und gleichsam als ob sie fragten, wozu wird uns die Wahrheit nützen, fügt er hinzu: „Und die Wahrheit wird euch frei machen."

Diese Freiheit ist aber nicht eine solche der bloßen Lehre (eine Gnosis), „wie die Welt sie gibt", sondern sie ist mit seiner Person verbunden. Sich selbst aber bringt Jesus mit Gott in Zusammenhang. Bei Johannes 14, 3–10 findet sich von Jesus der Satz:

„Ich bin der Weg, die Wahrheit und das Leben. Niemand kommt zum Vater außer durch mich. Wenn ihr mich kenntet, so kenntet ihr auch meinen Vater. Doch von nun an kennt ihr ihn, ihr habt ihn ja geschaut." Etwas später jedoch merkt Jesus, daß seine Jünger eigentlich gar nicht verstehen können, was er damit meint. Erst sein Tod eröffnet die Möglichkeit, den Bezug des Jesus von Nazareth zu Gott zu verstehen: „Nur eine kleine Weile noch, und die Welt sieht mich nicht mehr, ihr aber seht mich, denn ich lebe, und auch ihr werdet leben. An jenem Tage werdet ihr erkennen, daß ich in meinem Vater bin und ihr in mir und ich in euch" (Joh. 14, 19–20).

Diese Sätze stellen einen Schlüssel für das Verständnis Jesu dar. Sie sind allerdings nicht leicht zu verstehen. Weder die Jünger, die an ihn glaubten, noch die Juden, die nicht an ihn glaubten, konnten sie verstehen, und daher endet das Leben Jesu so, wie die Szene in Nazareth am Beginn seiner Laufbahn schon ahnen ließ: Jesus wurde wegen Gotteslästerung verurteilt und hingerichtet. Vom jüdischen Gottesverständnis her gab es keinen Zugang zum Verständnis der Worte und Taten Jesu. Was er über sich selbst sagte, konnte nur als Gotteslästerung empfunden werden: „Da stand der Hohepriester auf […] und sprach zu ihm: ‚Ich beschwöre dich bei dem lebendigen Gott, daß du uns sagst, ob du bist der Christus, der Sohn Gottes.' Jesus sprach zu ihm: ‚Du hast es gesagt.'" Und er sagt noch: „Von nun an werdet ihr den Menschensohn sitzen sehen zur Rechten der Macht Gottes und kommen auf den Wolken des Himmels." Bekanntlich zerreißt der Hohepriester seine Kleider und spricht: „Er hat Gott gelästert. Was brauchen wir da noch Zeugen? Seht, nun habt ihr seine Lästerung gehört. Was dünkt euch?" Darauf antworteten alle: „Er ist des Todes schuldig" (Matth. 26, 63–66).

Was hat Jesus aber mit diesen Worten gemeint? Was bedeuten die Ausdrücke Christus (Messias), Sohn Gottes und Menschensohn? Wie hat er sich selbst verstanden, und wie müssen und können wir heute dieses Selbstverständnis interpretieren? Oder: Wer war Jesus von Nazareth?

Diese Frage zu beantworten, haben sich fast zwei Jahrtausende Theologie, Philosophie und Literatur bemüht.

Ausgangspunkt jeder solchen Erörterung muß die Fragestellung des Neuen Testaments sein. Wer ist Jesus in der Berichterstattung der Evangelien?

Schon allein eine Sichtung der Wörter oder Begriffe, mit denen Jesus von Nazareth bezeichnet wird, ist interessant. Neben seinem Namen Jesus, der 557mal Verwendung findet, wird er noch 332mal mit 17 verschiedenen Begriffen benannt – allein in den vier Evangelien, und zwar:

80mal Menschensohn
58mal Herr
55mal Christus
32mal Sohn
25mal König
19mal Sohn Gottes
15mal Meister
9mal Sohn Davids
9mal Prophet
6mal Nazarener
6mal Nazoraier
4mal Gott
3mal Erlöser
3mal Sohn Josefs
3mal Sohn Marias
3mal Zimmermannssohn
2mal Messias

Das Wort Nazoraier führt man auf einen Schreibfehler zurück; es gibt aber auch die Auffassung, daß Jesus zur Sekte der Nazoraier gehört hat. Christus ist der griechische Name für Messias. Die Ausdrücke Meister und Herr werden von seinen Jüngern verwendet und drücken das Lehrer-Schüler-

Verhältnis aus. Alle übrigen Ausdrücke kommen im Text der Evangelien auch als Selbstbezeichnung aus seinem Munde, wobei es völlig gleichgültig ist, ob er sich selbst so bezeichnet hat oder ob andere ihn später so genannt haben. Die häufigste Selbstbezeichnung nach den Evangelien ist Menschensohn. Er hat aber jedenfalls so gesprochen und gehandelt, daß er auch Christus, der Gesalbte, Messias, Sohn Gottes und König genannt werden konnte.

Es gibt eine Stelle im Neuen Testament (Matth. 16, 13–20), wo auf diese Frage explizit reflektiert wurde. Jesus verwendet seine Jünger sozusagen als Meinungsforscher und fragt sie aus, was denn das Volk, von ihm, Jesus, halte:

„Als Jesus in die Gegend von Caesarea Philippi kam, fragte er seine Jünger: ‚Für wen halten die Leute den Menschensohn?' Sie sagten: ‚Einige für Johannes den Täufer, andere für Elias, wieder andere für Jeremias oder sonst einen aus den Propheten.'" Die Antwort zeigt ganz deutlich, daß Jesus mit irgendwelchen Titeln nie das sagen konnte, was er wollte, da man ihn immer nur im Sinne von gewesenen Persönlichkeiten verstand. Denn nicht einmal für einen neuen Propheten Israels hielten ihn die Leute, sondern nur für eine zweite (wiedergekommene) Ausgabe eines der Toten – Johannes, Elias, Jeremias – oder sonst eines der schon bekannten Propheten. Die Gefahr, in das Schema zu geraten, war also außerordentlich groß.

Jesus verstand sich und seine Mission aber keineswegs bloß als Wiederauflage der alten Propheten – er hatte etwas grundsätzlich Neues zu bringen, etwas, was mit nichts vergleichbar war. Daher ist es auch verständlich, daß er seinen Jüngern gebot, keinen sozusagen schon festgelegten Terminus technicus für ihn zu verwenden.

Vor dem Abschluß seines praktischen Wirkens, also vor Tod und Auferstehung, war ein Terminus technicus für ihn (Christus oder Sohn Gottes) gar nicht möglich, wenn er nicht in ein herkömmliches Schema eingeordnet werden wollte. Das wesentliche an den Bezeichnungen Christus und Sohn Gottes war ja, daß sie erst im nachhinein für das überschaubare Wirken Jesu angewendet werden konnten und von diesem Wissen um das Leben, Sterben und Auferstehen Jesu her ihren Sinn bekommen. Ihm einen solchen Titel vorher beizulegen heißt ihn absichtlich mißverstehen. In der eben zitierten Stelle (Matth. 16,13–14) heißt es daher im folgenden (15–20): „Da sprach Jesus zu ihnen: ‚Ihr aber, für wen haltet ihr mich?' Da antwortete Simon Petrus: ‚Du bist Christus, der Sohn des lebendigen Gottes.'" Jesus entgegnet darauf: „Selig bist du, Simon, Sohn des Jonas, denn nicht Fleisch und Blut haben dir das geoffenbart, sondern mein Vater im Himmel. Und ich sage dir: Du bist Petrus, und auf diesen Felsen will ich meine Kirche bauen." Dann folgt, daß die Kirche die Pforten der Hölle nicht überwältigen werden und der Hinweis, daß alles, was Petrus auf Erden binden, auch im Himmel gebunden sein wird, und alles, was Petrus auf Erden lösen, auch im Himmel gelöst sein wird. Dann weist Jesus seine Jünger an, niemandem zu sagen, daß er der Christus sei.

Jesus bringt hier die Gesamtbezeichnung seiner Person „Christus, Sohn Gottes" mit der Gründung der Kirche in Zusammenhang, d. h. also mit seiner geschichtlichen Bestimmung und seinem heilsgeschichtlichen Auftrag. Es tut hier nichts zur Sache, ob man redaktionsgeschichtlich diese Stelle nur als Anachronismus deuten kann. Natürlich ist es möglich, das hier Matthäus dem Petrus etwas in den Mund legt, was dieser nicht wissen kann, und Jesus daher sagen läßt: Nicht Fleisch und Blut haben dir das geoffenbart, sondern mein Vater im Himmel. Es gibt aber eine Reihe von ähnlichen Stellen, in denen Jesus Mühe hat, das schematische Verständnis eines Messias oder Königs oder Propheten oder Aufrührers oder Wundertäters usw. zu vermeiden. Nach der Verklärung sagt er zu den Jüngern: „Sprecht mit niemandem von dieser Erscheinung, bis der Menschensohn von den Toten auferstanden ist" (Matth. 17,9).

Es ist auch sicher kein Zufall, daß am Beginn seines Wirkens der Christus-Titel verbunden mit Sohn Gottes sich ausschließlich im Munde des „Feindes" findet. Die Dämonen, die jeweils aus den Besessenen ausfahren, schreien immer: „Du bist Christus der Sohn des höchsten Gottes" (Mark. 5, 7) oder „Du bist Gottes Sohn" (Luk. 4, 41). Jesus gebietet ihnen aber immer zu schweigen: „Doch er herrschte sie an und ließ sie nicht reden, denn sie wußten, daß er der Christus war" (Lukas 4, 41). Das Neue Testament bringt die Besessenen fast immer in Zusammenhang mit den Dämonen und diese – die Mächte und Gewalten der Finsternis – mit Satan, dem personifizierten Bösen und Gegenspieler Jesu. Auch dies ist ein deutlicher Hinweis darauf, daß das sogenannte „Messiasgeheimnis" (warum niemand wissen sollte, daß er der Messias sei, war den Theologen rätselhaft) aus der geschichtlichen Bestimmung Jesu resultiert. Denn der „Feind" ist der Feind des Reiches Gottes von Anbeginn. Um ein Bild zu gebrauchen: Jesus kämpft sozusagen auf zwei Ebenen, einer „vordergründig-praktischen", auf der er Volk und Jünger belehrt, die Pharisäer beschimpft und allerlei Taten vollbringt, und einer „hintergründig-geschichtlichen", auf der er als Logos, als Sohn Gottes, in die Welt kommt, gegen das Reich der Finsternis das Reich des Lichtes stellt und schließlich durch seinen Tod und seine Auferstehung Satan überwindet, wie das Neue Testament es im Bilde formuliert.

Die geschichtliche Bestimmung ist aber nicht praktisch verständlich und auch nicht praktisch aussagbar. Daher gab es sowohl beim Volk und bei den Pharisäern als auch bei den Jüngern immer wieder Mißverständnisse. Immer wieder mußte Jesus den Jüngern sagen: „Das habe ich alles zu euch gesprochen, da ich noch bei euch weile. Der Tröster aber, der Heilige Geist, den der Vater in meinem Namen senden wird, der wird euch alles lehren und euch an alles erinnern, was ich euch gesagt habe" (Joh. 14, 25–26).

Das bedeutet, daß Jesus als Heilsbringer erst erkannt wird und erkannt sein kann, wenn er nicht mehr als Individuum unter seinen Jüngern weilt. Erst der Heilige Geist lehrte sie, was es eigentlich mit Jesus auf sich hatte. Um nun diesen geschichtlich-heilsgeschichtlichen Sinn Jesu auszusagen und zu begreifen, darf Jesus nicht mehr praktisch handelnd anwesend sein. Sonst gibt es das notwendige Mißverständnis, das immer wieder im Neuen Testament beschrieben wird: „Ist er nicht des Zimmermanns Sohn? Woher weiß er das alles?"

Aber nicht nur seine Verwandten und Gegner sind nicht in der Lage, seine heilsgeschichtliche Bestimmung zu begreifen, auch seine Jünger verstehen ihn meist nur praktisch: Von da an begann Jesus seinen Jüngern zu erklären, er müsse nach Jerusalem gehen, von den Ältesten und Hohenpriestern und den Schriftgelehrten viel leiden, getötet werden, am dritten Tage aber wieder auferstehen. „Da nahm ihn Petrus beiseite, begann ihn zu zanken und sagte: ‚Das sei fern von dir, Herr, das darf dir gewiß nicht widerfahren.' Er aber wandte sich um und sprach zu Petrus: ‚Weg von mir, Satan, zum Ärgernis bist du mir, weil du nicht sinnst auf das, was Gottes, sondern was der Menschen ist'" (Matth. 16, 21–23).

Dieses Bild, daß aus Petrus einmal Gott – der Herr der Geschichte – spricht, wenn er bekennt, daß Jesus der Christus ist, und einmal der Satan, wenn er Jesus abhalten will, den Willen des Vaters zu tun und seinen heilsgeschichtlichen Auftrag zu erfüllen, zeigt, daß in den Evangelien „beide Ebenen" (die praktische und die geschichtliche) vermischt sind. Die Evangelisten bemühen sich mit mehr oder weniger Erfolg, sie auseinanderzuhalten. Am besten ist es wohl Johannes gelungen, die Überhöhung des Praktisch-Alltäglichen im Leben Jesu durchsichtig werden zu lassen. Worin besteht aber der Unterschied der beiden Ebenen? Wie unterscheiden sich Praxis und Geschichte? Man braucht nicht das Neue Testament dazu, um diesen Unterschied zu sehen. Jeder von uns hat in seinem eigenen Leben Beispiele dafür genug. Wie oft kann man mit Eugen Roth sagen: „Ein Mensch im Leben blickt zurück und sieht, sein Unglück war sein Glück."

So stellen viele Ereignisse in unserem Leben zwar immer eine bestimmte Praxis dar, ihr Sinn aber (er kann auch „unpraktisch" sein) ist zunächst verborgen. Er stellt sich erst im Lauf unseres praktischen Weiterlebens heraus. Erst der Tod ermöglicht über uns als Individuen das letzte Urteil bezüglich Sinn oder Unsinn einer unserer Handlungen. Solange wir leben, können wir immer noch unsere Vergangenheit umschreiben, wie man ein nicht ganz geglücktes Manuskript umschreibt. Das bedeutet, daß wir einer bestimmten Handlung einen anderen Sinn geben, als die handelnde Motivation einst wollte. Der heutige Mensch spricht in einem solchen Fall dann oft von „Schicksal", „Fügung" oder „Vorsehung". Man meint damit, daß man erst nachher, oft Jahre oder Jahrzehnte später, begreift, was damals „eigentlich gewesen ist". Das Verschwinden des praktischen Interesses an der damaligen Situation gestattet, sie in das Leben einzuordnen.

Glück und Freude oder Scham und Reue sind meist die Begleiter einer solchen „Bilanz". Es gibt kaum ein Leben, das nicht irgendwann in solche „Stunden der Wahrheit" oder Zeiten der Bilanz gerät. Für unseren Zusammenhang ist es wichtig, einzusehen, daß diese Bilanz des Lebens aber selbst wieder ein praktisches Handeln ist und daher unsere praktische Vergangenheit beeinflussen kann. Darin besteht die Freiheit des handelnden Individuums. Ich kann durch eine Selbstbestimmung bestärkt werden, den eingeschlagenen Weg weiter zugehen, kann aber auch einsehen, daß ich mich in eine Sackgasse manövriert habe, und das Steuer herumwerfen – allerdings nur, solange ich lebe. Mit dem Tod erlischt die Möglichkeit, daß die Einsicht in mein bisheriges Leben selbst wieder praktisches Motiv wird.

Das Erkennen des eigentlichen Sinnes meiner Entscheidung oder einer Handlung ist nur für das Individuum selbst auf die Zeit zwischen Geburt und Tod eingeschränkt; andere Menschen, die mich überleben, sind durch diese Grenze nicht der Möglichkeit beraubt, die Vergangenheit umzuschreiben. Mit dem „Umschreiben der Vergangenheit" ist nicht eine Verrückung der Faktizität gemeint (wie bei einer Fälschung oder bei der Zauberei), sondern das Einordnen eines zu Ende gegangenen Lebensexperimentes in die Geschichte der noch Lebenden. Wir versuchen diese Einordnung fast immer am Grabe eines Verstorbenen, wenn sein Tod uns betrifft, aber die „Geschichte" versucht sie immer wieder von neuem, oft lange und weit über seinen Tod hinaus. Dadurch kommt es, daß die eigentliche Bedeutung einer Persönlichkeit oft erst Jahrzehnte und Jahrhunderte später erkannt wird, während die Zeitgenossen von seinem Leben und Sterben unter Umständen kaum Notiz genommen haben.

Für den lebenden Menschen kann und muß alles praktisch Erreichte selbst wieder zum Motiv werden – sogar wenn es von Gott kommt. Dies ist der Sinn der von Jesus geforderten Autonomie. Sogar geheiligte Institutionen – wie der Sabbat – sind nicht um Gottes willen, sondern um des Menschen willen da. Deshalb hat der Mensch auch „im Gesetz" seine Freiheit, wenn er aus Gesinnung handelt.

Jesus meint aber mit der Gegenüberstellung von Gesetz und Gesinnung mehr als nur sittliche Autonomie. Auch die Autonomie – so unabdingbar sie verfochten wird – hat nur Sinn im Glauben. Wie ist das zu verstehen?

Jeder Mensch verwirklicht durch das Handeln Motive. Das Motiv wird aber sozusagen durch die Handlung fixiert und „eingesargt". Die Freiheit geht in der Handlung zugrunde, denn die Handlung ist ein für allemal feststehend und kann nie wieder geändert oder ungeschehen gemacht werden. In den vergangenen Handlungen ist der Mensch nicht mehr frei – die Motivation fällt auf die Stufe des Gesetzes zurück. Im Mittelalter ist sogar diskutiert worden, ob Gott wirklich allmächtig sei, wo er doch Vergangenheit nicht mehr ungeschehen machen kann.

Die vergangene Motivation wird zum Gesetz für die neue Motivation. Man nennt diesen Sachverhalt meistens „Tradition". Die Handlung wird zur Tradition, wenn sie vergangen ist. Wer sich nur aus der Vergangenheit motiviert und sich nur an die Vergangenheit – wie an ein Gesetz – gebunden weiß, ist nicht frei. Die Praxis findet dann ihren Sinn nur in der Vergangenheit und traut sich kein Freisein von ihrer eigenen Vergangenheit zu. Das Mosaische Gesetz ist nur eine allgemeine Formulierung für die Vergangenheit der Juden, an die sie sich gebunden wissen.

Damit die Handlung sich nicht selbst ad absurdum führt, muß sie darauf bestehen, daß sie sich jederzeit von ihrer Vergangenheit distanzieren kann. Handeln ist ein dauerndes Wiedergewinnen der Freiheit, die durch die Entscheidung dauernd zugrunde geht und zum Gesetz, d. h. zur Tradition wird. Handelt man nur „aus Tradition" so, ist die Bewährung nicht neu, sondern liegt darin, daß man sich einmal bewährt hat. In dieser dauernden Wiedergewinnung liegt die Selbstbestimmung der Freiheit. Nur durch diese Wiedergewinnung kann sie zeitlebens Selbstbestimmung bleiben. Andernfalls wäre die Handlung nicht durch sich selbst, sondern „von außen" bestimmt. Dabei ist es letztlich gleichgültig, ob die bestimmt vorliegende (unfreie) Handlung einmal – vor Zeiten – durch sich selbst bestimmt war oder immer heteronom (fremdbestimmt) geblieben ist. Für Jesus soll der Mensch souverän sein gegenüber jeder möglichen Fremdbestimmung: sei es durch Gott oder das Gesetz, die Natur oder die eigene (vergangene) Handlung.

Jesus betont immer wieder die „Freiheit der Kinder Gottes", wie Paulus sie dann genannt hat:

„Suchet zuerst das Reich Gottes und seine Gerechtigkeit, und das andere wird euch hinzugegeben werden. Seid also nicht ängstlich für den morgigen Tag besorgt. Der morgige Tag wird für sich selber sorgen. Jeder Tag hat an seiner eigenen Plage genug" (Matth. 6, 30–34).

Wenn die Selbstbestimmung des Handelns gelungen sein sollte, wenn der Mensch sich nicht ängstlich besorgt irgendwelchen Instanzen heteronom ausgeliefert hat, zeigt sich erst die größte Gefahr für die Autonomie: der Tod. Das Handeln droht in seiner Selbstbestimmung durch den Tod absurd zu werden, denn der Mensch stirbt, ob er frei oder unfrei war, ob er autonom oder heteronom gehandelt hat. Die Freiheit rettet nicht vor dem Tode, und dies ist sein Stachel. Der Tod kann nicht mehr durch das Wiedergewinnen der Freiheit dem Menschen dienstbar gemacht werden.

(Ein Testament verlängert allenfalls formal den Willen des Menschen über dessen Tod hinaus. Aber auch das geht nur dann, wenn andere – zum Beispiel der Staat – sich sozusagen an seine Stelle setzen und den Willen des Verstorbenen respektieren. Er wird – ein letztes Mal – als lebend angenommen.)

Wenn nun durch den Tod die Freiheit sinnlos gemacht würde, wäre sie eine Illusion angesichts des Todes. Wozu die Autonomie? Warum nicht gleich unter dem Gesetz bleiben, wenn sowohl Juden als auch Christen sterben?

Der Sinn der Autonomie hängt also davon ab, daß die Freiheit nicht mit dem Tod endgültig erledigt ist und durch ihn ad absurdum geführt werden kann. Entweder die Autonomie hat keinen Sinn (angesichts des Todes), oder aber er kann nicht in ihr selbst liegen.

Die bloße Überhöhung des praktischen Handelns wurde oft mit dem Wort „Unsterblichkeit" ausgedrückt. Die Unsterblichkeit findet sich irgendwie in allen Religionen und ist ein Wort dafür, daß die Praxis keinen letzten Sinn in sich (als Praxis) haben kann.

Dies ist der erste – noch unbestimmte – Sinn des Glaubens, wie Jesus ihn öfters formuliert: „Sorget euch nicht." Die Praxis muß daran glauben, daß sie einen Sinn hat, obwohl er (wegen ihres Todes) nicht innerhalb ihrer selbst gefunden werden kann.

Dies gilt aber noch für jedes Handeln – für das heteronome (fremdbestimmte) wie für das autonome (selbstbestimmte).

Durch die Autonomie wird die Situation allerdings ungemein verschärft. Denn nun wird die Frage sehr deutlich, worin der Sinn des Handelns liegt, selbst wenn es als ein endgültig Abgestorbenes betrachtet werden muß.

Dieser Sinn, sagt Jesus, liegt „im Geiste" (gr. Pneuma). Der Geist gibt dem Tod einen Sinn und „macht lebendig". Wirklich wird der Geist „im Glauben". „Der Geist ist 's, der lebendig macht, das Fleisch nützt nichts. Die Worte, die ich zu euch gesprochen habe, sind Geist und Leben. Aber unter euch sind etliche, die nicht glauben" (Joh. 6, 63).

Es kann an dieser Stelle noch nicht darauf eingegangen werden, was Jesus unter „Geist" versteht. Der Geist repräsentiert jedenfalls das, was die Praxis überhöht, die angesichts des Todes nicht mehr souverän bleiben kann. Der Geist kann auch angesichts des Todes souverän bleiben, denn „der Wind weht, wo er will; du hörst sein Brausen, aber du weißt nicht, woher er kommt und wohin er geht. So ist es mit jedem, der aus dem Geiste geboren ist" (Joh. 3, 8).

Die Überhöhung der Praxis ist letztlich nicht mehr allein Sache einer menschlichen Individualität, sondern wird mit dem Namen Gottes verbunden. Gott wird immer dort für den Menschen zum Problem (oder die Problemlösung), wo das Leben der Toten einen Sinn haben muß, auch wenn dieser Sinn nicht mehr durch ihr eigenes praktisches Handeln individuell wiedergewonnen werden kann.

Diese Frage nach Gott stellt jeder Mensch irgendwann: Wenn das Leben der Toten sinnlos war, weil sie tot sind, wird dann auch mein Leben sinnlos sein, wenn ich gestorben bin? Mit dieser Frage wird daher die Praxis notwendig überhöht, und diese Überhöhung nennt Jesus: Glaube.

Das Seewandeln oder der Sturm auf dem See Genezareth sollen zeigen, daß der Glaube nicht von der Praxis widerlegt werden kann. Die grundsätzliche Orientierung des Menschen im Glauben ist wichtiger als alles andere. Damit soll nicht die Praxis abgewertet, sondern aufgewertet werden: „Das Licht des Leibes ist das Auge. Hast du ein gutes Auge, so ist dein ganzer Leib im Licht, hast du ein böses Auge, so ist dein ganzer Leib in Finsternis. Ist also das Licht in dir verfinstert, wie groß ist da die Finsternis?" (Matth. 6, 22 f.)

Jesus versucht in verschiedenen Bildern, z. B. dem Bild von Licht und Finsternis über den Glauben zu sprechen: er ist die Voraussetzung des Handelns. So wie Licht nicht ein Gegenstand unter anderen beleuchteten Gegenständen ist, sondern Voraussetzung für die Beleuchtung, so ist der Glaube das Licht der Handlungen. Fehlt er, sind alle Handlungen im Finstern, ist er da, so ist alles im Licht. Es gibt also keine endliche Bestimmung (keine Praxis, keine

Gegenstände), die an die Stelle des Glaubens des Reiches Gottes, wie Jesus es formuliert, treten könnte: „Niemand kann zwei Herren dienen, denn entweder wird er den einen hassen und den anderen lieben oder er wird dem einen anhängen und den anderen verachten. Ihr könnt nicht Gott und dein Mammon dienen" (Matth. 6, 24). Das heißt nicht, daß Gott und Geld grundsätzlich eine Konkurrenz auf praktischer Ebene darstellen, aber die Versuchung, Besitz als Endziel des Handelns an die Stelle Gottes und des Glaubens zu setzen, ist sehr groß. Deshalb „gelangt eher ein Kamel durch ein Nadelöhr als ein Reicher in das Reich Gottes" (Matth. 19, 24).

In der Geschichte hat es immer wieder Mißverständnisse bezüglich der „praktischen" Bedeutung dieser Sätze gegeben. Man meinte, Jesus habe etwa die Ökonomie abgelehnt. Es gibt natürlich auch in anderen Erlösungsreligionen diese Tendenz der Skepsis gegenüber dem Reichtum. Dies hat aber eben damit zu tun, daß Reichtum dazu verführen kann, ihn als letztes Absolutes anzusehen, sozusagen als (ungeistigen) Sinn des Lebens. Demgegenüber vertritt Jesus die Freiheit von allen „praktischen" Bestimmungen, die absolut gesetzt werden können: „Ein anderer aber, der zu seinen Jüngern gehörte, sprach zu ihm: ‚Laß mich erst heimgehen und meinen Vater begraben.' Da antwortete ihm Jesus: ‚Folge mir und laß die Toten ihre Toten begraben'" (Matth. 8, 21 f.).

Die Absolutheit des Glaubens, der das endliche Dasein als nichts Letztes ansieht, wurde immer wieder in paradoxen Wendungen allgemein formuliert: „Wer sein Leben erhalten will, wird es verlieren, wer sein Leben um meinetwillen verliert, der wird es erhalten" (Matth. 10, 39).

Die Neuorientierung, die Jesus bringen wollte, ist grundsätzlich. Vor ihr gelten keine natürlichen Bindungen und keine angestammten Rechte. Alles bisherige Praktische wird überhöht durch den Glauben und die Nachfolge. Als Jesus seine Jünger aussendet – noch lange vor dem Konflikt mit Obrigkeit und Behörden –, hofft er den Leuten begreiflich machen zu können, daß das totale Glaubensexperiment das Wichtigste und Absolute, das Letzte und nicht Relativierbare darstellt: „Glaubt nicht, daß ich gekommen bin, Frieden auf die Erde zu bringen. Ich bin nicht gekommen, Frieden zu bringen, sondern das Schwert. Denn ich bin gekommen, den Sohn zu entzweien mit seinem Vater, die Tochter mit ihrer Mutter, die Schwiegertochter mit ihrer Schwiegermutter." Und er fährt fort: „Wer Vater oder Mutter mehr liebt als mich, ist meiner nicht wert, und wer Sohn oder Tochter mehr liebt als mich, ist meiner nicht wert" (Matth. 10, 34–37).

Die Lehre werde so klar sein, daß sie sich sozusagen von selber durchsetzt. Jede und jeder kann sie weiterverkünden, und es klingt ein bißchen nach einem Siegesrausch, der durch die Annahme der Botschaft durchs Land gehen wird: „Was ich euch im Finstern sage, saget ihr im Licht, und was ihr ins Ohr gesagt bekommt, predigt auf den Dächern. Fürchtet euch nicht vor denen, die den Leib töten, aber die Seele nicht töten können. Fürchtet vielmehr den, der Seele und Leib in der Hölle verderben kann" (Matth. 10, 27–28).

Auch aus dieser letzten Wendung wird wieder deutlich, daß die Gegeninstanz, der Satan, von Jesus nicht als endliche praktische Bestimmung, sondern als geschichtliche Instanz angesehen wird. Das Böse betrifft, so wie der Glaube, den ganzen Menschen mit Leib und Seele.

Jesus formuliert den Gegensatz sehr drastisch: Wer das Leben sozusagen um des Lebens willen liebt, wird es verlieren. Wer den letzten Sinn des Lebens im bloßen Überleben sieht, muß gerade in diesem Punkt vorn Tod widerlegt werden. Wer nicht den Tod positiv in seine Motivation einbeziehen kann – das geht aber nur, wenn das Praktische nichts Letztes ist –, der kann eigentlich dem Leben keinen Sinn geben: „Wahrlich, Wahrlich, ich sage euch: Wenn das Weizenkorn nicht in die Erde fällt und stirbt, bleibt es allein, wenn es aber stirbt, bringt es viele Frucht. Wer sein Leben hochschätzt, der wird es verlieren, wer aber sein Leben in dieser Welt geringschätzt, wird es für das ewige Leben bewahren" (Joh. 12, 24–26). Die Schärfe, mit der Jesus das formuliert: Wer nicht sein Leben in dieser Welt geringschätzt, wird es verlieren, hat manchmal dazu verleitet, darin einen Aufruf zur Askese um der Askese willen oder zur Weltflucht zu sehen. Das ist natürlich keineswegs gemeint. Jesus möchte gerade nicht auf das Jenseits verweisen, das sich nur negativ vom Diesseits abhebt, sondern diesem Leben einen Sinn geben. Die Negation – das Geringschätzen des Lebens in dieser Welt – betrifft den Sinn des bloß Praktischen, der innerhalb des Lebens wegen des Todes grundsätzlich nicht mehr gefunden werden kann. Gemeint ist unter Leben in dieser Welt die Orientierung an irgendeinem Endlichen als Ziel des Lebens. Dies kann sein: Geld, Macht, Schönheit usw. Wer irgendein bestimmtes, endliches, praktisch erreichtes Ziel als letztes Ziel und als Sinn des Lebens ansieht, der wird das Leben verlieren. Als letztes Ziel darf auch nicht die Pflege der eigenen Individualität oder der Subjektivität angesehen werden; also auch Ehre etwa oder Ruhm machen nicht unsterblich. Wie unten noch näher gezeigt wird ist das letzte Ziel für den Menschen die Einheit von Gott und Mensch zu werden, so wie Jesus diese Einheit war. Dies ist aber nicht eine bestimmte konkrete Eigenschaft.

Die eben zitierte Stelle wird nämlich bei Johannes folgendermaßen fortgesetzt:

„Gleichwohl glaubten jedoch auch viele von den Oberen an ihn, aber der Pharisäer wegen bekannten sie es nicht, damit sie nicht aus der Synagoge ausgeschlossen würden. Denn sie liebten die Ehre von Menschen mehr als die Ehre von Gott" (Joh. 12, 42 f.). Damit aber kein Irrtum darüber entstehe, daß auch er nicht aus subjektiver Eitelkeit spricht, daß auch Jesus den Glauben nicht verlangt, weil es ihm auf seine eigene Individualität ankommt, relativiert er mit der gleichen Radikalität auch sich selber, indem er fortfährt: „Jesus aber rief und sprach: Wer an mich glaubt, glaubt nicht an mich, sondern an den, der mich gesandt hat, und wer mich sieht, sieht den, der mich gesandt hat. Ich bin als Licht in die Welt gekommen, damit niemand, der an mich glaubt, in der Finsternis bleibe." Johannes läßt Jesus weiter sagen:

„Denn ich habe nicht aus mir selbst geredet, sondern der Vater, der mich gesandt hat, hat mir den Auftrag gegeben, was ich sprechen und was ich verkünden soll, und ich weiß, daß sein Auftrag ewiges Leben bedeutet. Was ich also verkünde, das verkünde ich so, wie der Vater es mir gesagt hat" (Joh. 12, 44–50).

Auf diese Worte folgt bei Johannes die Fußwaschung. Jesus wäscht den Jüngern die Füße und will auch damit demonstrieren, daß er keineswegs irdische Autorität oder Ehre oder ähnliches beansprucht. Die Jünger können das allerdings nicht verstehen. Es folgt die Stelle mit Simon Petrus. „Der aber sagt ihm: ‚Herr, du willst mir die Füße waschen?' Jesus antwortete und sprach: ‚Was ich tue, verstehst du augenblicklich noch nicht, wirst es aber nachher verstehen'" (Joh. 13, 6–7).

Die Szene zeigt deutlich, daß es den Jüngern unmöglich ist, Jesus in seiner geschichtlichen Bedeutung zu begreifen, solange er als praktisch handelndes Individuum anwesend ist. Alle Gleichnisse und Metaphern, Ermahnungen und Drohungen Jesu nützen nichts; sie verstehen einfach nicht. Sie glauben alles, was er sagt, aber der Glaube ist ohne Verständnis. Dabei soll der Glaube ja gerade nicht auf der subjektiven Autorität Jesu gegründet sein. Nicht weil der verehrte Meister es gesagt hat, sollen sie es glauben, sondern weil es in sich wahr ist. „Wer mich verachtet und meine Worte nicht annimmt, der hat seinen Richter" (Joh. 12, 44), aber nicht deshalb, weil Jesus ihn aus Rache dafür strafen wird, „sondern das Wort, das ich verkündet habe, wird ihn richten" (ebenda). Es bedarf keinerlei Autorität mehr, die mit Druck hinter der Lehre Jesu stehen müßte, damit sie angenommen wird. Sobald die Wahrheit verkündet ist, spricht sie für sich selbst, und Jesus ist sozusagen überflüssig. Und dies, „obwohl" er die Offenbarung (Wahrheit) in sich als den authentischen Offenbarungsbringer konzentriert: „Nicht mehr nenne ich euch Knechte, denn der Knecht weiß nicht, was sein Herr tut. Freunde habe ich euch genannt, denn alles, was ich von meinem Vater erkundet habe, habe ich euch verkündet" (Joh. 15, 15). Es gibt kein Geheimnis mehr, das Jesus nicht mitgeteilt hat, und keine Macht, die er nicht übergeben hätte.

Paradoxerweise ist dieses Prinzip von der Wissenschaft, speziell der Naturwissenschaft, gegen die Kirche am Beginn der Neuzeit realisiert worden. Was Galilei wollte und verkündete, war etwas, was alle Menschen überprüfen konnten und nicht eine Geheimlehre mehr. Seine Gegner weigerten sich, in das Fernrohr zu schauen, das ihnen Galilei anbot, damit sie selber überprüfen können, ob das wahr sei, was er sage. Insofern ist die Wissenschaft mit ihrem Anspruch, nur das allgemein von jedermann Überprüfbare anzunehmen, eine konsequente Folgerung des christlichen Prinzips von der Göttlichkeit aller Menschen.

Solange Jesus unter den Jüngern lebt, können sie den Übergang vom Individuum Jesus von Nazareth zum Christus als Sohn Gottes oder Erlöser nicht vollziehen. Sie mißverstehen ihn praktisch, seine geschichtliche Bestimmung ist erst nach seinem Tode einsichtig. Diese Einsicht, die der Glaube (als Überhöhung der Praxis) dann hat, wird sie auch über den Verlust des „Freundes" Jesus von Nazareth hinwegtrösten. Erst nach dem Tode Jesu können die Jünger den Sinn seiner Lehre erfassen: „Aber ich sage euch die Wahrheit: Daß ich hingehe, ist gut für euch, denn wenn ich nicht hingehe, wird der Tröster nicht zu euch kommen. Wenn ich aber hingehe, werde ich ihn euch senden" (Joh. 16, 7).

Der Tröster, der ihnen den Sinn der Geschichte erschließt, so daß sie plötzlich „in allen Sprachen reden" (Apg. 2, 4) und Zusammenhänge sehen, die diesmal den anderen (Ungläubigen) unverständlich sind (die meinen, die Jünger seien betrunken), wird „Geist Gottes" oder „Heiliger Geist" oder auch nur „Geist" genannt. Er repräsentiert Jesus, der nicht mehr als Individuum Jesus von Nazareth mit den Jüngern herumwandert, sondern eine heilsgeschichtliche Bedeutung gewonnen hat, insofern er die Wahrheit verkündete und selbst mit dem Vater eins war. Was aber ist der Inhalt der

Einsicht, die die Jünger aufgrund des Geistes haben? Was sollen sie begreifen und mit ihnen die Welt? Welches war die geschichtliche Sendung Jesu? Jesus sagt es in der Fortsetzung der eben zitierten Stelle bei Johannes 16, 8–11: „Und wenn dann jener kommt, wird er der Welt deutlich vor Augen stellen, daß es eine Sünde gibt, eine Gerechtigkeit und ein Gericht – eine Sünde: sie glauben nicht an mich; eine Gerechtigkeit: ich gehe zum Vater, und ihr seht mich nicht mehr; ein Gericht: der Fürst dieser Welt ist gerichtet."

Diese Worte sind nicht sofort verständlich. Wieso besteht die Sünde darin, daß man nicht an ihn glaubt? Wieso die Gerechtigkeit darin, daß er zum Vater geht, und wieso das Gericht darin, daß der Fürst dieser Welt schon gerichtet ist?

Um dies zu verstehen, müssen wir zunächst untersuchen, was Jesus mit dem „Reich Gottes" meint und was er für eine heilsgeschichtliche Konzeption hat. Denn Sünde, Glaube, Gerechtigkeit und Gericht sind ganz offensichtlich bei Jesus Probleme der Heilsgeschichte.

Das Reich Gottes

Wie versteht Jesus sich selbst? Wie hat er versucht, seine Sendung begreiflich zu machen? Die Antwort ist formal leicht zu geben: durch Gleichnisse, Metaphern. Jesus wollte etwas sagen, wofür es bei seinen Zeitgenossen keine Vorstellungen und daher auch kein Wort gab. Er mußte vermeiden, in eines der üblichen Schemata eingeordnet zu werden.

Etwas völlig Neues kann aber niemand bringen, ohne an herkömmliche Begriffe anzuknüpfen. Er muß versuchen, indirekt durch Bilder und Gleichnisse, durch Erweiterungen, Veränderungen und Ergänzungen der gebräuchlichen Worte und Bilder etwas Neues auszudrücken. Gleichnisse, Analogien und Metaphern sind daher auch Hauptinhalt der berichteten Reden Jesu. Deshalb darf man nicht nur die Ausdrücke, mit denen er sich selbst bezeichnet oder mit denen er bezeichnet wird, zur Aufklärung seines Selbstverständnisses heranziehen, sondern auch die Gleichnisse und Geschichten, in denen jeweils auch über das Verhältnis Gottes zur Welt oder über das Verhältnis Jesu (des Sohnes) zur Welt oder zum Vater etwas ausgesagt wird.

Die traditionellen Begriffe, die Jesus als Metaphern zur Kennzeichnung seiner Person oder Sendung heranzieht, treffen jeweils irgendeinen Teilaspekt dessen, was auch er will, nie aber den eigentlichen Inhalt seiner Sendung. Unter Prophet, Sohn Davids, Rabbi, Sohn Gottes, König, Messias (Christus), Herr und Menschensohn konnten sich Juden, Heiden und Jünger zwar immer etwas (wenn auch sicherlich Verschiedenes) vorstellen, aber natürlich kaum das, was Jesus meinte und wollte. „Darum rede ich in Gleichnissen zu ihnen, weil sie sehen und doch nicht sehen, hören und doch nicht hören und nicht verstehen" (Matth. 13,13). Wer etwas, das gesagt wird, nur in seine eigenen Schemata einzuordnen vermag, hört zwar, aber er hört doch nicht. Ein solcher Mensch kann nichts Neues dazulernen und sich nicht ändern. Wer aber in der Lage ist, seine Schemata zu ändern, eine neue Verständnisgrundlage zu errichten, der kann auch Neues verstehen und sich dadurch ändern. Man könnte auch sagen, er hat sich eine andere Vergangenheit gegeben, als er bisher hatte, weil eigentlich seine neue Handlung oder seine neue Erkenntnis nicht aus der Vergangenheit allein erklärbar ist. Er ist ein neuer Mensch geworden. Erst der Tod nimmt die Möglichkeit, noch einmal (oder öfter) ein neuer Mensch zu werden. Mit dem Tod steht die endgültige Interpretation meines Daseins fest – für mich selber. In diesem Sinn kann jemand auch schon gestorben sein, wenn er nichts Neues mehr verstehen kann (sich nicht ändern kann), obwohl er sich etwa körperlich bester Gesundheit erfreut. Er lebt dann (wie ich es formuliere) nur noch praktisch, aber nicht mehr geschichtlich. Ein solcher Mensch hat seine Geschichte endgültig abgeschlossen und „lebt nur noch als Museum seiner selbst – er hat endgültig resigniert und sich damit begnügt, das zu sein, was er zum Zeitpunkt der Resignation war. Man könnte fast sagen, die Resignation ist der eigentliche Inhalt seiner Geschichte (die „Bilanz" seines Lebens).

Von diesem Gedanken ergibt sich ein erster Zugang zu dem, was Jesus unter „Himmel" und „Hölle", unter Liebe und Sünde versteht: es sind dies für ihn Probleme der Geschichte (besser: der Geschichtlichkeit), die nicht bloß theoretische (die Wissenschaft betreffende) oder praktische (Nutzen und Zwecke des Handelns betreffende) Inhalte haben. Grundsätzliches Annehmen oder Ablehnen eines bestimmten Menschen oder auch der Welt und des eigenen Lebens ist Voraussetzung für jedes Handeln. Dieses grundsätzliche Bejahen oder Verneinen muß dabei nicht immer klar reflexiv bewußt sein – aber es bestimmt die Handlungen. Es ist sozusagen das Licht, in dem wir die Welt und die Menschen sehen – Jesus nennt es Glaube.

Dieser Glaube ist der Maßstab, den wir an unsere wie an fremde Vergangenheit anlegen, um sie auf ihren Sinn hin zu bestimmen. Nicht ob etwas praktisch gelungen oder mißlungen ist, wird für die Bilanz des Lebens letztlich bedeutsam, sondern welchen geschichtlichen Sinn es hatte. Geschichtlichkeit ist dabei sowohl das Wissen um den Sinn der eigenen Vergangenheit als auch die Einordnung dieser Vergangenheit in den Gesamtzusammenhang der Welt- und Heilsgeschichte. Es gibt einige Hinweise, daß Jesus auf diese Verbindung von individueller und überindividueller Geschichtlichkeit immer wieder aufmerksam machen wollte:

Eine Sünde – ganz allgemein der Verlust an Selbstbestimmung und damit des für mich verbindlichen Sinns des Lebens und Handelns – ist nie endgültig, solange man lebt, d. h. solange man in der Lage ist, die eigene Vergangenheit umzuschreiben, zu bereuen und seine Einstellung zu ändern. Erst der Verlust der Geschichtlichkeit macht einen bestimmten Sinn endgültig. Die Geschichtlichkeit hängt aber nach dem Sprachgebrauch Jesu mit dem Geist zusammen: „Darum sage ich euch: jede Sünde und Lästerung wird dem Menschen vergeben werden, die Lästerung gegen den Geist [„pneuma", Anm. d. Autors] aber wird nicht vergeben werden" (Matth. 12,31). Der Geist, den Jesus als Tröster verspricht, wenn er selbst nicht mehr unter seinen Jüngern weilt, der sie dann „alles lehren wird", ist die sinngebende Instanz selber. Der Geist ist sozusagen die neue Voraussetzung, von der her überhaupt alles Praktische und Theoretische einen Sinn bekommen kann. Denn weder das Praktische noch das Theoretische haben einen Sinn in sich.

Die Titel für Jesus versuchen alle irgendwie einen geschichtlichen Bezug oder eine heilsgeschichtliche Bedeutung Jesu herzustellen. Der Großteil der Bezeichnungen stammt aus dem Alten Testament (Messias, Sohn Davids, Prophet), einige haben aber auch im hellenistischen, nichtjüdischen Kulturbereich Sinn (Erlöser, Sohn Gottes). Alle diese Titel geben Jesus nicht nur eine besondere Bedeutung in der Geschichte, sondern sie bringen ihn auch in ein besonderes

Naheverhältnis zu Gott. Beides kommt in allen Evangelien zum Ausdruck, sei es durch alttestamentliche Zitate, durch das „Erfüllen der Schrift" oder durch die Wendung: „Und das Wort ist Fleisch geworden und hat unter uns gewohnt" (Joh. 1,14).

Die häufigste Selbstbezeichnung Jesu ist „Menschensohn". Dieser Titel kommt im Text der Evangelien ausschließlich in den Reden Jesu vor, und die meisten Exegeten vermuten sogar, daß die anderen Titel spätere Bezeichnungen Jesu sind, die sich erst in der Urgemeinde herausgebildet haben. Woher der Menschensohn-Titel kommt, weiß man heute noch nicht. Manche bezweifeln sogar, daß das griechische „ho hyos ton anthropon" im Aramäischen überhaupt gebildet werden kann.[4]

Man hat natürlich – mit viel Mühe – ähnliche Begriffe im Alten Testament, in gnostischen Mythen, in sumerischen und in babylonischen Texten usw. gefunden. Meistens ist es „ein Mensch" oder „der Mensch", der auf den „Wolken des Himmels" kommt oder – wie im äthiopischen Henoch-Buch – „in den Himmel erhöht wird" und dann alle Geheimnisse der Welt erfährt.[5] Mit Sicherheit aber kann man sagen, daß der Menschensohn für die Zeitgenossen Jesu nicht ein gebräuchlicher und populärer Titel war, unter dem sich jedermann etwas vorstellen konnte. Die brauchbarste Parallele für den Menschensohn dürfte wohl die jüdische Apokalyptik sein, also die Vorstellungen über das „Ende der Welt". Die Apokalyptik als eindeutig heilsgeschichtliches Problem war vielleicht für Jesus auch deshalb die günstigste Ausgangsbasis, in seiner Sendung an herkömmliche Vorstellungen anzuknüpfen. Wenn dies so war, hat er allerdings dann diese Vorstellungen radikal verändert. Auch in den Evangelien sind die sogenannten apokalyptischen Partien am geeignetsten, um herauszufinden, was Jesus mit dem Menschensohn meint.

Es ist naheliegend, den „Sinn der Geschichte" vom „Ende der Geschichte" her zu verstehen. Richtig daran ist die Einsicht, daß sich die Ereignisse meist erst im nachhinein zu einem Sinn zusammenschließen. Trotzdem ist das Wort „Ende" nicht zutreffend, weil es dazu verleitet, an ein zeitliches Abgeschlossensein zu denken (Ende der Vorstellung). Die apokalyptischen Reden in den Synoptikern (Matth. 24, Mark. 13, Luk. 21) werden in den deutschen Ausgaben der Bibel meistens mit „Reden Jesu über das Ende" oder „Ende der Welt" überschrieben.

Dies ist aber schon eine irreführende Übersetzung. Im Griechischen heißt es „synteleias tou aionos". „Synteleias" bedeutet weniger „Ende" als vielmehr „Vollendung". „Aion" heißt nicht „Welt" (da müßte „Kosmos" stehen), sondern „Geschichte" oder „Epoche".

Jesus erzählt den Jüngern öfters von der „Wiederkunft des Menschensohnes" (gr. parousia). Auch „Parousia" ist mit „Wiederkunft" unzutreffend übersetzt; besser ist „Ankunft" (wie z. B. Bultmann übersetzt) oder „Gegenwart". Jesus wird als Jesus von Nazareth sterben und als Menschensohn in der Heilsgeschichte gegenwärtig sein.

Diese Gegenwart oder Ankunft hängt mit dem Telos tou aionos, mit dem Sinn der Geschichte, zusammen. Seine Jünger verstehen das nicht, und bei den Synoptikern wird berichtet, daß sie ihn einzeln beiseite nehmen und darüber ausfragen. Anlaß dazu ist eine Bemerkung Jesu über den Tempel in Jerusalem, sozusagen das Symbol dieser Epoche der Juden. Die Jünger sehen den Tempel allerdings anders und vordergründig. Ihnen imponieren die Architektur und der äußere Aufwand: „Als einige davon sprachen, daß der Tempel geschmückt sei mit prachtvollen Steinen und Weihegeschenken, sprach er: Es werden Tage kommen, da wird von dem, was ihr da seht, nicht ein Stein auf dem anderen bleiben. Sie alle werden abgebrochen werden" (Luk. 21, 5–6).

Nicht die Steine und die schönen Farben sind das Wesentliche am Tempel, sondern der Sinn der Epoche, die der Tempel repräsentiert. Jesus weiß sich als Ende dieser Epoche und als neuer Anfang „des Tempels". Seine eigene geschichtliche Bedeutung, seine Auferstehung und heilsgeschichtliche Gegenwart hat er anläßlich des Tempels oft überlegt. Der

Tempel Salomons in Jerusalem war auch für die Juden mehr als eine bloße Ansammlung von Steinen.

„Jesus sprach zu ihnen: ‚Brecht diesen Tempel ab, und in drei Tagen richte ich ihn wieder auf.' Da sprachen die Juden: ‚Sechsundvierzig Jahre wurde an diesem Tempel gebaut, und du willst ihn in drei Tagen errichten?' Er aber redete vom Tempel seines Leibes. Als er nun von den Toten auferstanden war, erinnerten sich seine Jünger an dieses Wort ..." (Joh. 2, 19–22).

Auferstehung des Leibes und Gegenwart des Menschensohnes sind Probleme der Heilsgeschichte – für die Jünger ohne Zweifel dunkle Sätze und Reflexionen. Es nimmt daher nicht wunder, wenn wir lesen: „Da traten seine Jünger für sich allein an ihn heran und sprachen: ‚Oh sage uns doch, wann wird das geschehen und was wird das Zeichen sein von deiner Ankunft und vom Ende der Welt?'" (Matth. 24, 3)

Die Jünger verstehen das Telos tou aionos als Ende der Welt und stellen zwei Fragen: Wann wird es sein und woran wird man es erkennen? Wie ihnen am Tempel nur die Äußerlichkeiten auffielen, so verstehen sie das Ende des Tempels als Zeitpunkt. Jesus hat Mühe, ihnen zu erklären, daß man den Sinn der Geschichte nicht als Zeitpunkt des Endes der Welt verstehen kann. Daß also die Ankunft und Gegenwart des Menschensohnes nicht ein bestimmtes historisches Ereignis darstellt.

Damals wie heute gab und gibt es ausreichend Möglichkeiten, den Sinn der Geschichte bloß praktisch mißzuverstehen. In diesem Fall werden bestimmte Ereignisse vor anderen in ihrer Bedeutung ausgezeichnet, bestimmte Zeitpunkte als Kulmination, als Anfang oder Ende festgelegt oder bestimmte Gegenstände, Räume oder Gegenden als heilig oder als göttlich oder das Göttliche repräsentierend aufgefaßt. Was sich gewandelt hat, ist die Art und Weise, wie geschichtliche und göttliche Wirklichkeiten praktisch mißverstanden werden. Mußte damals ein Prophet sich durch besondere Zeichen (Wunder) ausweisen, so sucht man heute Lücken in den Modellen der Wissenschaft, um die Geschichte praktisch manipulieren zu können. Führt diese Methode nicht zum Erfolg, wird oft ein abstraktes wissenschaftliches Modell selber zum Sinn der Geschichte erhoben. „Wir haben das Gesetz der Geschichte erkannt", so wird dann argumentiert, „was immer er macht, es wird so enden, wie wir es euch voraussagen!" Auch die Jünger Jesu vermuten in ihrem Meister ein praktisches Wissen über die Geschichte und fragen nach dem Zeitpunkt des Endes. Wann wo was wie geschieht, sind praktische Fragen, und ihre Beantwortung sagt noch nichts über den geschichtlichen Sinn eines Ereignisses aus.

Das Unangenehme an einer praktischen Antwort auf eine geschichtliche Frage ist aber, daß die Antwort rein willkürlich ist und jederzeit relativiert werden kann. Wenn man auf die Frage „Wann kommt der Sinn der Geschichte?" antwortet: „Heute", so muß man sofort fragen, was war gestern? Und was wird morgen sein? Wenn man auf eine Sinnfrage antwortet „hier" oder „dort", so erhebt sich sofort das Problem, was andernorts sei. Praktische Antworten schließen nämlich andere Wirklichkeiten aus. Was hier ist, kann nicht zugleich auch anderswo sein. Was gestern war, kann nicht zugleich auch heute sein. Probleme der Freiheit und der Geschichte – also Glaubensprobleme – werden daher praktisch meist paradox formuliert: „Gott ist allgegenwärtig." Damit ist gemeint, er kann nicht praktisch an einem bestimmten Ort lokalisiert werden. Wird er ideologisch dennoch zu bestimmten Zeiten an bestimmten Orten oder in bestimmten Gegenständen lokalisiert, so ist dies nur in einer Art Personalunion möglich. Jesus – ein Mensch und Gott zugleich. Jeder Mensch ist zugleich Mensch und Gott. Die Göttlichkeit ist aber eben nicht eine bestimmte feststellbare Eigenschaft: diese Entmythologisierung hat Jesus durch seine Lehre, sein Leben und seinen Tod wahrgenommen. Nicht auf dem Berge in Sichem oder im Tempel in Jerusalem ist Gott anzubeten, sondern im Geist und in der Wahrheit. Alle magischen Praktiken sowie alles, was den geschichtlichen Sinn der Sendung Jesu bloß praktisch verstehen will, lehnte Jesus entschieden ab.

Deshalb war es schon für Jesus wichtig, seine geschichtliche Bedeutung von seiner praktischen zu unterscheiden. Seine Ankunft und Gegenwart ist nicht als neuerliches Erdenleben zu denken, sondern als „Anwesenheit in der Geschichte", aber natürlich nicht in der bloßen Erinnerung oder Einbildung der Menschen (dies ist ja nicht Geschichte), sondern in der Fortführung der Erlösung durch die Nachfolger Christi, das sind alle Menschen, die sich ebenfalls als Einheit vor Gott und Mensch verstehen.

Eine praktische Wiederkehr würde vor allem seinem geschichtlichen Sinn widersprechen und erneut zur praktischen Stellungnahme zwingen.[6] In der Antwort auf die Frage der Jünger nach dem bestimmten Zeitpunkt (wann?) des Sinnes der Geschichte (der dann als Ende der Welt aufgefaßt werden muß) und nach dem bestimmten Zeichen (wie die schönen Steine des Tempels) einer „Ankunft versucht Jesus zu zeigen, daß Ankunft nicht als praktische Wiederkehr gedacht werden kann und daß jedes Zeichen ein Zeichen für den Sinn der Geschichte sein kann: „Da antwortete ihnen Jesus und sprach: ‚Seht zu, daß euch niemand verwirre. Denn viele werden mit meinem Namen kommen und sagen: Ich bin der Messias, und sie werden viele irreführen'" (Matth. 24, 4–5). Die Irreführung besteht darin, „den Christus" mit bestimmten Personen zu identifizieren. „Bestimmt" heißt hier praktisch bestimmt, so daß andere ausgeschlossen werden. Natürlich soll einer des anderen Christus werden im Sinne der Nächstenliebe, aber es soll nicht „dieser" Christus sein und ein anderer nicht.

„Wenn dann einer zu euch sagt: Siehe, hier ist der Christus oder dort, so glaubt es nicht, denn es werden falsche Christusse und falsche Propheten auftreten, und sie werden große Zeichen und Wunder tun, so daß sie, wenn es möglich wäre, selbst die Auserwählten irreführten. Seht, ich habe es euch vorhergesagt" (Matth. 24, 23–24). Dann folgt der bekannte Vergleich: „[…] denn wie der Blitz vom Osten her aufflammt und bis zum Westen leuchtet, so wird es auch mit der Gegenwart des Menschensohnes sein" (Matth. 24, 27).

Das Bild des Blitzes ist sehr gut, weil ein Blitz räumlich und zeitlich schlecht lokalisiert werden kann. Ein Blitz ist eigentlich überall zugleich. Daß der Menschensohn nicht als bestimmtes empirisches Individuum identifiziert werden kann (unter Ausschluß anderer Individuen), ist der Ausgangspunkt für das Kriterium des Gerichtes. Einer werde des anderen Christus, „denn was ihr dem Geringsten meiner Brüder getan habt, habt ihr mir getan". Damit ist gemeint, daß der Bruder oder der Nächste auch nicht als bloß Praktisches, als Gegenstand oder als bloß anwesendes Individuum genommen werden muß, sondern in seinem geschichtlichen Sinn als Punkt der Selbstbestimmung bejaht und akzeptiert werden kann. Die Liebe ist daher zugleich auch das Maß und das Gericht.

Vor dem Hinweis auf den Sinn und Inhalt des Gerichtes (auf daß nämlich der Mensch sich selber in seinem Sinn durch die Liebe bestimmt und sich dadurch richtet – denn die Liebe selbst ist für ihn das Gericht) sagt Jesus, daß jedes beliebige Zeichen, jede Krise oder Bewährung als Zeichen der Gegenwart des Menschensohnes genommen werden kann. Denn die praktischen Schwierigkeiten bringen den Menschen ganz besonders in die Gefahr, am Sinn der Geschichte zu zweifeln.

„Ihr werdet von Krieg und Kriegsgerüchten hören. Da seht zu, daß ihr den Mut nicht verliert, denn das muß so kommen, aber dies ist nicht der Sinn. […] Viele werden dann irre werden im Glauben und einander verraten und einander hassen. Und viele falsche Propheten werden aufstehen, und sie werden viele irreführen. […] Wer aber ausharrt bis zur Vollendung, der wird gerettet werden" (Matth. 24, 6–13).

Eigentlich müßte man sogar übersetzen: Wer das Ziel, den Sinn nicht aus den Augen verliert, wird gerettet werden. Die auftretenden Schwierigkeiten können dazu führen, im

Praktischen unterzugehen. Im Glauben werden viele irre werden, und die Liebe wird dann erkalten.

Falsch ist die übliche Übersetzung: „Wer ausharrt bis ans Ende", wobei man das Ende als bestimmtes historisches Ereignis auffaßt. Dies betrifft dann wirklich nur mehr die zuletzt Lebenden und kehrt den Sinn dieser Hinweise Jesu völlig um. Wer nicht das Ende als unmittelbar bevorstehend ansieht, wäre von den Worten Jesu überhaupt nicht berührt, und wer das Ende für die nächsten Tage erwartet, könnte seine Liebe gerade nicht mehr im Praktischen bewähren.

Augustinus hat in seinen „Bekenntnissen" im 11. bis 13. Buch gezeigt, daß die Zeit als Gegenwart, Zukunft und Vergangenheit selbst nur einen praktischen Sinn hat. Die Geschichte ist vorausgesetzt, damit wir in ihr einen (praktischen) Anfang und ein (praktisches) Ende eines Ereignisses oder Lebens definieren können. Die Geschichte selbst kann keinen Anfang und kein Ende haben, sonst müßte man sofort fragen: Was ist „nach" dem Ende? – Die Zeit als Gegenwart, Vergangenheit und Zukunft ist nur eine praktische Hilfe unserer endlichen Selbstbestimmung. Es gibt sie – sozusagen – „in Wirklichkeit" gar nicht. Das heißt, daß wir die praktische Einteilung in Dimensionen nicht auf die Geschichte anwenden dürfen.

Ich habe in meinem Buch „Raum und Zeit als naturphilosophisches Problem" (Wr. Universitätsverlag 1991/2) gezeigt, daß es nicht eine absolute Raum-Zeit geben kann, „in" der zu einem bestimmten Zeitpunkt die Zeit und die Welt begonnen haben könnten. Koordinaten mit einem Nullpunkt sind immer willkürliche Festlegungen, auch wenn sie einen allfälligen Anfang der Welt (Big Bang) postulieren, wie das die moderne Physik macht.

Was Jesus will, ist dagegen – wie H. Braun es formuliert – „eine unerhörte Schärfung der Verantwortlichkeit".[7] Immer und überall sind wir in unseren Handlungen nicht vor das Ende, sondern vor das Ziel (telos), vor den eigentlichen Sinn unserer Handlungen gestellt. Selbst- und Fremdbestimmung sind nicht zeitlich lokalisierbare Ereignisse. „Bedenkt doch das eine: Wenn der Hausvater wüßte, in welcher Nachtstunde der Dieb käme, er bliebe wach und ließe nicht einbrechen in sein Haus. Darum seid auch ihr bereit, denn zu einer Stunde, da ihr es nicht ahnt, kommt der Menschensohn" (Matth. 24, 43–44). Jede der praktischen Handlungen soll eigentlich jederzeit auf den Sinn bezogen werden können. Sie soll gar nicht vom Glauben und von der Liebe getrennt werden können. Ist jede meiner Handlungen aber jederzeit aus dem Sinn des Lebens heraus zu verantworten, dann bin ich „allzeit bereit": „Wachet also, denn ihr wißt nicht Tag und nicht Stunde" (Matth. 25, 13). Erläutert wird dieser Satz von Jesus mit einem Gleichnis: Zehn Jungfrauen warten auf den Bräutigam, der irgendwann in der Nacht kommt. Fünf kluge Jungfrauen nahmen ausreichend Öl (die Voraussetzung für das Licht!) in ihren Lampen mit, die anderen, die törichten, hatten zuwenig und waren gerade weggegangen, um neues Öl zu holen, als der Bräutigam kam. „Und die bereit waren, gingen mit ihm ein in das Hochzeitshaus, und die Tür wurde verschlossen. Danach kamen auch die übrigen Jungfrauen und riefen: ,Herr, Herr, mach uns auf!' Er aber antwortete: ,Wahrlich, ich sage euch, ich kenne euch nicht.' Wachet also, denn ihr wißt nicht Tag und nicht Stunde" (Matth. 25, 1–13).

Alle diese Hinweise sind eine Antwort auf die Frage der Jünger: Wann wird das Gericht sein? Die Antwort Jesu lautet: Jetzt und immer. Es ist nicht möglich, einen geschichtlichen Stundenfresser bis zum jüngsten Gericht zu konstruieren, denn es handelt sich gar nicht um ein zeitlich lokalisierbares Ereignis. Die Vorstellung vom Gericht bezieht sich auf das jüdische Denken, das Heil vom Gesetz zu erwarten. Wer das Heil im Gesetz sieht, für den ist die Vollendung der Handlung, ihr Sinn oder Unsinn im Urteil des Gerichtes enthalten. Jesus hat sich bemüht, diese Vorstellung durch eine neue zu ersetzen: Das Reich Gottes hängt ebenfalls mit dem Sinn der Geschichte zusammen; es soll diesen Sinn nämlich gegenüber den praktischen Handlungen repräsentieren, so wie bis zu Jesus das Gesetz diese heilsgeschichtliche Funktion repräsentierte.

„Von den Pharisäern gefragt, wann das Reich Gottes käme, antwortete er ihnen: ‚Das Reich Gottes kommt nicht mit Schaugepränge, und man kann nicht sagen, siehe, hier kommt es oder dort, denn siehe, das Reich Gottes ist unter euch.'" Dann verwendet Jesus dieselben Bilder wie für das Telos tou aionos auch für die Basileia tou theou: „Es werden Tage kommen, da ihr euch sehnt, einen einzigen der Tage des Menschensohnes zu schauen, und ihr werdet ihn nicht schauen. Sagt man dann zu euch: Siehe, dort ist er, siehe hier, so geht nicht hin und lauft nicht nach. Denn wie der Blitz zuckt und leuchtet von einem Himmelsstrich zum andern, so wird es mit dem Menschensohn sein an seinem Tage" (Luk. 17, 20–24).

Im Reich Gottes vollendet sich der Sinn der Geschichte. Das Reich Gottes ist aber nicht am Ende eines Zeitabschnittes, sondern ist immer zugleich „unter euch". Es ist aber natürlich auch nicht identisch mit den Handlungen oder den Ereignissen, sondern es ist deren Sinn. Jesus hat die Schwierigkeiten, einerseits das Reich Gottes von irdischen Reichen und von der Praxis abzugrenzen, es aber andererseits nicht in ein Jenseits verschwinden zu lassen, denn nur in der Welt kann der Mensch sich bewähren, und Jesus wollte gerade nicht zur Weltflucht verleiten. Interessant ist daher auch der Zusammenhang, in welchem besonders bei Matthäus vom Sinn der Geschichte gesprochen wird. Auf die Frage der Jünger nach dem Zeitpunkt und den Zeichen des Endes versucht Jesus zunächst die Meinung des Zeitpunktes zu zerstören („Laßt euch doch nicht verwirren"). Daraufhin hebt Jesus den heilsgeschichtlichen Sinn des Menschensohnes von der praktischen Identifizierbarkeit eines Individuums in Raum und Zeit ab („es werden falsche Christusse auftreten … wenn gesagt wird, er ist im Hause, so glaubt es nicht").

Diese Abhebung steigert sich bis zu drastischen Bildern, die das Verschwinden aller geordneten Bezüge der Welt überhaupt ausdrücken: „Alsbald aber nach der Drangsal jener Tage wird die Sonne verfinstert werden, und der Mond wird keinen Schein mehr geben. Die Sterne werden vom Himmel fallen, und die Kräfte des Himmels werden erschüttert werden" (Matth. 24, 29). Den Abschluß dieser Hinweise aber bilden die Sätze: „Wahrlich, ich sage euch: Dieses Geschlecht wird nicht vergehen, bis das alles geschieht. Himmel und Erde werden vergehen, doch meine Worte werden nicht vergehen. Von jenem Tag aber oder von jener Stunde hat niemand Kenntnis, auch nicht die Engel des Himmels, auch nicht der Sohn, nur der Vater allein" (Mark. 13, 30–32).

Hier könnte man annehmen, daß doch noch sozusagen ein transzendenter Rest im Jenseits zurückbleibt. Jesus wäre dennoch nicht vollständig mit dem Vater eins. Sehr einleuchtend hat dieses Problem die Kirche auf dem Konzil von Toledo im Jahr 675 formuliert. Es heißt über die Trinität (Vater, Sohn und Geist), daß es zwar drei Wesen sind, aber nur ein Gott. „Wir sprachen nach der Lehre unserer Vorfahren von diesen drei Personen, damit sie als solche erkannt, nicht aber damit sie getrennt werden." (Denzinger)

Der Anfang der Welt ist prinzipiell unverfügbar. Es besteht auch wenig Hoffnung draufzukommen, wie die Welt entstanden ist. Daher haben alle Völker das jeweilige allgemein anerkannte und daher allen am meisten plausible Ordnungsprinzip des Menschen an den Anfang gesetzt. Meist wurde das weitere Hinterfragen dieses Anfangs verboten. Dies kann so sein wie bei Augustinus, der auf Frage eines Schülers „Was hat Gott getan, bevor er Himmel und Erde erschaffen hat?" geantwortet: „Er hat die Hölle eingerichtet für Leute, die blöde Fragen stellen" (alte scutantibus gehennas parabat).

Es kann aber auch so aussehen wie bei den Asiaten: Ein Reisender aus dem Westen begegnet einem orientalischen Philosophen und bittet ihn, das Wesen der Welt zu beschreiben. „Sie ist eine große Kugel, die auf dem flachen Rücken der Weltschildkröte ruht." „Nun gut, aber worauf steht die Weltschildkröte?" „Auf dem Rücken einer noch größeren Schildkröte." „Und worauf steht die?" „Eine sehr scharfsinnige Frage, aber sie ist zwecklos, Herr, es sind Schildkröten bis ganz nach unten." Kurz zusammengefaßt: Wir wissen nicht, wie die Welt entstanden ist. Die Aussage „Ein allmächtiger(!) Vater habe sie aus dem Nichts geschaffen" ist auch eine Information über das Gesellschaftssystem dessen, der diese Theorie als eine erkenntnistheoretische Erklärung behauptet. Auch Jesus wußte nichts über den Anfang der Welt und hat dieses Nichtwissen in die Formel vom Vater gekleidet.

In den uns überlieferten mutterrechtlichen Kulturen ist etwa die Welt von einer großen Mutter (z. B. Gaia) geboren worden. Seine heilsgeschichtliche Konzeption setzt Jesus in einen Gegensatz zur Vergänglichkeit der Welt. Der Sinn der Geschichte ist das Gemeinsame aller Ereignisse, die dieses Geschlecht betreffen. Die Gefahr für den Menschen liegt darin, in den Sorgen oder Freuden des Alltags unterzugehen und diese selbst für den Sinn zu halten. Das Reich Gottes ist aber nicht nur etwas Praktisches. Der Sinn des Lebens kann weder das Überleben selbst noch das „Angenehme" oder „Nützliche" sein. Lukas faßt alle diese Gedanken ganz kurz zusammen: „Betrachtet den Feigenbaum und alle Bäume. Wenn sie schon ausschlagen, seht und erkennt ihr, daß der Sommer schon nahe ist. So erkennt auch ihr, wann ihr etwas geschehen seht, daß das Reich Gottes nahe ist. Wahrlich, ich sage euch, dieses Geschlecht wird nicht vergehen, bis alles geschieht. Himmel und Erde werden vergehen, doch meine Worte werden nicht vergehen." Dann kommt die deutliche Warnung: „Habt acht auf euch, daß euer Herz nicht belastet wird durch Rausch, Trunkenheit und irdische Sorgen und daß jener Tag nicht plötzlich über euch komme wie eine Schlinge. Denn kommen wird er über alle Bewohner der ganzen Erde. Wachet also und betet allezeit, daß ihr stark seid, alldem, was da kommen soll, zu entgehen und vor dem Menschensohn zu bestehen" (Luk. 21, 29–36).

Auch bei Lukas findet sich der Hinweis darauf, daß die Gegenwart des Menschensohnes nicht als historisch lokalisierbares Ereignis aufgefaßt werden darf. Das Gericht „kommt über alle Bewohner der ganzen Erde". Wäre es ein bestimmter

Tag, so würde es ja nur über die zufällig dann Lebenden kommen. Jesus aber meint, daß wirklich alle Menschen vor das Problem des Sinnes der Geschichte gestellt sind.

Der Hinweis auf die Wachsamkeit ist zugleich auch die Antwort auf die Frage nach dem Sinn des individuellen Gewissens, das nicht mehr nur vom Gesetz abhängig ist, sondern das Gesetz selber als Motiv nehmen kann. Die Entscheidung über gut und böse weist über das Gesetz hinaus auf individuelle Selbstbestimmung und Liebe. Damit büßt aber das Gesetz auch die Funktion ein, Heil Israels zu sein. Denn das Gesetz repräsentierte im Alten Bund nicht nur die Bewährung oder das Versagen des einzelnen, sondern zugleich auch den Sinn der Geschichte. Mit Jesus aber ist die Epoche des Tempels zu Ende, und der Sinn der Geschichte muß in neuer Weise repräsentiert werden. Wäre die Entscheidung des Individuums allein schon der Sinn der Geschichte, dann gäbe es so viele Sinne wie freie Individuen. Da aber die Geschichte immer nur ein Ziel haben kann, müßte der Kampf aller gegen alle ausbrechen.

Daher meint Jesus mehr, wenn er sagt: Was ihr dem Geringsten meiner Brüder getan, das habt ihr mir getan. Immer wieder begegnen wir in den Evangelien – in den verschiedensten Zusammenhängen – Hinweisen auf die Bedeutung des Namens Jesu Christi. „Wer ein solches Kind in meinem Namen aufnimmt, der nimmt mich auf" (Matth. 18, 5). Aber auch: „Wo zwei oder drei in meinem Namen versammelt sind, bin ich mitten unter ihnen" (Matth. 18, 20). Sein Name ist gelegentlich sogar das Kriterium der Zugehörigkeit zum Reich Gottes. Wer in seinem Namen Dämonen austreibt, gehört genauso dazu wie: „Wer euch einen Becher Wasser zu trinken gibt, weil ihr Christus angehört, wahrlich, ich sage euch, der wird seinen Lohn nicht verlieren" (Mark. 9, 41).

Sein Name verhindert aber auch nicht praktische Widerwärtigkeiten: „Ihr werdet gehaßt sein von allen Völkern um meines Namens willen, viele werden dann irre werden im Glauben und einander verraten und einander hassen"

(Matth. 24,9). „Viele glauben an seinen Namen", heißt es bei Johannes (2,23; 3,18), und die Jünger berichten voll Freude: „Herr, sogar die Dämonen sind uns untertan in deinem Namen" (Luk. 10,17). „Was immer ihr den Vater in meinem Namen bitten werdet, das werde ich tun" (Joh. 14,13), und „dieses aber ist geschrieben, damit ihr glaubt, daß Jesus ist der Christus, der Sohn Gottes, und damit ihr durch den Glauben Leben habt in seinem Namen", heißt es am Ende des Johannesevangeliums (20,31).

Der Name des Jesus von Nazareth (als Christus, Menschensohn, Erlöser und Sohn Gottes) ist schließlich auch das letzte Kriterium der Unterscheidung: „Wer auf euch hört, hört auf mich. Wer euch verwirft, verwirft auch mich. Wer aber mich verwirft, verwirft den, der mich gesandt hat" (Luk. 10,16).

Jesus meint also keineswegs eine allgemeine Weisheit zu verkünden, die bislang den Menschen noch nicht bekannt war, er meint auch nicht bloß neue Ratschläge zu geben, deren Befolgung den Menschen viele Schwierigkeiten erspart, sondern er bringt alles, was er sagt und was die Menschen betrifft, mit seiner Person in Zusammenhang. Nicht nur, wer glaubt, was er sagt, sondern wer *ihm* als Einheit vor Gott und Mensch im Glauben nachfolgt, versteht richtig. Was er sagt, ist immer irgendwie mit seiner Person verbunden. Wir haben auch schon gesehen, daß das mehr ist als subjektive Eitelkeit eines Menschen, der sich als Weltverbesserer weiß. Im Gegenteil, Jesus hat alles vermieden, was als Eitelkeit interpretiert werden könnte oder ihn gezwungen hätte, sozusagen auf sich als Individuum Rücksicht zu nehmen. Er hat keine Familie gegründet und keine Kinder gezeugt. Er hat alles Besondere und Außergewöhnliche vermieden. Er hat keine besondere Askese betrieben, aber auch keinen besonderen Luxus. Er war durch kein praktisches Bedürfnis zu irgend etwas zu zwingen und hat sogar sein Leben riskiert – und eingebüßt. Gerade die Freiheit von allem Praktischen und die Tatsache, daß er auf nichts und niemanden Rücksicht nehmen mußte, gestatteten es ihm andererseits, die

Bedeutung seiner Person für die gestellte Aufgabe aufzuzeigen. Denn nur wer wirklich wenig praktisches Interesse mehr verfolgt, wer wenig subjektiver Eitelkeit mehr frönt, kann sagen: „Ich bin der Weg, die Wahrheit und das Leben" (Joh. 14,6).

Nicht immer gelang die Befreiung von der praktischen Subjektivität. Wie wir in den Evangelien lesen, konnten die Menschen in seiner Heimatstadt und in Kapharnaum nicht an ihn glauben – weil sie ihn kannten. Letzten Endes war es eigentlich auch den Jüngern erst nach seinem Tod möglich, von ihm als Individuum abzusehen, um ihn als Erlöser, Messias, Menschensohn und Sohn Gottes zu erkennen.

Aber das Kommen des Reiches, die Liebe und die Voraussetzung für das Vergeben der Sünden, der Glaube und der Sinn der Geschichte, all das hängt mit der Person Jesus von Nazareth zusammen, all das drückt sich in den sogenannten christologischen Titeln aus und wurde später mit dem Ausdruck „Menschwerdung und Erlösung" umschrieben.

Der Grund für die spätere Begriffsbildung „Jesus als Erlöser" liegt aber in seinen Worten selber. Hätte Jesus nicht sinngemäß das gesagt, was in den Evangelien steht, so hätte es die uns bekannte Entwicklung des Christentums nicht geben können. Denn Jesus von Nazareth hat sich selbst in ein besonderes Verhältnis zu Gott gebracht, das mit der Bezeichnung „Abba" (Papa, Vati usw.) beginnt und mit der vollständigen Identifikation zwischen sich und Gott endet.

War das die Phantasie eines Verrückten? Ist es ihm später in den Mund gelegt worden? Was kann Jesus wohl damit gemeint haben?

Diese Fragen sind Streitpunkt seit zwei Jahrtausenden; sie implizieren die Stellungnahme zu dem, was in unserer Tradition Gott genannt wird. Das Verhältnis des Menschen zu Gott hat sich durch Jesus von Nazareth entscheidend gewandelt, und daher soll zunächst untersucht werden, was Jesus selber für ein Verhältnis zu Gott gehabt hat.

DER VATER

Jesus erzählt folgendes Gleichnis: „Ein Mensch hatte zwei Söhne; und der jüngste unter ihnen sprach zum Vater: ‚Gib mir, Vater, das Theil der Güter, das mir gehört.' Und er theilte ihnen das Gut. Und nicht lange darnach sammelte der jüngste Sohne Alles zusammen, und zog ferne über Land; und daselbst brachte er sein Gut und mit Prassen. Da er nun alles das Seine verzehrt hatte, ward eine große Theuerung durch dasselbe ganze Land, und er fing an zu darben. Und ging hin, und hängte sich an einen Bürger desselben Landes, der schickte ihn auf seinen Acker, die Säue zu hüten. Und er begehrte seinen Bauch zu füllen mit Träbern, die die Säue aßen; und niemand gab sie ihm. Da schlug er in sich, und sprach: ‚Wieviele Tagelöhner hat mein Vater, die Brod die Fülle haben, und ich verderbe im Hunger. Ich will mich aufmachen, und zu meinem Vater gehen, und zu ihm sagen: Vater ich habe gesündigt in den Himmel, und vor dir; und bin hinfort nicht mehr werth, daß ich dein Sohn heiße; mache mich als einen deiner Tagelöhner.' Und er machte sich auf, und kam zu seinem Vater. Da er aber noch ferne von dannen war, sahe in sein Vater, und jammerte ihn, lief und fiel ihm um seinen Hals, und küßte ihn. Der Sohn aber sprach zu ihm: ‚Vater, ich habe gesündigt in den Himmel und vor dir; ich bin hinfort nicht mehr werth, daß ich dein Sohn heiße.' Aber der Vater sprach zu seinen Knechten: ‚Bringet das beste Kleid hervor, und thut ihn an, und gebet ihm einen Fingerreif an seine Hand, und Schuhe an seine Füße; und bringet ein gemästetes Kalb her, und schlachtet es; laßt uns essen und fröhlich sein. Denn dieser mein Sohn war todt, und ist wieder lebendig geworden; er war verloren, und ist gefunden worden.' Und fingen an fröhlich zu sein.

Aber der älteste Sohn war auf dem Felde, und als er nahe zum Hause kam, hörte er das Gesänge und den Reigen; und rief zu sich der Knechte einen, und fragte, was das wäre. Der aber sagte ihm: ‚Dein Bruder ist gekommen, und dein Vater hat ein gemästetes Kalb geschlachtet, daß er ihn gesund wieder hat.' Da war er zornig, und wollte nicht hinein gehen. Da ging sein Vater heraus, und bat ihn. Er antwortete aber, und sprach zum Vater: ‚Siehe, so viele Jahre diene ich dir, und habe dein Gebot noch nie übertreten; und du hast mir nie einen Bock gegeben, daß ich mit meinen Freunden fröhlich wäre. Nun aber dieser dein Sohn gekommen ist, der sein Gut mit Huren verschlungen hat, hast du ihm ein gemästetes Kalb geschlachtet.' Er aber sprach zu ihm: ‚Mein Sohn, du bist allezeit bei mir, und Alles, was mein ist, das ist dein. Du solltest aber fröhlich und guten Muths sein; denn dieser dein Bruder war todt, und ist wieder lebendig geworden, er war verloren und ist wieder gefunden'" (Luk. 15, 11–32).

Dieses Gleichnis wird in den Ausgaben des Neuen Testaments meist mit der Überschrift versehen: „Der verlorene Sohn". Viel mehr als über den Sohn sagt es aber über den Vater aus, denn dieser eigentlich verstößt gegen die Gerechtigkeit.

Dem „Vater" kommt es in diesen und anderen Gleichnissen aber nicht darauf an, der Gerechtigkeit zu entsprechen, er sieht die Menschen mit anderen Augen. Bloße Gerechtigkeit allein macht das Leben nicht lebenswert und anerkennt den anderen zwar als Menschen, aber akzeptiert ihn noch nicht in seiner Endlichkeit und seinem Sinn. Wenn über die Ordnung der Natur und der Menschen hinaus das Leben nicht noch einen Sinn hätte – wozu der Lärm?

Dieser über die Natur hinausweisende Sinn des Lebens, der sich auch nicht in der individuellen Motivation eines einzelnen erschöpft, ist in allen Traditionen mit dem Wort „Gott" umschrieben worden. In mutterrechtlichen Gesellschaften wurde dieser Gott als übermächtige Mutter gedacht, in vaterrechtlichen als allmächtiger Vater. Mutter und Vater sind jene Urerlebnisse für den Menschen, an denen er das erste Mal Abhängigkeit erlebt. Abhängigkeit ist für jedes Kind Bedingung des Überlebens. Kein kleines Kind hat Überlebenschancen, wenn nicht gewisse Funktionen für es wahrgenommen werden. Erwachsenwerden bedeutet dann, daß wir der Reihe nach die Funktionen selber übernehmen und die Eltern zunehmend überflüssig werden. Irgendwann einmal brauchen wir sie überhaupt nicht mehr. Augustinus überträgt diesen Gedanken auf die Kulturen und sagt: Als die Menschheit in der Kindheit war, suchte sie in einem Jenseits einen Vater, der für die Geschichte jene Funktion übernimmt, die ein Vater für das Kind übernimmt. Mit der Erlösung sind die Menschen auch für die Geschichte erwachsen geworden und dafür alle verantwortlich. Er sagt daher: „Suchet die Transzendenz nicht mehr außerhalb, sondern in Euch selber – inscende in te et transcende te." (De vera religione 39; Confessiones X, 24–26)

Doch selbst wenn man die Transzendenz als Gott, als Erlöser nun in sich hat, ist man als Individuum nach wie vor auf die sinnstiftende Instanz in der Geschichte angewiesen. Das Wort Gott als Umschreibung für die Autorität, von der man immer noch abhängig ist, wird damit nicht überflüssig.

Gott ist der Punkt, von dem her die Antwort auf die Frage nach dem Sinn des Lebens und des Todes sowie dem Sinn der Geschichte gegeben werden muß. Ich lasse hier beiseite, daß viele Menschen aus vielen Gründen diese Voraussetzung für ihr Leben nicht Gott nennen wollen. Auch Jesus scheute sich, das Wort Gott zu verwenden, er sprach lieber vom Vater. Der Vater-Titel war schon im Alten Testament gelegentlich der Offenbarungstitel: Der Vater wirkte Heilstaten an Israel. Interessant ist dabei Jesu Sprachgebrauch. Jesus verwendet nicht das normale Wort für Vater, sondern „Abba". Dieses Wortes bedienten sich die Kinder, um den Papa anzusprechen. Es gibt für das Alte Testament und für die Zeitgenossen Jesu keinerlei Parallelen für diese Anrede an Gott. Gott war schon vom Wort her für die Juden wesentlich distanzierter.

Die Distanz der Menschen zu Gott oder die Kluft zwischen Gott und Welt scheint eines der Hauptprobleme Jesu gewesen zu sein. Jesus sieht dabei neue Zusammenhänge zwischen Problemen, die seinen Zeitgenossen sicherlich unerwartet kamen. Einer dieser Zusammenhänge ist der von Gott und Sünde. Für viele Juden – wie übrigens auch noch heute für viele Christen – war Sünde ein Verstoß gegen die Gesetze Gottes. Gott war sozusagen der Linienrichter, der peinlich genau darauf sah, daß keines seiner Zehn Gebote wie der übrigen 500 oder mehr, die sich inzwischen angesammelt hatten, übertreten werde. Seine Helfershelfer waren die Pharisäer und Schriftgelehrten. Nur über sie war der Kontakt mit Gott herzustellen.

Der erste Angriff Jesu richtete sich gegen das Gesetz als absolute Heilsinstanz. Es ist nur ein mögliches Motiv für die autonome Entscheidung. Wenn etwa das Gewissen fordert, gegen das Gesetz zu verstoßen – und Jesus hat dies oft genug demonstriert –, hat das Gesetz sein Recht verloren. Gott als Herr der Geschichte darf daher nicht nur Herr über das Gesetz sein.

Die Gegenüberstellung von Gesetz und Autonomie gab Jesus auch die Möglichkeit, die Vormachtstellung der Pharisäer und Schriftgelehrten anzugreifen. Sie sollten nicht mehr länger die Menschen mit Hilfe des Gesetzes manipulieren können – und Jesus hat sich diesbezüglich auch kein Blatt vor den Mund genommen.

Sein Unternehmen wäre aber von vornherein zum Scheitern verurteilt gewesen, wenn er nicht zugleich auch das traditionelle Gottesverständnis einer Revision unterzogen hätte. Solange Gott Linienrichter der Gesetze und Rächer der Übertretungen ist, solange hat ein Appell an das Gewissen keinen Sinn. Solange die Schriftgelehrten sozusagen Sachverwalter Gottes sind, das Bodenpersonal, das alle Kontakte zum Himmel monopolisiert, solange ist ein Angriff gegen sie zugleich auch ein Angriff gegen Gott. Wollte Jesus den Gedanken von Gesinnung und Freiheit wirklich sinnvoll vertreten, so mußte er zugleich auch das jüdisch-pharisäische Gottesverhältnis abbauen und durch ein neues ersetzen. Dies war um so schwieriger, als der bloße Verlust des Gesetzes ja nicht zur Freiheit, sondern zur Willkür geführt hätte. Die Willkür wäre aber eben eine Reduktion auf die Praxis, die ihren Sinn in sich selber haben müßte.

Die Ausweglosigkeit dieser Reduktion wurde von den griechischen Weisheitslehren eindrucksvoll demonstriert. Denn die Griechen hatten mit dem Mythos zwar die Abhängigkeit des Menschen von einer „übernatürlichen Instanz" verloren, aber damit zugleich jeden heilsgeschichtlichen Bezug. Wozu der Mensch lebte, vermochte niemand mehr zu erklären, und die griechischen Philosophieschulen verlegten sich auf die seltsamsten (praktischen) Wirklichkeiten als Heilsinstanz. Daß sie sich im Lauf der Zeit auch selbst ad absurdum führten, wurde bereits zur Zeit Jesu vielen Menschen klar.

Ein schönes Beispiel dafür ist die Entwicklung der kyreneischen Schule. Aristipp von Kyrene – ein Schüler des Sokrates und der Sophisten – definiert den Sinn des Lebens bloß praktisch: nämlich als Lust. Lust sei Ziel und Sinn des Handelns. Aristipp war Wanderprediger seiner Lehre und hatte dabei – wie wir aus seinem Leben wissen – genug Gelegenheit, seine Theorie zu verwirklichen. Wie die verschiedenen meist sehr amüsanten Anekdoten zeigen, wurde aber schon damals die Willkür dieser Bestimmung durchschaut. So weilte er einige Zeit am Hofe des Dionysius in Syrakus zusammen mit Diogenes von Sinope, dem Kyniker. Die Lehre des Aristipp, so wird berichtet, sagte dem Tyrannen aber manchmal mehr zu als die des Diogenes, und so geht eines Tages Aristipp „in feine Gewänder gekleidet" über den Hof des Hauses und sieht Diogenes Linsen waschen. „Was bist du doch für ein dummer Mensch, o Diogenes", spricht er diesen an. „Du bräuchtest nicht den ganzen Tag Linsen zu waschen, wenn du endlich lernen würdest, etwas mehr dem Tyrannen zu schmeicheln." Diogenes aber gab den Vorwurf zurück: „Dumm bist du, o edler Aristipp, denn wenn du endlich lernen würdest, dich mit

Linsen zufriedenzugeben, müßtest du nicht den ganzen Tag dem Tyrannen schmeicheln." Mit seinem Prinzip, Sinn des Handelns sei die „einzelne gegenwärtige Lustempfindung", fand Aristipp natürlich Schüler, die aber im Lauf der Zeit sein Prinzip stark abschwächten: Lust sei nur dann positiv, wenn sie nicht Unlust zur Folge habe! Offenbar setzte die aristippsche Lehre auch eine bestimmte körperliche Konstitution voraus, denn schon sein Schüler Theodoros Atheos hielt nur mehr die Lust für sinnvoll, „die durch Einsicht entsteht".

In der Folge verkehrte sich in der kyreneischen Schule aber dann das Lustprinzip des Aristipp sogar bis ins Gegenteil. Über die Lehre, daß die „Glückseligkeit im Freisein von Unlust(!) liege", landete man durch die Gegenüberstellung von Lust und Unlust bei Hegesias, den diese Bilanz zum Pessimismus führte. Weil es mehr Unlust als Lust im Leben gibt, verzweifelte er am Sinn des Lebens überhaupt und predigte den Selbstmord. Deshalb hatte er auch den Beinamen „der zum Tode Überredende", und König Ptolemäus Lagu sah sich schließlich veranlaßt, Hegesias' Vorträge zu verbieten – zu viele der Hörer hatten Selbstmord verübt.

Lust kann nicht als Sinn des Lebens angesehen werden. In ähnlicher Weise wurden schon bei den Griechen auch das „Angenehme" und das „Nützliche", das „Schöne" und das „Erhabene" als letzter Sinn ad absurdum geführt. Das Ergebnis dieser Entwicklung war die Einsicht, daß eine bestimmte Handlung selbst nicht zum Sinn des Lebens gemacht werden kann. Die Praxis hat keinen Sinn in sich.

Diese Entwicklungen stellen wir übrigens auch in anderen Kulturkreisen fest. So diskutierten etwa in Indien die Brahmanen, ob sie stärker seien als die Gottheiten, da sie ja den Kontakt zu diesen monopolisieren und damit die Menschen führen könnten.

Die Grundidee der Autonomie war immer wieder auch Widerstand gegen die Priesterkasten z. B. im Taoismus, Buddhismus etc.

Die Praxis nicht ernst zu nehmen, d.h. sie nicht als letzten Sinn zu betrachten, war daher immer wieder auch der Appell Jesu an die Menschen. Auf der anderen Seite aber schien ihm das Gesetz mit seinen Hütern, den Pharisäern und Schriftgelehrten, keine geeignete Alternative zu den hellenistischen Weisheitslehrern zu sein. Das Rad der Geschichte läßt sich nicht zurückdrehen, und ein einmal emanzipiertes Gewissen kann nie wieder unter das Gesetz als Heilsinstanz gezwungen werden. Bei einer Konfrontation von Gesetz Gottes und Autonomie mußten Gesetz und Glaube gegenüber der Freiheit notwendigerweise den kürzeren ziehen, wenn es nicht gelang, Gott und Gesetz voneinander zu trennen. Eine Emanzipation des Gewissens vom Gesetz war für die Juden eben zugleich eine Emanzipation von Gott. Ist Gott lediglich Hüter des Gesetzes, dann müßte diese Emanzipation, die Jesus lehrte, denselben Weg gehen wie bei den Griechen und letztlich in der Ablehnung Gottes und dem Verlust jeder Heilsgeschichte landen. Was daher Jesus mit seinen Gleichnissen vom Vater versuchte, ist die Trennung von Gott und Gesetz. Die Annahme und das Bejahen des Sohnes (in Liebe) durch den Vater oder die Güte des Hausvaters gegenüber seinen Arbeitern geht auf Kosten der Gesetzes-Gerechtigkeit. Jesus möchte zeigen: Gott kommt es letztlich gar nicht auf diese Gerechtigkeit an – er ist nicht Hüter des Gesetzes.

Das Verhältnis Gottes zu den Menschen oder der Menschen zu Gott wird nach Jesus nicht vom Gesetz bestimmt, sondern von der Liebe. Damit sagt er aber zugleich: Gott ist etwas anderes, als die Juden – und auch die Griechen – bisher meinten.

Bei den Griechen vermittelte zwischen Mensch und Gott nicht das Gesetz, sondern der Kosmos oder die Natur.

Die Emanzipation der Griechen vom Mythos war daher an dieser Natur orientiert. Nicht Uranos zeugt „am Anfang" mit der Gaia zusammen den Chronos, sondern „am Anfang war das Wasser" (Thales von Milet) oder die Luft (Anaximenes) oder das Feuer (Heraklit). An die Stelle der Götterzeugungen traten natürliche Vorgänge. Damit wurde zwar die

Wissenschaft geboren (schon die Griechen konstruierten die ersten abstrakten Modelle zur Erfassung der Natur), aber die wichtigste Voraussetzung für ihre Anwendbarkeit im Dienst des Menschen, nämlich die Antwort auf die Frage, wozu das alles gut sei, konnte nicht mehr gegeben werden.

Die Fragwürdigkeit eines emanzipierten Gewissens, das keinen anderen Sinn hatte, als eben emanzipiert zu sein, wurde immer deutlicher. Viele Philosophen wandten sich wieder den Mysterienkulten zu und suchten in der Ekstase die Erlösung von ihrem Zustand. „Erlösung" war überhaupt ein geflügeltes Wort im ganzen hellenistischen Kulturbereich. Die Sehnsucht nach einem Sinn der Praxis klingt noch heute unüberhörbar deutlich aus den schriftlichen Zeugnissen der Zeit Jesu. Das Christentum hat dann in den ersten Jahrhunderten mit Erfolg versucht, auf die drängenden Fragen der Zeit eine Antwort zu geben. Der Titel „Erlöser" sollte den Griechen signalisieren, daß mit Jesus von Nazareth die Epoche der Weisheitslehrer zu Ende und durch die Antwort der Frohbotschaft ihre Fragestellung nunmehr überholt sei. Ähnlich sollte der Titel „Messias" den Juden das Ende des Gesetzes durch den „Neuen Bund" verkünden – welcher Versuch allerdings nicht von Erfolg gekrönt war. Die Juden haben das Evangelium nicht akzeptiert.

Wir können uns heute nur mehr sehr schwer in die Situation zurückdenken, die Jesus vorfand. Zwei Jahrtausende Christentum haben die Trennung von Gott und Natur restlos vollzogen. Der Mensch (der Christ) ist heute der Natur gegenüber wirklich souverän.

Heute zeigt sich diese Souveränität übrigens am deutlichsten in der Zerstörbarkeit, wodurch diese Freiheit vor allem in Verantwortung umschlägt.

Den Menschen vor Jesus war dies verwehrt. Der Kosmos, die Natur waren „mehr" als der Mensch und konnte nicht wirklich beherrscht werden. So waren für die Griechen etwa die Sterne ein letztes Unangreifbares. Sie waren unsterblich und hatten eine Seele. Die Natur insgesamt war göttlich. Auch bei den Juden war Gott nicht nur Schöpfer der Welt, sondern trat auch in der Feuersäule oder im brennenden Dornbusch – also als Naturinstanz – auf. Die Natur ging jeweils – in allen vorchristlichen Weltbildern – über den Menschen hinaus. Sie war das ewig Bleibende, und der Mensch, der stirbt, kehrte zu ihr zurück. Die Natur war göttlich.

Bei den Griechen trat nun eine interessante und weittragende Entwicklung auf. Die Götter, die ursprünglich Natur waren (Uranos – der Himmel, Gaia – die Erde), traten aus ihr heraus und wurden „Menschen". Sie waren in der letzten Generation (Zeus und Kinder) Menschen mit ewiger Jugend und Unsterblichkeit, repräsentierten aber durch ihre „Weltlichkeit", ihre Fehler und Schwächen (die sie uns heute so sympathisch machen) die sinngebende Instanz so schlecht, daß über ihnen noch die „moira", das Schicksal, thronte, dessen Spruch auch die Götter unterworfen waren. Die „eiserne Notwendigkeit", die sich nicht um Leid oder Freude und schon gar nicht um den Willen der Menschen kümmert, schlägt uns heute etwa noch in den erhaltenen Tragödien der Klassiker (z. B. Sophokles) entgegen. Sie steht in einem scharfen Gegensatz zur Fröhlichkeit der Götter. Letztlich hatten sie – so muß man wohl sagen – eigentlich doch nichts zu lachen: Vor die Geschichte zitiert, versagte auch die Praxis der Götter; einen Zusammenhang zwischen dem freien Willen des Menschen und dem Sinn der Geschichte herzustellen ist ihnen nicht gelungen. Deshalb nützte den Griechen auch die Entmythologisierung der Götter nichts. Augustinus zeigte in seinem Buch über die Heilsgeschichte (De civitate Dei) ausführlich, daß die griechischen Götter als Naturinstanzen das eigentliche Sinnproblem des Menschen (wozu Leben, wozu Tod?) nicht lösen konnten.[8]

Die griechischen Götter wurden zwar autonom, aber zugleich wieder abhängig von dem, was über die Praxis hinausging. Natur und Geschichte waren noch nicht differenziert.

Erst der Versuch des Menschen, sich selbst zu bestimmen, die Autonomie, machte es notwendig, Natur und Geschichte voneinander zu unterscheiden. Der Mensch fand keinen ausreichenden Sinn in der Natur – er mußte sich selbst und seiner Distanz zur Natur einen Sinn geben; den kann er aber nicht mehr bloß praktisch bestimmen.

Kennzeichen dieser Phase sind Gesetze: sie sind quasi eine Konkurrenz zur Natur. Physis (Natur) und Nomos (Gesetz) waren die Hauptprobleme der ersten griechischen Philosophen.

In diesem Sinn stellt der Polytheismus einen Fortschritt gegenüber dem Monotheismus dar. Ein Gott, der – in sich undifferenziert – der Welt nur negativ gegenübersteht, repräsentiert die bloße Überhöhung der Praxis und die Abhängigkeit des Menschen. Gott – der uns erwählt hat – ist der Sinn des Lebens, meinten die Juden. Dieser Gott wird auch als „Vater" bezeichnet, da beim Vater sozusagen das Autoritäts- und Prioritätsgefälle eindeutig ist. Den Vater erwählt man sich nicht. Umgekehrt hat er den Sohn sozusagen immer schon angenommen.

Um dieses absolute Autoritätsverhältnis nicht zu zerstören, konnte Jahwe sich auch nicht „entwickeln". Die Juden durften sich von Gott deshalb kein Bild machen. Die Bildlosigkeit Gottes war ein Zeichen für die Einheit, die keine Unterschiede in sich hatte und haben durfte. Wohin man – sozusagen – mit den Unterschieden kam, zeigten ja die griechischen Götter.

Mit der Selbstbestimmung der Freiheit gerieten aber sowohl der griechische Götterhimmel als auch die Transzendenz Jahwes in die Krise. Die Selbstbestimmung erhebt sich über die Natur und damit über Gott, wenn die Natur zugleich „der Schmuck Gottes" (Kosmos, Schöpfung) ist. Hat Gott keine andere Bestimmung als die Natur, dann muß das Gottesverhältnis des von der Natur sich emanzipierenden Menschen in die Krise geraten. Er kommt in das Dilemma, entweder in die Natur zurückzukehren und die Selbstbestimmung aufzugeben (im Tode sinnlos werden zu lassen) oder eine individuelle Selbsterlösung zu versuchen.

Gerade durch die Entwicklung der Autonomie wurde aber das freier gewordene Bewußtsein auch zur Einsicht in den sündigen Zustand gebracht. Gesetz und Tragik machten den

Menschen das Unvermögen klar, sein Heil zu erreichen. „Alles ist eitel", schreibt der Prediger, „und Haschen nach Wind ... Vom Lachen sage ich närrisch Gebaren! Von der Freude, zu was soll sie gut sein? Ich ging daran zu sehen, was Weisheit sei, doch sie ist Tollheit und Torheit ..." An anderer Stelle klagt der Prediger: „Doch da ich nun meinen Sinn darauf lenkte, zu erkennen, was es um Weisheit und Wissen, um Torheit und Tollheit sei, kam ich zur Einsicht: Auch das ist Haschen nach Wind. Denn wo viel Weisheit, ist viel Kummer, mehrt sich das Wissen, so mehrt sich das Leid" (Prediger 1, 17–18; 2, 21).

Erst wenn die Selbstbestimmung auf sich beharrt, macht sie eine Erlösung möglich und notwendig. Der Fortschritt im Bewußtsein der Freiheit ist immer zugleich auch eine Entfremdung von sich selbst (ein Immer-sinnloser-Werden der Praxis) sowie eine Entfremdung von Gott (er wird immer negativer im Jenseits).

Denn der wesentliche Unterschied zwischen Gott und Mensch ist nicht der, daß Gott im Jenseits sitzt und der Mensch auf Erden, daß Gott die Welt erschaffen hat und der Mensch Geschöpf ist, daß Gott allmächtig ist und der Mensch ohnmächtig, daß Gott allwissend ist und der Mensch nur Teile weiß usw., sondern der, daß Gott sich selbst bestimmen kann und der Mensch fremdbestimmt ist. Alle die eben genannten und weiteren Prädikate Gottes sind eine Extrapolation von Dependenzverhältnissen. Die Autorität, von der man abhängig ist, bekommt all jene Prädikate, solange man an ihr noch nicht zweifelt.

Augustinus hat diese Dialektik sehr schön mit seinem „inscende in te et transcende te" umschrieben. Die Transzendenz findet man nicht außerhalb, sondern in sich selbst. Dort liegt, in der Selbstbestimmung des Geistes, die eigentliche Unendlichkeit.

Die Überhöhung der Natur, die für den Menschen Material seiner Freiheit ist, liegt also nicht in einem wie immer zu denkenden Jenseits, sondern im Menschen selbst.

Jesus von Nazareth sagt etwas für die Ohren sowohl der Juden als auch der Griechen Ungeheures: Mit ihm, Jesus, gibt es diese Alternative Gott–Welt nicht mehr, „denn wer mich kennt, kennt auch den Vater". Die Apostel und später die Evangelisten haben Jesu Worte dann in den einen Satz zusammengefaßt: Gott ist Mensch geworden. Damit ist zunächst einmal die Alternative hinfällig: Entweder gibt es keinen Gott, und der Sinn des Handelns erschöpft sich im Praktischen, oder es gibt einen Gott im Jenseits, dann liegt überhaupt kein Sinn im Praktischen. Wenn es wirklich wahr ist, daß dieser eine Mensch Jesus von Nazareth zugleich auch das repräsentiert, was bisher mit dem Wort Gott umschrieben wurde, dann wäre die Kluft zwischen Welt und Gott ein für allemal überwunden. Dies anzuerkennen erfordert allerdings ein gewaltiges Umdenken. Für viele Menschen lag in der Existenz eines jenseitigen Gottes nicht nur eine Einschränkung der Freiheit, sondern auch Sicherheit dafür, daß die Welt trotz der menschlichen Handlungen und unabhängig von ihnen einen Sinn haben wird. Jesus wollte diese Sicherheit zerstören und die Menschen selbst nicht nur für die Praxis, sondern auch für den Sinn der Geschichte verantwortlich machen. Er wollte das leisten, was die griechischen Götter und Jahwe, was die griechischen Philosophen und die Pharisäer nicht leisten konnten: Schicksal und Freiheit so zueinander vermitteln, daß nicht nur eines auf Kosten des anderen Sinn bekommen kann.

Ausgangspunkt für diese Vermittlung ist das individuelle Gewissen des einzelnen, das aber erst endgültig im christlichen Glauben zu sich selber kommen und damit den sündigen Zustand überwinden soll.

Denn vom Menschen her stellt sich das Problem der Sünde als das des Todes: Er kann sich nicht selbst erlösen, solange er sterben muß. Die Selbstbestimmung kann sich nicht mehr „einfach" in die Natur zurückflüchten und sagen: Das Leben war eine schöne Illusion. Ist das Leben nämlich eine Illusion, dann kann es nicht nur nicht „letztlich", sondern überhaupt nicht ernst genommen werden. Zwischen

Weltflucht und Rückkehr in die Natur (Praxis) pendelt das sündige Bewußtsein des Menschen.⁹

Natürlich gab es auch in den vorchristlichen Religionen den Versuch, die Praxis durch Geschichte zu überhöhen. Aber diese Versuche mußten in die beschriebene Alternative geraten. Die in der Weltgeschichte aufzufindenden Überhöhungen sind selbst wieder nur partikular (ungeschichtliche, praktische, einzelne) und stellen nie einen Sinnzusammenhang her. Die Weltgeschichte hat ihre Einheit nur als formale und kann sich immer sozusagen auf bestimmte Einzelheiten zurückziehen. Das Großartige und ganz anders Geartete der jüdischen Geschichte bestand deshalb darin, daß in ihr das Heilshandeln Gottes den einheitlichen Sinnbezug darstellte – allerdings eben in der Weise der Heteronomie – weshalb „auch" die Juden erlöst werden mußten (trotz auserwähltem Volk).

Die ursprünglichste geschichtliche Überhöhung der Praxis waren Pflanzen- und Tiergötter. An sie waren die Menschen als Nahrung gebunden, sie garantierten das Überleben und wurden heilig: eine praktische Bestimmung war geschichtlich geworden. Ähnliche Entwicklungen stellt etwa der Schamanismus dar. Der Gespensterglaube ist die primitivste Form der Überhöhung: Ein Mensch ist tot, und trotzdem lebt er – seine Seele kann beschworen werden. Noch heute gibt es den Spiritismus in Europa als Reste einer vergangenen Religion, die sich trotzig behauptet, obwohl sie durch die Erlösungsreligionen überholt ist.

Dabei muß man aber bedenken, daß der Tod in vorchristlichen Religionen nicht anders faßbar war denn als Leben. Durch den Tod hindurch leben die Menschen. Mit dem Bewußtsein des Heils (des späteren christlichen Glaubens) fielen sie wieder in die Partikularitäten der Geschichte und in die Unausgeglichenheit von Tod und Leben zurück.

Dies ist auch der tiefere Grund, warum Jesus das Leben „nach" dem Tode nicht inhaltlich bestimmen konnte – es wäre notwendig als Analogie zu „diesem" Leben aufgefaßt worden und damit wieder zu einer Partikularität der Weltgeschichte geworden. Er hätte dann an die Stelle der alten Mythologien eine neue gesetzt. Statt dessen macht Jesus von Nazareth sich selbst zum Inhalt der Heilsgeschichte als Menschensohn (Sohn Gottes, Erlöser).

Das heißt: Jesus bringt in die Weltgeschichte nicht einen neuen Inhalt, eine neue Lehre, eine neue Religion. Dies würde die Situation der Sünde (Entfremdung des Menschen von sich selbst und von Gott) nur verschärfen. Eine neue Religion würde nur neben die anderen Religionen treten.

Nicht neben die anderen Religionen, sondern nach ihnen – sie erlösend – stellt Jesus das Reich Gottes. Er nahm direkt Bezug auf die anderen Religionen und trieb Dämonen aus. Die ausgetriebenen Dämonen nennen ihn „Christus, Sohn Gottes". Das heißt: Gerade die vorchristlichen Religionen selbst müssen das Christentum bekennen. Nur in Christus sind sie alle erlöst.

Die Menschen müssen nicht an Stelle ihrer alten Religionen eine neue bekennen (Jesu kam nicht als x-ter Gott ins römische Pantheon), sondern sie werden in ihrer Religion erlöst, indem die jeweils geschichtliche Praxis ihren Sinn in Jesus, dem menschgewordenen Logos, erhält.

„Nun sprach Jesus [...]: ‚Wenn ihr in meiner Lehre verharrt, seid ihr wahrhaftig meine Jünger, und ihr werdet die Wahrheit erkennen, und die Wahrheit wird euch frei machen.' Sie erwiderten ihm: ‚Kinder Abrahams sind wir und nie jemandes Knecht gewesen. Wie sagst du, ihr werdet frei werden?'" Was entgegnete Jesus darauf? „Wahrlich, wahrlich, ich sage euch, jeder, der die Sünde tut, ist der Sünde Knecht" (Joh. 8, 31–34).

Frei von der Sünde kann nur der werden, der an ihn glaubt, an Jesus als Sohn Gottes oder Menschensohn oder Messias usw. Alle diese Metaphern sollen nur klarmachen, daß Jesu Lehre eine Wirklichkeit repräsentiert, die mehr ist als bloße irdische Praxis, indem sie versucht, der Praxis einen Sinn zu geben und dadurch göttlich wird. Aber diese göttliche Wirklichkeit repräsentiert er als Mensch. „Ihr seid von dieser Welt, ich bin aber nicht von dieser Welt. Ich habe euch also gesagt, ihr werdet in euren Sünden sterben, wenn ihr nicht glaubt, daß ich es [der Messias, Anm. d. Autors] bin" (Joh. 8, 23–24).

Jesus ist daher „nicht gekommen, Gerechte zu berufen, sondern Sünder" (Matth. 9,13). Damit will er nicht eine Einteilung der Menschen treffen, in solche, die durch ihn das Heil erreichen sollen, und solche, die das nicht sollen, sondern er meint damit, daß es keine Gerechten gibt. Der zitierte Satz richtet sich an einen Pharisäer. Was Jesus von der Gerechtigkeit der Pharisäer hält, wurde schon zitiert. Die Pharisäer müssen zuerst einsehen, daß sie Sünder sind, dann können sie das Reich Gottes annehmen.

Ein Spaßvogel schickte eines Tages den dreißig prominentesten Persönlichkeiten in Rio das gleiche Telegramm: „Alles ist entdeckt. Flieh, solange es möglich ist!" Sämtliche dreißig verließen eiligst die Stadt.

In vielen Gleichnissen und Wundergeschichten wird immer wieder der Zusammenhang von Glaube und Vergebung der Sünden dargestellt: Wer an Jesus glaubt, dem kann er die Sünden vergeben. Gedacht ist dabei nicht an individuelle moralische Verfehlungen, sondern an den unerlösten Zustand, z. B. eine Flucht aus der Welt oder an eine Reduktion des Handelns auf die bloße Praxis. All dies schafft Abhängigkeiten, die der Selbstbestimmung entgegenstehen. Auch die Entgegensetzung von Gott und Welt, in der der Mensch das Göttliche außerhalb seiner selbst versteht, ist Ausdruck dieses sündigen Zustandes. Der Entgegensetzung von Welt und Gott entspricht auf seiten des Individuums eine innere Zerrissenheit: Der Mensch ist nicht er selbst. Jesus zeigt dies an vielen Beispielen. Der extremste Ausdruck der Entfremdung eines Menschen von sich selbst ist die Besessenheit. Der Mensch ist nicht mehr Herr seiner selbst, sondern ein anderer spricht aus ihm.

Für Jesus ist dies der Inbegriff des Bösen schlechthin, einen anderen Menschen soweit fremdzubestimmen, daß er nicht mehr er selbst sein kann. Gegen diese äußerste Fremdbestimmung weiß er sich in die Welt gesandt, und er personifiziert auch den „Versucher von Anbeginn an" als Satan.

Die vielen Dämonenaustreibungen sollen den Kampf Jesu gegen den Satan darstellen. Wo die Gefahr des Satans auch für Jesus liegt, zeigt die Versuchungsgeschichte. Der Teufel will Jesus auf die Entgegensetzung von Gott und Welt festlegen. „Wenn du Gottes Sohn bist, dann zaubere aus diesen Steinen Brot!" Damit wäre die Göttlichkeit Jesu gerade wieder eine übernatürliche, und die Entgegensetzung würde bleiben.

Die Dämonen erkennen als erste in Jesus den Sohn Gottes, und sie müssen daher vom Menschen lassen. „Jesus heilte alle, die in der Gewalt des Teufels waren" (Apg. 10,38). Mit Jesus als Sohn Gottes war die Herrschaft des Satans zu Ende. Gott und Welt waren wieder versöhnt.

In diesem Sinne sind fast alle Handlungen und Heilungen darauf ausgerichtet, die Behinderungen, die einem Menschen die Selbstbestimmung schwer machen, wieder aufzuheben. Er treibt bei Besessenen die Dämonen aus, macht Blinde sehend, Lahme gehend, Taube hörend usw.

Seine welt- und heilsgeschichtliche Bedeutung im Sinne der Entwicklung einer menschlich-göttlichen Selbstbestimmung und damit als Ende Gottes im Sinne eines jenseitigen Gespenstes, aber auch als neuer Sinn des Lebens ohne jenseitigen Gott seinen Zeitgenossen begreiflich zu machen war natürlich für Jesus keine leichte Aufgabe. Wenn man die Evangelien aufmerksam auf das Gottverhältnis Jesu hin durchliest, entdeckt man so etwas wie ein Konzept Jesu, das Bild von Gott zu verwandeln. Der Beginn ist die „Absetzung" Gottes als Herr der Menschen. Wir können uns heute kaum noch die ungeheure Horizontverschiebung vorstellen, die etwa in der Aufhebung des Sabbatgebotes lag. In der Vorstellung der Juden feiert Gott selbst mit den Engeln des Himmels jede Woche den Sabbat. Daß das auserwählte Volk sozusagen daran teilhaben darf, ist höchste Auszeichnung. Alles Irdische muß diesem Kult untergeordnet werden. „Hier ist wirklich der Mensch dazu da, um Gott in diesem Kult durch Befolgung des wichtigsten Gebotes, wie jüdische Texte erklären, zu dienen."[10] Gott zu dienen ist überhaupt oft sogar als letzter Sinn des Lebens angegeben worden. Wie muß Jesu Wort gewirkt haben: „Der Mensch ist nicht um des Sabbat willen, sondern der Sabbat um des Menschen willen da"? Sehr begreiflich, daß wir dann im Text der Evangelisten gelegentlich lesen: „Das Volk staunte über seine Lehre." Manche Zuhörer hatten sicherlich das Gefühl, ins Bodenlose zu fallen.

Nicht den Dienst an Gott als höchstes Ziel anzusehen, sondern den Dienst am Menschen, war schon eine radikale Form des Autoritätsabbaues. Jesus drehte sozusagen den Spieß einfach um; setzte sein Gebot der Gottesliebe das der Menschenliebe als gleich an die Seite: „Das zweite ist diesem (nämlich dem Gebot der Gottesliebe) gleich: Du sollst deinen Nächsten lieben wie dich selbst" (Mark. 12, 31). Denn in der Rede über das Gericht kommt die Gottesliebe überhaupt nicht mehr vor, und im 1. Johannesbrief wird die Gottesliebe in die Nächstenliebe impliziert. „Gott ist die Liebe, und wer in der Liebe bleibt, bleibt in Gott, und Gott bleibt in ihm" (1 Joh. 4,16).

Daß Jesus die Bewährung vor der Autorität eines göttlichen Richters in die Bewährung vor der Liebe der Menschen umwandeln wollte, beweisen einige Zitate und Beobachtungen in den Evangelien. So fällt auf, daß der Ausdruck „Gottliebe" in den ersten drei Evangelien nur ein einziges Mal vorkommt, nämlich in der eben zitierten Gleichstellung der Gottes mit der Nächstenliebe. Es gibt sogar Stellen, wo Jesus sie ausdrücklich weggelassen zu haben scheint. Ein reicher Jüngling fragt Jesus, was er tun soll, um in das Reich Gottes zu gelangen. Jesus antwortet, daß er die Gebote halten solle, läßt aber bei der Aufzählung die ersten drei – die von Gott handeln – weg. Nur die weiteren Gebote, die vom Nächsten handeln, werden aufgezählt.

Auch die Zusammenstellung der Forderungen Jesu im Matthäusevangelium (5, 21–48): „[...] Ich aber sage euch") nennt ausdrücklich Verhaltensweisen, die auf den Nächsten blicken. H. Braun deutet dies so: „Der Leser prüfe in aller Ruhe das Material der Jesustradition und halte dann der Frage stand, ob das Gefälle, das von der Vergleichgültigung der Sabbatbeobachtung und rituellen Reinheit bis zum Preise des barmherzigen Samariters geht, nicht tatsächlich zutreffend in dem apokryphen Jesus-Wort beschrieben ist: ‚Hast du deinen Bruder gesehen, dann hast du deinen Gott gesehen' (Clemens Alexandrinus Stromatheis 1, 19)."[11]

Diese Umkehr der Denkweise, die Jesus fordert, setzt an die Stelle des Gesetzes das Gewissen, an die Stelle einer bloß abstrakten Gottesverehrung die Liebe zum Nächsten und an die Stelle eines jenseitigen Gottes den Menschen Jesus von Nazareth. Damit ist das Niveau wieder erreicht, auf dem der Mensch, der eine bestimmte Stufe der Freiheit im Zusichselberkommen des Bewußtseins erreicht hat, Gott akzeptieren kann: nämlich als Mensch. Der Mensch hat dadurch eine freie Möglichkeit, zu Gott in Beziehung zu treten. Er kann Jesus bejahen oder ablehnen. Alle anderen Weisen, Menschen zu beeinflussen, wie sie im Mythos oder im jüdischen Gesetz wirksam waren, unterboten das bereits erreichte Niveau menschlichen Bewußtseins. Die einzige von der Geschichte angebotene Alternative zum Mythos oder zum Gesetz war der Atheismus und damit die Reduktion auf das bloß Irdische, das aber keinen Sinn in sich oder von sich allein haben kann. In der Theologie wurde dieser Gedanke seit Paulus so ausgedrückt, daß der Mensch sich „aus eigenem" nicht erlösen konnte. Jeder Fortschritt im Bewußtsein der Freiheit verstrickte ihn nur um so tiefer in den auswegslosen Zustand der Alternative, die Jesus als Sünde bezeichnet. Der „teuflische" Zirkel einer Entfremdung des Menschen durch den Fortschritt in der Freiheit (durch den Sündenfall) wurde durch die Menschwerdung Gottes durchbrochen.

Solange Gott nicht in für die Vernunft akzeptabler Weise, d. h. als Mensch mit Fleisch und Blut und mit dem Risiko des Handelns in Erscheinung tritt, solange ist die Bejahung der Welt durch Gott eine bloße Behauptung, und solange kann auch der Mensch nicht sich selber letztlich bejahen.

Das am Beginn dieses Kapitels zitierte Gleichnis vom verlorenen Sohn enthält diesen Aspekt im Grunde ebenfalls. Die Trennung vom Vater führt schließlich beim Sohn zu einer Entzweiung mit sich selbst. Mit seinem eigenen Handeln unzufrieden, bereut er das bisherige Leben und kehrt zurück. Die Rückkehr und die Annahme durch den Vater ist aber gekoppelt mit einer Annahme durch sich selbst. Es wäre ja gut denkbar, daß der Sohn Skrupel hätte, sich vom Vater das Mastkalb vorsetzen zu lassen und wieder „Sohn" zu werden. Schließlich hat er ja seinen Teil des Vermögens verpraßt. Davon wird allerdings nichts berichtet, im Gegenteil: Die Reue des Sohnes war die Voraussetzung für die Annahme durch den Vater. Jesus will ganz offenbar sagen, daß ein verantwortliches Gewissen auch seine Schuld auf sich zu nehmen habe und sie nicht abschieben kann. Wir sind durch die Freiheit gegenüber dem Gesetz nicht nur freier geworden, wir haben es auch schwerer: Es ist nicht mehr möglich, Schuld auf fremde Instanzen abzuschieben und dadurch loszuwerden. Erst das Aufsichnehmen der Schuld macht den Menschen wahrhaft frei. Nur wenn wirklich er selber für seine Handlungen verantwortlich ist und wirklich nur er selber bereuen und richten kann, dann kann der Mensch „voll genommen werden".

Einen Menschen voll nehmen heißt aber mit anderen Worten: ihn lieben. Hier liegt der tiefere Zusammenhang zwischen Sünde und Liebe. Nur ein Mensch, der voll Herr seiner Entscheidungen (seiner Liebe und seiner Schuld) ist, kann als wertvoller Partner einer Gemeinschaft in Frage kommen. Liegt die Schuld nicht an ihm, so liegt auch die Liebe nicht an ihm. Die Erlösung von der Sünde, wie sie oben entwickelt wurde, war somit die Voraussetzung dafür, Liebe überhaupt als Prinzip des Zusammenlebens und Moment der Heilsgeschichte zu verkünden. Die Einheit, die von der Liebe zwischen Menschen gestiftet wird, besteht darin, daß das Annehmen durch den anderen auch das Annehmen durch sich selbst gewährleistet und umgekehrt. Den anderen so akzeptieren, wie er ist, und in der Liebe (durch die Reue) die Schuld auch des anderen akzeptieren und dadurch ebenfalls auf sich nehmen heißt: Vergebung der Sünden. Nur die Liebe vergibt Sünden.

Voraussetzung dieser – sozusagen grenzenlosen – Liebe des Menschen zum Menschen ist aber die Aufhebung der abstrakten Alternative Gott–Welt, d. h. das Annehmen Jesu als wahren Menschen und wahren Gott. In diesem Sinn ist der Glaube Voraussetzung für die Liebe. Dies trifft sich auch mit dem Glaubensbegriff, wie er anläßlich des Wunders zu überlegen ist: Lieben kann nur, wer in der Lage ist, die Praxis als nicht Letztes zu nehmen und den anderen Menschen einen heilsgeschichtlichen Sinn zuzubilligen. Dieser geschichtliche Sinn des einzelnen muß aber bezogen bleiben auf die Stiftung des Sinnes durch Jesus von Nazareth.

Daher können „in seinem Namen" Sünden vergeben werden. Die Vollmacht, Sünden zu vergeben, ist identisch mit dem Erlangen des Heiligen Geistes, d. h. mit dem Verständnis der Erlösung und der Nachfolge im Sinne Jesu: Nach seiner Auferstehung „[...] sprach Jesus abermals zu ihnen: ‚Friede sei mit euch! Wie mich der Vater gesandt hat, so sende ich euch.' Nach diesen Worten hauchte er sie an und sprach: ‚Empfanget den Heiligen Geist! Welchen ihr die Sünden nachlasset, denen sind sie nachgelassen, welchen ihr sie behaltet, denen sind sie behalten'" (Joh. 20, 21–23).

Man kann nicht sagen, daß der Sinn der Sündenvergebung, wie Jesus ihn meinte, in der „Praxis" des Christentums immer zur Gänze verwirklicht wurde. So schreibt der katholische (holländische) Katechismus: „Das Bewußtsein, daß Gott verzeiht, ist vielleicht am stärksten bei den katholischen Christen, so sehr, daß eine weniger gute Begleiterscheinung auftritt: Wir spüren oft den Ernst des Bösen nicht mehr genug. Reformatorische Christen – und auch Nichtchristen! – haben oft einen schärferen Blick für den Ernst der Sünde und für den irreparablen Schaden, den sie anrichtet."[12]

Eine Institutionalisierung der Vergebung der Sünden birgt natürlich viele Gefahren in sich, obwohl es gewiß im Sinne Jesu war, die Liebe über die kleine Gemeinschaft hinaus auf den Sinn der Geschichte zu beziehen. Schon das Wechselverhältnis von Liebe und Sünde weist über sich hinaus: Denn die Überwindung der inneren Widersprüchlichkeit oder der Zerrissenheit in sich selbst wird wieder die Voraussetzung für die Liebe. Also muß zuerst die Vergebung der Sünden erfolgen. Andererseits kann aber nur die Liebe Sünden vergeben. Dieses „Verhältnis" ist somit angewiesen auf die Stiftung durch Jesus, den menschgewordenen Gott, und in der Geschichte immer von neuem durch das Herstellen des Zusammenhanges von „Himmel und Erde", von Welt und Reich Gottes, Das Reich Gottes – in dem allein Sünden vergeben werden – kommt aber nicht von selbst, es muß gewollt und eingerichtet werden: „Seit den Tagen des Johannes wird dem Himmelreich Gewalt angetan, und nur Gewalttätige reißen es an sich" (Matth. 11,12). Himmel ist für Jesus der Zusammenhang zwischen der einzelnen Handlung und dem Sinn der Geschichte. Als ein reicher Jüngling ihn fragte, was er tun müsse, um „das ewige Leben" zu erreichen, und nach der Aufzählung der Gebote, die er halten sollte, fragt: „‚Das alles habe ich von meiner Jugend an beobachtet, was fehlt mir noch?' Da antwortet ihm Jesus: ‚Willst du vollkommen sein, so gehe hin, verkaufe alles, was du hast, und gib es den Armen, und du wirst einen Schatz im Himmel haben. Und dann komm und folge mir nach.' Als der Jüngling das hörte, ging er traurig von dannen. Er besaß nämlich viele Güter" (Matth. 19,20–22). Der Schatz im Himmel, der die Vollkommenheit dieses Individuums darstellt, wird durch die Überhöhung der Praxis, in diesem Fall des Reichtums, erreicht. Der Jüngling hatte schon zu viel, als daß er seine Güter dem Sinn oder dem Ziel des Handelns, in diesem Fall der geforderten Nachfolge, wie Jesus sie von ihm verlangte, noch unterordnen konnte. Er meinte, der Reichtum habe Sinn in sich, und deshalb „[...] ging er traurig von dannen". Als er fort war, „[...] sprach Jesus zu seinen Jüngern: Wahrlich, ich sage euch: Ein Reicher wird schwerlich in das Himmelreich eingehen. Noch einmal sage ich euch: Leichter geht ein Kamel durch ein Nadelöhr als ein Reicher in das Reich Gottes'" (Matth. 19, 23–24).

Das Gottesreich oder „der Himmel" (Jesus verwendet diese Worte oft synonym) ist der explizite Bezug des Handelns auf Gott bzw. auf Jesus, den Sohn Gottes. Die Umstellung der Menschen von der Entfremdung der Sünde, der Alternative der vorchristlichen Welt, zur Liebe des Reiches Gottes konnte nicht von selber erreicht werden. Die Menschen mußten darauf hingewiesen werden und sich bekehren. Erster Akt dieser Bekehrung war der Glaube an Jesus als den Messias oder Erlöser oder Sohn Gottes oder wie immer er genannt werden möge, jedenfalls als Einheit von Gott und Mensch. Zweiter Akt war die Einsicht in die eigene Sündhaftigkeit, das Ablösen von fremden Instanzen (Götter, Gesetz usw.) sowie von der Praxis (z. B. Reichtum) als letztem Ziel des Lebens. Die Ablösung von der Praxis sollte aber nicht zu einer Verneinung der Welt und des Handelns führen, sondern gerade zur höchsten Bewährung (= Vollendung) des Handelns in der Liebe.

Erst durch diese Bewährung der Liebe erreicht man die Vollkommenheit des Himmels. (Durch das endgültige Ablehnen aber der Erlösung und der Liebe richtet man sich selbst zur Verdammnis der Hölle. Ein solcher Mensch bleibt weiterhin im fremdbestimmten Reich des Satans.) Das bedeutet aber, daß sich der Zusammenhang von Himmel und Erde nicht von selbst ergibt, sondern hergestellt werden muß. Dies, meint Jesus, wäre der Auftrag der Jünger. Als Jesus von Petrus eine Erkenntnis hört, die diesen über seine sonstige praktische Einstellung weit hinaushebt, nimmt er dies zum Anlaß, Petrus und die Jünger mit der Fortführung seiner Sendung (mit den Schlüsseln des Himmelreiches) zu betrauen: „Da antwortete Simon Petrus: ‚Du bist Christus, der Sohn des lebendigen Gottes.' Jesus aber erwiderte ihm: ‚Selig bist du, Simon, Sohn des Jonas, denn nicht Fleisch und Blut haben dir das offenbart, sondern mein Vater im

Himmel. Und ich sage dir, du bist Petrus, und auf diesen Felsen will ich meine Kirche bauen.'" Dann folgen die Sätze, auf die sich das Papsttum gerne beruft: „Und die Pforten der Hölle werden sie nicht überwältigen. Und dir will ich die Schlüssel des Himmelreiches geben. Und alles, was du auf Erden binden wirst, wird auch im Himmel gebunden sein. Und alles, was du auf Erden lösen wirst, das wird auch im Himmel gelöst sein" (Matth. 16,16–19).

Die Kirche ist notwendig, weil die Praxis nicht direkt erlöst werden kann. Es ist immer eine Vermittlung über die Geschichte notwendig (Alter Bund–Neuer Bund). Unter Kirche versteht Jesus – sofern er dieses Wort überhaupt verwendet hat – nicht ein Haus oder eine Institution, sondern „die Gemeinschaft der Heiligen". Die Heiligen sind nicht die Heiliggesprochenen, sondern die endgültig Erlösten. Alle anderen stehen noch unter der Herrschaft des Satans, d.h. in der Zweideutigkeit von Tod und Leben.

Auch zweitausend Jahre Christentum konnten diese Zweideutigkeit noch nicht restlos beseitigen. Es gibt immer noch Menschen, die ins Jenseits flüchten und als Gespenstergläubige (Spiritisten) der Heilsgeschichte verlorengehen oder sich auf die Partikularitäten der Weltgeschichte festlegen. Wer in den Partikularitäten der Weltgeschichte etwas Absolutes findet (z.B. eine Partei oder Klasse), kann eine Überhöhung der Endlichkeit nicht mehr nachvollziehen. Man spricht in diesem Fall von „Ideologien". Der Zusammenhang der Weltgeschichte wird durch ein abstraktes Modell gewährleistet und Anfang und Ende müssen (mythologisch!) zeitlich gedacht werden.

Gegen die „Gemeinschaft der Heiligen", gegen die Kirche, stellen sich aber auch alle, für die Gott nur ein Name für die negative Überhöhung der Praxis darstellt: „Jenes höhere Wesen", und was bei vielen „Gläubigen" und „Ungläubigen" darunter verstanden wird.

Die Kirche dagegen sollte dafür sorgen, daß die Überhöhung der Partikularitäten nicht „jenseits" geschieht, weil sonst die alte Entgegensetzung von Gott und Welt, von Diesseits und Jenseits wieder da wäre.

Erlösung bedeutet, daß Gott selbst alle diese Partikularitäten wird und nicht im „Jenseits" bleibt. Er wurde Mensch, aber er wird auch „Wein" und „Brot", weil sonst die Natur wiederum aus der Erlösung ausgeklammert wäre.

Die Kirche soll diesen Zusammenhang von „Erde" und „Himmel" herstellen. Wie wichtig diese Entscheidung Jesu war, zeigten die ersten Jahrhunderte des Christentums. Denn wer Jesus war und was er gelehrt hat, war weder leicht zu verstehen noch leicht zu akzeptieren. Die größte Gefahr war wohl der Rückfall in die vorchristlichen Alternativen. Wer ehrlich ist, wird zugeben müssen, daß die Praxis der Verkündigung der Kirchen bis heute nicht von solchen Rückfällen verschont blieb. Hauptschwierigkeit stellte und stellt noch heute ein richtiges Verständnis der Person Jesu dar. Wie Jesus Gott und Mensch in einer Person sein soll, ist vielen unverständlich. Dies muß auch so lange unverständlich bleiben, als man unter Gott oder unter Mensch etwas ganz anderes versteht als Jesus. Seine Offenbarung bestand ja gerade darin, die festgefahrene Situation des antiken Gottes- und Menschenverständnisses wieder flottzumachen.

Sehr bald nach seinem Tode trat die Theorie auf, Jesus wäre zwar Gott gewesen, aber Mensch nur zum Schein. Er habe sich sozusagen für einige Zeit verkleidet. Diese Theorie geht gerade wieder von der durch Jesus überwundenen Entgegensetzung von Gott und Welt aus: Gott ist so groß und so erhaben, so jenseitig negativ, daß er unmöglich wirklich Mensch geworden sein könne. Daß diese Fehlinterpretation Jesu auch in der Gegenwart noch nicht ausgestorben ist, beklagt Karl Rahner: „Es kann wohl nicht bestritten werden, daß im durchschnittlichen religiösen Akt des Christen, wenn dieser sich nicht gerade meditierend auf das historische Leben Jesu bezieht, Christus nur als Gott gegeben ist." Und er weist darauf hin: „Es zeigte sich darin die geheime monophysitische Unterströmung in der durchschnittlichen Christologie und eine Tendenz, vor dem Absoluten das Geschöpfliche sinken zu lassen. Als ob Gott größer und glücklicher würde durch die Entwertung und Abwertung der Kreatur."[13]

Mindestens ebenso häufig wie die Theorie, daß Jesus nur Gott war, gibt es die, daß Jesus „eigentlich" nur Mensch war. Er sei ein Mensch gewesen mit etwas höherem Intellekt als seine Zeitgenossen und mit wesentlich mehr Durchschlagskraft als seine philosophischen Vorgänger, deshalb konnte sich seine Lehre auch länger halten. Hier wird ebenfalls von der Entgegensetzung Gott–Welt ausgegangen, nur wird Gott negiert und die Negation ernst genommen. Während die ersteren Gott zwar auch nur negativ bestimmen können (er ist nicht räumlich, nicht zeitlich, nicht groß, nicht klein – jedenfalls der ganz andere), ihn aber trotzdem behaupten, machen die Atheisten zweiter Version mit der Negation ernst und leugnen auch explizit das, was nur negativ bestimmt ist.

In beiden Fällen – nämlich wenn Christus „nur" Gott gewesen wäre oder wenn er „nur" Mensch gewesen wäre – findet eine Rückkehr zum Mythos bzw. zur vorchristlichen Praxis statt. Der Mythos bedient sich oft der christlichen Sprache. Gott führt mit sich selbst und der Welt ein großes Theater auf. Seit Erschaffung der Welt hatte er Schwierigkeiten mit den Untertanen. Zuerst sei der Luzifer aus der Reihe der Engel abtrünnig geworden. Dem Menschen gibt er ein negatives Gebot: nämlich vom Baum in der Mitte des Gartens darf er die Früchte nicht essen. Gott läßt aber dann zu, daß – natürlich – die Eva von der Schlange verführt wird, und vertreibt den Menschen aus Rache für den Ungehorsam aus dem Paradies. Nach einigen Jahrtausenden scheint sich der Groll Gottes gelegt zu haben und er beschließt, den Menschen wieder zu erlösen. Nachdem offenbar auch Gott nicht mehr eine Rückkehr ins Paradies erwirken kann, schickt er seinen Sohn in die Welt. Dieser wird zwar von den Menschen hingerichtet, hat aber dadurch Gott ein würdiges Blutopfer dargebracht, und Gott ist angeblich wieder versöhnt.

Diese Mythologie steht der griechischen an Ungereimtheiten nicht nach, sie ist nur etwas humorloser. Während im griechischen Olymp immerhin Dinge passieren, auf die die Götter ganz sympathisch reagieren: „Da lachten laut die unsterblichen Götter",[14] nimmt dieser Gott alles und vor allem sich selbst fürchterlich ernst. Erst das Opfer des eigenen Sohnes ist ihm gerade gut genug, eine Verfehlung zu kompensieren, die Menschen vor Jahrtausenden oder noch früher begangen haben.

Wozu dieses Theater? Auf manche Menschen, meint Karl Rahner, „machen die traditionellen Aussagen den mythologischen Eindruck, Gott habe in der verkleideten Livree einer menschlichen Natur, die ihn nur äußerlich anhaftend einhülle, auf seiner Erde nach dem Rechten sehen müssen – weil es vom Himmel aus nicht mehr gehe".[15]

Aber auch die andere Seite dieser Alternative Gott–Welt kehrt zum Mythos zurück, nur ist wissenschaftlicher Aberglaube heute wesentlich moderner. Denn um wissenschaftlichen Aberglauben handelt es sich, wenn die abstrakten Modelle einer Wissenschaft herangezogen werden, um den Sinn der Welt und des Lebens zu erklären.

Schon über die Arché, über das Prinzip, kann die Wissenschaft nichts aussagen, nicht einmal dann, wenn Arché bloß als zeitlicher Anfang verstanden wird. Physiker glauben, daß am Anfang der große „Urknall" (Big Bang) war, Sprachwissenschaftler vermuten einen Urschrei als Beginn der Sprache, Biologen erweitern die unbestrittene Theorie, daß die Vorfahren des Menschen Primaten waren, zu einer Erklärung der Entstehung des Menschen usw. Der Mensch sei nichts anderes als „ein nackter Affe" mit mehr Gehirn. Der ausgeklammerte Gott kehrt als mythologische Instanz in den Voraussetzungen der Theorien wieder. Denn durch „Zufall" sei das Leben entstanden, durch „Genmutation" habe der Mensch plötzlich denken können, und „aus Angst" habe er Götter erfunden. Wenn Wissenschaftler, statt einfach zuzugeben, daß wir nicht wissen können, wie die Welt und die Menschen entstanden sind und wozu das alles gut sein soll, in ihren Modellen nach Erklärungen suchen, begeben sie sich wieder auf den Boden des Mythos. Kann die „Energie" etwas erklären oder das „Feld"? Vom Sinn des Lebens und der Entgegensetzung von Gott und Welt haben die

Modelle der Wissenschaft ja abgesehen, um Wissenschaft betreiben zu können – ein nachträgliches Reflektieren auf ausgeklammerte Probleme ist ein Rückfall in die Entgegensetzung.

Etwas überspitzt könnte man hier formulieren: Wissenschaft ist die jeweilige Mythologie der Gegenwart. Sie versucht dort, wo wir nichts wissen, dennoch eine Erklärung zu geben. Sie verwendet jeweils das plausibelste Modell aus der Perspektive jener Sozietät, aus der sie stammt. So wird etwa die Entstehung der Welt in mutterrechtlichen Kulturen damit erklärt, daß eine große Mutter die Welt gebiert. In der patriarchalen Gesellschaft schafft ein allmächtiger Vater die Welt aus dem Nichts. Es ist offenbar schwierig, die Unsicherheiten auszuhalten, die damit verbunden sind, daß wir über den „Anfang" der Welt nicht verfügen. Dieser Anfang der Welt entzieht sich grundsätzlich den Erklärungsversuchen. Dies ist auch der eigentliche Sinn dessen, was dann in der Theologie „Mysterium" genannt wurde. Die Dreieinigkeit (ein mysterium stricte dictu) hat den Sinn, den Menschen davor zu bewahren zu meinen, mit einer gottähnlichen Selbstbestimmung habe er nun auch die Welt erschaffen.

Natürlich stimmt es, daß irgendwann der Geist des Menschen durch das immer größer werdende Gehirn die Möglichkeit hatte, sich auf sich selbst zu beziehen. Wieso dies möglich war, ist im Prinzip nicht erklärbar. Aber selbst wenn dafür wissenschaftliche Denkmodelle (etwa seitens der Gehirnphysiologie) gefunden werden können, so beschreiben sie höchstens das Phänomen des Denkens (nämlich den Geist), ohne es jedoch zu erklären. Denn die Geistbestimmung des Menschen ist ja auch bei dieser wie jeder anderen Erklärung immer schon vorausgesetzt. Man könnte auch sagen, daß diese Voraussetzung des Geistes schon sehr früh von den Menschen als Göttlichkeit benannt und reflektiert wurde. Daß dabei Gott – oder die Götter – außerhalb des Menschen vermutet werden, beschreibt nur die auch heute genauso vorhandene Schwierigkeit, daß der Geist sich selbst erklärt, obwohl er eben nicht über den Anfang verfügt.

Auch historisch kann dieser „Zirkel" betrachtet werden. Denn der Wegfall der Entgegensetzung von Gott und Mensch durch die Menschwerdung, die Bewältigung des Sinnproblems und die grundsätzliche Überhöhung der Praxis durch den christlichen Glauben waren in Europa erst die Voraussetzung dafür, daß Wissenschaft in großem Stil überhaupt betrieben werden konnte. Erst die christliche Versöhnung des Menschen mit Gott und sich selber machte die Anwendung abstrakter Modelle auf die Natur möglich. Erst der christliche Gottesbegriff gestattete einen Fortschritt in der Geschichte im Sinne des Zusichselberkommens des Bewußtseins der Freiheit. Sowohl Naturwissenschaft als auch Demokratie vertrauen auf die Überprüfbarkeit einer „Wahrheit" durch jedermann. Für die Naturwissenschaft ist nur wahr, was jeder zu jeder Zeit auch überprüfen kann. Für die Demokratie hat jeder – zumindest auf dem Wege der Delegation – über die politische Führung zu entscheiden.

Die ersten Ansätze für ein umfassendes Welt- und Gottesverständnis der erlösten Christen, die sich auf Leben, Tod und Auferstehung Jesu von Nazareth beziehen, finden sich bereits im Text der Evangelien: „Jesus trat zu ihnen, redete mit ihnen und sprach: ‚Mir ist alle Gewalt gegeben im Himmel und auf Erden. So geht denn hin und lehret alle Völker und taufet sie im Namen des Vaters und des Sohnes und des Heiligen Geistes und lehret sie alles halten, was ich euch befohlen habe. Und siehe, ich bin bei euch alle Tage während der Vollendung der Geschichte'" (Matth. 28, 20).

Noch deutlicher als bei Matthäus wird die endgültige Erlösung aller vorchristlichen Formen des Geistes bei Johannes dargestellt. Der Prolog (Joh. 1, 1–18) ist eine Art Kurzfassung der Heilsgeschichte: „Am Anfang war der Logos." Der Logos ist die leere Form der Überhöhung des Praktischen, gleich für Griechen und Juden, nämlich Gott: „Und der

Logos war bei Gott, und Gott war der Logos." Der Logos stellt sozusagen die Voraussetzung dafür dar, daß es überhaupt etwas gibt: „Durch diesen ist alles geworden, und ohne ihn wurde auch nicht eines von dem, was geworden ist. In ihm war das Leben, und das Leben war das Licht der Menschen, und das Licht leuchtete in der Finsternis, doch die Finsternis hat es nicht erfaßt." Der Logos ist sozusagen die Quintessenz aller vorchristlichen Religionen und der Sinn der bisherigen Weltgeschichte. Die Welt hat diesen Sinn (Sinn heißt gleichfalls Logos) jedoch nicht erfaßt. Sie hat die Überhöhung auf alle mögliche Weise versucht, aber nie ist sie gelungen. Dies ist die Geschichte bis zu Johannes dem Täufer: „Ein Mann trat auf, von Gott gesandt; sein Name war Johannes. Der kam Zeugnis zu geben, Zeugnis für das Licht, damit alle durch ihn glauben sollten. Er war nicht das Licht, nur Zeugnis geben sollte er vom Licht." Johannes betonte noch einmal die bloße Überhöhung alles Praktischen (das Licht) gegen die Partikularitäten der Heiden. Wie wir heute wissen, lehrte die Täufersekte einen abstrakten Monotheismus. Johannes war ein Asket und hielt Bußpredigten. An ihm läßt sich jenes vorchristliche weltgeschichtliche Dilemma verdeutlichen: Die Differenzierung und Konkretionen Gottes, wie sie sich bei den Heiden finden, sind notwendig, kehren sich aber immer gegen sich selbst. Je differenzierter eine Entwicklung wurde, desto offenbarer wurde die Sünde. Jeder Fortschritt war zugleich Sünde – dies ist die Dialektik des Sündenfalles.

Johannes der Täufer versuchte den eigentlichen Sinn Gottes wiederherzustellen, er lehrte das Licht und gab Zeugnis für den Logos. Damit will der Evangelist Johannes auch sagen, daß es grundsätzlich keinen Unterschied zwischen der Spitze der griechischen Philosophie und dem echten Judentum gibt. Logos oder Jahwe waren dasselbe Prinzip der Entgegensetzung zwischen Gott und Welt. Die Gottferne der Welt aber war Sünde, auf die Johannes hinwies.

Johannes, der so wie die griechischen Philosophen (Xenophanes, Heraklit usw.) den bildlosen Gott verkündete, war zwar die höchste Spitze des Judentums wie des Griechentums, er gehörte aber noch nicht dem Reich Gottes an, er war noch nicht erlöst – er war Vorläufer. Johannes wußte noch nichts von einer Einheit von Gott und Mensch. Er lehrte noch: „Gott kann dem Abraham aus diesen Steinen da Nachkommen schaffen" (Matth. 3, 9). Für ihn war die Welt sündig und ferne von Gott, und Gott heilig und ferne von der Welt.

Johannes versteht daher Jesus nicht und schickt, als er selber im Kerker sitzt, seine Jünger zu Jesus, er möge sich doch deklarieren. Jesus antwortet mit den alttestamentlichen Weissagungen und fügt hinzu: „Und selig ist, wer keinen Anstoß an mir nimmt" (Matth. 11,6). Dieses Wort ist wohl verständlich, denn Johannes konnte einen menschgewordenen Logos nicht verstehen.

Als die Johannesjünger mit Jesu Antwort zu Johannes zurückgingen, „[...] fing Jesus an, zu den Volksscharen über Johannes zu reden: ‚Was seid ihr in die Wüste hinausgegangen, zu sehen? Ein Schilfrohr, das sich im Winde hin und her bewegt? Aber was seid ihr hinausgegangen, zu sehen? Einen Menschen in weichlichen Kleidern? Siehe, die weichliche Kleidung tragen, wohnen in Königspalästen. Aber wozu seid ihr denn hinausgegangen? Einen Propheten zu sehen?" Dann belehrt Jesus seine Zuhörer: „Ja, ich sage euch, er ist noch mehr als ein Prophet. Denn er ist 's, von dem geschrieben steht: Siehe, ich sende meinen Boten vor dir her, der deinen Weg vor dir bereiten soll. Wahrlich, ich sage euch: Unter denen, die vom Weibe geboren sind, ist kein Größerer erstanden als Johannes der Täufer. Aber der Geringste im Himmelreich ist größer als er.'" Am Ende dieser Stelle setzt Jesus zu einem gewaltigen Furioso an:

„Seit den Tagen Johannes des Täufers bis jetzt wird das Himmelreich vergewaltigt, und Gewalttätige rauben es. Denn alle Propheten und das Gesetz bis auf Johannes haben es geweissagt. Und wenn ihr es recht verstehen wollt: Er ist Elias, der kommen soll. Wer Ohren hat, zu hören, der höre" (Matth. 11, 7–15).

Johannes der Täufer ist der Größte unter den noch nicht Erlösten, aber der Geringste im Himmelreich ist größer als er, weil der Geringste im Himmelreich die Entgegensetzung von Gott und Welt bereits überwunden hat.

Denn nach Johannes „[...] kam das wahre Licht. Er kam in sein Eigentum, aber die Seinen nahmen ihn nicht auf?" (Joh. 1, 11). Das heißt, daß die Welt immer schon eine Welt Gottes war, daß die Welt dies aber nicht erkennen konnte. Gott war sozusagen inkognito in der Welt. Johannes – der Evangelist – fährt fort: „Und das Wort ist Fleisch geworden und hat unter uns gewohnt, und wir haben seine Herrlichkeit gesehen, eine Herrlichkeit als des Eingeborenen vom Vater, voll der Gnade und Wahrheit."

Jesus war nicht mehr inkognito. Johannes der Täufer läßt fragen: „Bist du es, der da kommen soll?" Und Jesus antwortet: „Ich bin es."

Vater, Sohn und Geist

Im des Matthäusevangeliums (Matth. 28,18–20) bezieht Jesus die Fortführung seiner Sendung nicht mehr allein auf sich, sondern auf Vater, Sohn und Geist. Die Stelle wird von den meisten Exegeten für eine Gemeindebildung gehalten. Für ihren Sinn ist dies aber gleichgültig, außerdem kann ja grundsätzlich nicht entschieden werden, wie weit die Tradition über Jesus und seine Worte immer schon von ihm ausgegangen ist. Selbst wenn diese Stelle in der zitierten Form auf die Gemeinde zurückgehen sollte, so hat Jesus sicherlich sowohl vom Vater als auch vom Geist gesprochen. Meistens bezieht sich so wie hier die Rede von den anderen „göttlichen Personen" auf die Anwesenheit Jesu als Christus in der Geschichte.

Mit der Ahnung und späteren Gewißheit seines Todes ergab sich für Jesus wie für die Jünger die Frage: Wie soll es weitergehen? Das Wichtigste, was Jesus seinen Jüngern mitgeben konnte, war das neue Gottesverständnis. Auf ihn gründeten sich die frohe Botschaft und die Überwindung der Sünde. Um den Fehlinterpretationen Jesu durch die verschiedenen Religionen, philosophischen Strömungen und heidnischen Kulte zu begegnen, hat die Kirche Jesu Offenbarung Gottes in der Lehre von der Dreieinigkeit zusammengefaßt. Diese Lehre repräsentiert in philosophisch-begrifflicher Sprache das neue Gottes- als Menschenverständnis. Es ist hier nicht der Ort, auf diesen Problemkreis differenzierter einzugehen, trotzdem müssen einige Andeutungen gemacht werden, was Jesus unter Vater und Geist verstanden haben kann. Jesus weiß sich nicht nur als Überwinder der Differenz von Gott und Welt, sondern auch als Ende der Alternative Monotheismus versus Polytheismus.

EIN Gott, der als Grund und Prinzip der Welt (als Schöpfer) gedacht ist, läuft immer Gefahr, als ein Absolutes in der Negativität des Jenseits zu verschwinden und völlig ungeschichtlich zu werden. VIELE Götter anderseits relativieren sich gegenseitig (Wer ist der Größte?) und laufen Gefahr, daß ihr letzter Sinn außerhalb ihrer Handlungen liegt. Damit sind sie ebenfalls ungeschichtlich. Wie die Differenzen von Mono- und Polytheismus sowie von Gott und Welt zusammenhängen, kann man sich an einem Witz klarmachen, der unter Philosophen zirkuliert: Allah, Jahwe, Zeus und Gottvater sitzen im Himmel beisammen und spielen Bridge. Allah spielt das Herz-As aus. Was die Araber können, können die Juden natürlich auch, und so sieht sich Jahwe genötigt, ebenfalls das Herz-As auszuspielen. Als daraufhin auch Zeus nicht zögert, das Herz-As auszuspielen, runzelt Gottvater die Stirn und sagt: „Aber, aber, meine Herren! Solange wir unter uns sind, unterlassen Sie bitte jede Wundertäterei!"

Daß das Endliche nicht dadurch überwunden werden kann, daß man sich nicht an seine Regeln hält, ist schicksalhaftes Dilemma sowohl des Polytheismus (unsterbliche Götter in ewiger Jugend sind nur ein Traum) als auch des abstrakten Monotheismus: Ein Gott, der sich nicht um die Welt kümmert, kann das Endliche (Praktische) nicht überwinden, und ein Gott, der zaubernd in die Endlichkeit eingreift, negiert den Sinn dieser Endlichkeit überhaupt.

Seit dem griechischen Naturbegriff und der Emanzipation des Gewissens vom Gesetz kann Gott überhaupt nur geschichtlich als Mensch gedacht werden, d. h. aber dreieinig, denn Jesus war nicht nur Mensch, denn dann hätte er ja Gott gerade wieder außer sich, sondern er war zugleich Mensch und Gott. Seine Göttlichkeit ist aber nicht eine besondere Eigenschaft an ihm, die ihn zu außergewöhnlichen Handlungen befähigen kann: „Es höhnten die Hohenpriester und Schriftgelehrten und sprachen zueinander: Anderen hat er geholfen, sich selbst kann er nicht helfen. Ist er König Israels, so steige er doch jetzt herunter vom Kreuz, dann wollen wir an ihn glauben. Er hat auf Gott vertraut. Der befreie ihn nun, wenn er mag. Er hat ja gesagt: ‚Ich bin Gottes Sohn'" (Matth. 27, 42–44). Jesus stieg nicht herab, denn gerade diesen Glauben, den die Hohenpriester hatten, wollte er überwinden: den Glauben an Gott als übernatürlichen Zauberer. Nicht Gott soll von außen die Welt jeweils so verrücken, daß sie ihm paßt, denn dadurch würde er die Situation der Menschen nur noch ausweglöser machen, sondern der Glaube, daß in Jesus Gott Mensch geworden ist, und die auf diese frohe Botschaft sich gründende Liebe soll die Welt verwandeln. Daher ist die Göttlichkeit Jesu nicht eine in der Endlichkeit besonders hervortretende Eigenschaft, etwas Un- oder Außermenschliches, sondern sie ist gerade seine Menschlichkeit. Als wahrer Mensch ist er wahrer Gott, in allem uns gleich außer der Sünde: d. h., er steht nicht mehr unter der Entgegensetzung von Gott und Welt. Er ist selbst die Einheit.

Damit diese Wirklichkeit aber überhaupt verstanden werden kann, mußte Jesus seine Sendung auf den Vater beziehen. Oft genug hielten ihn seine Zeitgenossen für verrückt oder besessen. „Da sprachen zu ihm die Pharisäer: ‚Du gibst Zeugnis über dich selbst, somit ist dein Zeugnis nicht gültig.' Jesus erwiderte: ‚Auch wenn ich Zeugnis gebe über mich selbst, so ist doch mein Zeugnis gültig. Denn ich weiß, woher ich gekommen bin und wohin ich gehe.'" Dann erläutert er, was nicht verstanden wird: „Ihr freilich wißt nicht, woher ich komme oder wohin ich gehe. Ihr urteilt nach dem Fleisch, ich aber urteile über keinen. Doch wenn ich urteile, so ist mein Urteil wahrhaft, denn ich bin nicht allein, sondern ich und der Vater, der mich gesandt hat" (Joh. 8, 13–16). Der „Vater" ist die Voraussetzung, von der her Jesus überhaupt sein Selbstbewußtsein hat. Damit aber keine Zweifel aufkommen, daß der Vater nicht ein im Jenseits thronender Gott ist, fügt Jesus fast immer hinzu: „Da fragten sie ihn: ‚Wer ist dein Vater?' Darauf Jesus: ‚Weder mich kennt ihr noch meinen Vater. Wenn ihr mich kenntet, würdet ihr auch meinen Vater kennen'" (Joh. 8, 19).

Diese Dialektik Jesu, daß er sich einerseits auf den Vater beziehen muß, um seine Sendung zu rechtfertigen, den „Vater" aber nicht außerhalb seiner „lokalisieren" darf, um nicht den Inhalt seiner Sendung wiederum zu gefährden, kommt besonders deutlich bei Johannes zum Vorschein. Sie kennzeichnet das gesamte Wirken Jesu. „Weil ich mein Leben hingebe, um es wiederzugewinnen, deshalb liebt mich der Vater. Niemand entreißt es mir, nein, freiwillig gebe ich es hin. Ich habe Macht, es hinzugeben, und ich habe Macht, es wieder zu nehmen. Diesen Auftrag habe ich von meinem Vater empfangen" (Joh. 10,17–18). Seine Rede konnten die Juden nicht verstehen, sie hatten noch nicht das christliche Gottesverständnis. „Ich und der Vater sind eins.' Da hoben die Juden nun wiederum Steine auf, um ihn zu steinigen. Jesus hielt ihnen entgegen: ‚Viele herrliche Werke, aus meines Vaters Macht vollbracht, ließ ich euch sehen. Um welches dieser Werke wollt ihr mich steinigen?'" Da entgegneten ihm die Juden, daß sie ihn nicht wegen eines herrlichen Werkes steinigen wollten, sondern wegen Gotteslästerung, weil Jesus, ein Mensch, sich selbst zu Gott gemacht habe. Jesus erwidert ihnen, indem er Psalm 82,6 zitiert: „Ich habe gesagt, Götter seid ihr? Wenn nun aber die Schrift schon jene Götter nennt, an die Gottes Wort erging, die Schrift aber kann nicht aufgehoben werden, dürft ihr da von dem, den der Vater geheiligt und in die Welt gesandt hat, sagen, du lästerst, weil ich gesagt habe, ich bin Gottes Sohn?'" (Joh. 10,30–36)

Sogar seine Jünger vermuten den Vater außerhalb Jesu: „Da sagte zu ihm Philippus: ‚Herr, zeige uns den Vater, und es genügt uns.' Jesus erwiderte ihm: ‚So lange Zeit bin ich bei euch, Philippus, und du hast mich noch nicht erkannt. Wer mich gesehen hat, der hat auch den Vater gesehen. Wie sagst du: Zeige uns den Vater? Glaubst du nicht, daß ich in dem Vater bin und der Vater in mir ist?'" (Joh. 14,8–10)

Noch heute zirkuliert unter Philosophen der geschichtsphilosophische Witz über Christentum und Judentum: „Treffen sich zwei Rabbiner. Sagt einer: ‚Was würdest du tun, wenn dein Sohn so meschugge wäre, von sich zu behaupten, er wäre Gottes Sohn?' Sagt der andere: ‚Ich würde sofort machen ein neues Testament.'"

Letztlich können aber weder die Juden noch die Jünger diese Einheit von Gott und Mensch in Jesus begreifen, solange Jesus lebt. Er muß als Individuum in seiner praktischen Bedeutung akzeptiert werden, muß essen, schlafen, Jünger belehren und mit den Pharisäern streiten. Solange Jesus aber noch eine praktische Bedeutung hat, solange muß Gott als Vater von ihm unterschieden sein, die Entgegensetzung ist nicht zu überwinden. Erst nach seinem Tod ist Gott in der Geschichte nicht mehr getrennt als Vater und Sohn, sondern als Einheit beider wirklich, und diese Einheit von Vater und Sohn nennt Jesus Geist: „Und ich will den Vater bitten, und er wird euch einen anderen Tröster geben, damit er auf ewig bei euch bleibe, den Geist der Wahrheit, den die Welt nicht empfangen kann, weil sie ihn nicht sieht und nicht kennt. Ihr aber kennt ihn, denn bei euch bleibt er, in euch wird er walten." Jesus tröstet dann: „Ich lasse euch nicht als Waisen zurück. Ich komme zu euch. Nur eine kleine Weile noch, und die Welt sieht mich nicht mehr. Ihr aber seht mich, denn ich lebe, und auch ihr werdet leben. An jenem Tage werdet ihr erkennen, daß ich in meinem Vater bin und ihr in mir und ich in euch" (Joh. 14,16–20).

Die Welt kann den Geist der Wahrheit noch nicht empfangen, weil sie noch nicht Jesus als wahren Menschen und wahren Gott akzeptiert hat und daher noch bei der alten Entgegensetzung bleibt. Es wird Aufgabe der Jünger (der Kirche) sein, dies in der Welt zu leben. Erst nach Jesu Tod ist es somit möglich und notwendig, von Gott nicht mehr in der alten Entgegensetzung zu sprechen, auch nicht mehr in der Entgegensetzung von Vater und Sohn, sondern Gott ist als Einheit beider in der Geschichte anwesend. Diese Einheit beider ist der Geist. In ihm ist sowohl Jesus als auch der Vater – als Einheit – weiterhin anwesend; allerdings nicht für die Welt, „die noch nicht glaubt", sondern nur für die Nachfolger.

„Eine kleine Weile nur, und ihr seht mich nicht mehr; und wieder eine kleine Weile, dann werdet ihr mich wiedersehen; denn ich gehe zum Vater" (Joh. 16,16). Jesus wird als Jesus von Nazareth sterben, und daher wird die Welt ihn nicht mehr sehen und auch die Jünger nicht. Die Jünger aber werden ihn als Einheit von Gott und Mensch (als Menschensohn) wiedersehen. Zeitpunkt dieser Wiederkunft ist die Ankunft des Geistes. Kennzeichen der Ankunft des Geistes aber ist der Glaube und die Einsicht der Jünger in das Wesen Jesu Christi. Daß er wahrer Mensch und wahrer Gott war und welche Bedeutung dies für die Welt hat, begreifen die Jünger „mit Hilfe" des Geistes. Der Inhalt, den der Geist lehrt, ist aber kein anderer als der, den Jesus gelehrt hat. Er wird nichts Neues bringen, sondern nur das Verständnis für das, was Jesus Christus gelehrt hat. Dieses Verständnis, die Bilanz des Lebens Jesu, ist erst nach seinem Tode möglich. Die Jünger fragen ihn, was mit der kleinen Weile des Nichtmehrsehens und des Wiedersehens gemeint ist. Jesus weist auf den Tröster hin, der sie in ihrer Traurigkeit über den Weggang Jesu tröstet, und auf die Freude, wenn sie nicht mehr allein sein werden. „So habt auch ihr jetzt Leid. Ich werde euch aber wiedersehen, und euer Herz wird sich freuen, und eure Freude wird niemand von euch nehmen. Und an jenem Tage werdet ihr mich nichts mehr fragen" (Joh. 16,23 f.). Sie haben es dann nicht mehr nötig, zu fragen. „Wenn jener erst gekommen ist, der Geist der Wahrheit, wird er euch einführen in die ganze Wahrheit, denn er wird nicht sprechen aus sich selbst, sondern alles, was er hören wird, das wird er reden und das Künftige euch künden. Jener wird mich verherrlichen, denn aus dem Meinigen wird er nehmen und es euch verkünden." Abermals bezieht sich Jesus auf seinen Vater: „Alles, was der Vater hat, ist ja mein, darum sage ich: Aus dem Meinigen nimmt er und verkündet euch" (Joh. 16,13–15).

Mit dem Geist kommt nicht eine neue Offenbarung. Dies ist wichtig für das Verständnis der Dreieinigkeit, denn es ist nur ein Gott, der in drei Personen wirklich ist, als Vater und

Sohn in ihrer Differenz und zugleich Einheit für das Leben Jesu, als Geist in der Vollendung dieses Lebens. Der Geist ist die Garantie dafür, daß die Entgegensetzung von Welt und Gott nach der Auferstehung Jesu nicht wieder eintritt. Denn Gott ist nun weiterhin in der Geschichte anwesend.

Was wird der Geist der Welt verkünden? In Johannes 16, 8–11 wird es erklärt: „Und wenn dann jener kommt, wird er es der Welt deutlich vor Augen stellen, daß es eine Sünde gibt, eine Gerechtigkeit und ein Gericht – eine Sünde, sie glauben nicht an mich, eine Gerechtigkeit, ich gehe zum Vater und ihr seht mich nicht mehr, ein Gericht, der Fürst dieser Welt ist schon gerichtet."

Die Sünde besteht darin, daß sie nicht an Jesus glauben. Sie bleiben in der Entgegensetzung von Gott und Welt und damit auch im Widerspruch zu sich selbst. Diese Problematik ist schon oben entwickelt worden: Der Mensch muß im Zustand der Sünde, wie immer er entscheidet, gegen die Liebe verstoßen. Wieso besteht aber Gerechtigkeit darin, daß Jesus zum Vater geht und die Welt ihn nicht mehr sieht? Dieser Satz ist ein wichtiges Vermittlungsglied für das Verständnis der Dreieinigkeit. Solange Jesus als lebender, handelnder, endlicher Mensch anwesend ist, sind Gläubige sowie Ungläubige von ihm abhängig. Seine Autorität („Er lehrte wie einer, der Macht hat") und nicht das Verständnis der Zuhörer hat ihm Gehör verschafft. An seiner endlichen Person sind die Gegner gescheitert. („Wie kann er sagen, er sei der Messias, wir kennen doch seine Eltern.") Solange Jesus anwesend ist, gibt es wie vorher noch eine Instanz über dem Gewissen, nämlich Gott als Richter. Erst Jesus lehrte, daß Gott den Menschen richtet, indem der Mensch sich selber richtet, aber es lehrte immerhin Jesus, der Menschensohn – immer noch eine Autorität. Es gab für die Menschen immer noch eine praktische Instanz, die über die Wahrheit verfügte. Diese Instanz war zwar nicht mehr im Jenseits, aber sie hatte sich noch nicht restlos mitgeteilt. Erst am Ende seines Lebens sagt Jesus: „Nicht mehr nenne ich euch Knechte, denn der Knecht weiß nicht, was sein Herr tut.

Freunde habe ich euch genannt, denn alles, was ich von meinem Vater erkundet habe, habe ich euch verkündet" (Joh. 15,15).

Alles, was er vom Vater weiß – und das ist doch alles? –, hat er den Jüngern verkündet. Es gibt keine Geheimnisse mehr über der Welt, über die nur Gott verfügen würde. Dies ist sehr wichtig, denn erst wenn es wirklich keine Geheimnisse mehr über der Welt gibt, zu denen die Menschen grundsätzlich keinen Zugang haben, erst dann können sie frei entscheiden. Nur wenn die Kriterien des Gerichtes allen Handelnden bekannt sind, erst dann ist volle Verantwortung möglich. Freiheit und Verantwortung sind aber eine Voraussetzung für die Liebe. Nur der Mensch, der wirklich bei sich selber wohnt, kann auch den anderen Menschen als „ens a se", als Aus-sich-selber-heraus-Entscheidender anerkennen. Bei sich selber wohnen kann er aber nur, wenn Gott in ihm wohnt. Mit der Ankunft des Geistes aber wohnt Gott in den Menschen und wohnen die Menschen in Gott („An jenem Tage werdet ihr erkennen, daß ich in meinem Vater bin und ihr in mir und ich in euch") – dies stellt die Überhöhung der Endlichkeit dar, die Geistbestimmung des Menschen.

Gott hat aber nicht nur kein Geheimwissen mehr über den Menschen, sondern auch keine Macht, die er den Menschen vorenthalten kann und will – vorausgesetzt, daß sie keine Sünde haben, d.h. an Jesus glauben. „Was immer ihr den Vater bitten werdet, wird er euch in meinem Namen geben. Bis jetzt noch habt ihr um nichts in meinem Namen gebetet. Bittet und ihr werdet empfangen, damit eure Freude vollkommen sei. Denn das habe ich in Gleichnissen zu euch geredet." Dann erklärt Jesus, warum er bisher in Gleichnissen geredet habe: „Die Stunde kommt, da ich nicht mehr in Gleichnissen zu euch reden, sondern offen euch vom Vater Kunde geben werde. An jenem Tage werdet ihr in meinem Namen bitten, und ich sage euch, daß ich den Vater dann nicht werde für euch bitten müssen, denn der Vater selbst hat euch lieb, weil ihr mich geliebt und geglaubt habt, daß ich von Gott ausgegangen bin" (Joh. 16, 23–27).

Jesus muß, wenn die Menschen selbst sozusagen „göttliche Entscheidungen" treffen, nicht mehr extra zwischen den Menschen und Gott vermitteln, die Einheit ist unmittelbar, weil der Geist anwesend ist. Dann erst ist wirklich die Welt überwunden und die Gerechtigkeit hergestellt. Mit der Anwesenheit Gottes in der Geschichte ist die Periode der Entfremdung zu Ende gegangen und daher Satan, der Fürst dieser Welt, gerichtet. Er hat keine Macht mehr über die Menschen. Die Entscheidung zu Gut oder Böse liegt bei jedem Menschen selber, und dies ist das Gericht. Das Böse ist nur zu überwinden, wenn es vom Menschen auf sich genommen werden kann, wenn es also nicht außerhalb seiner (Geister, Dämonen, Schicksal usw.) liegt, sondern in ihm. Anders ist es nicht zu bewältigen.

Die Lehre von der Dreieinigkeit ist die wichtigste theoretische Formulierung der Lehre Jesu. Wenn es einen Gott gibt, kann er nur dreieinig sein als Einheit von Gott und Mensch, welche Einheit nach dem Tode und der Auferstehung Jesu die Wirklichkeit Gottes in der Geschichte darstellt. In welcher Weise ist aber der Geist in der Geschichte anwesend? Es gibt nur eine einzige Möglichkeit: Der Geist ist wirklich als unmittelbare Einheit von Mensch und Gott in den erlösten Menschen und ihren Entscheidungen.

Die Theologie hat später diese Entscheidungen „in Gott" als Gnade, durch die und in der alle Entscheidungen getroffen werden, bezeichnet. Gnade ist das Wort für die Aufhebung der Entgegensetzung, die der Mensch ja nicht von sich aus erreichen kann, sondern je und je durch den Glauben immer wieder als Geschenk erhält. Gäbe es „über" den Menschen noch eine Instanz, die Entscheidungen, die im Namen Jesu getroffen werden, relativieren könnte, wäre ja die alte Situation der Entgegensetzung wieder da.

Gott kann sich also nicht, wie die mythologische Vorstellung meint, die letzte Entscheidung vorbehalten. Eine Weile sieht er dem Treiben zu, und wenn es ihm wieder einmal zu bunt wird, fährt er dazwischen. Mit einem solchen Gott über sich wären die Menschen im alten Dilemma: Was will

Gott? Wann greift er wieder ein? Soll ich mich menschlich verhalten oder göttlich? Usw.

Eine solche Auffassung wäre ein Mißverstehen der Lehre Jesu. Gott ist nicht ein solcher Gott, der immer noch über den Menschen thront, denn dann wäre die Entgegensetzung noch vorhanden, und wir müßten auf die Erlösung warten. Gott ist vielmehr wirklich in allen Entscheidungen der Menschen, die aus dem Glauben an Jesus als menschgewordenen Gott und an sich selbst als Einheit von Gott und Mensch heraus getroffen werden. Deswegen können auch die, die das Kommen des Reiches Gottes, die Einheit von Himmel und Erde, herstellen sollen, mit Recht sagen, daß sie im Heiligen Geiste entscheiden und daß ihre Entscheidung dann „unfehlbar" ist. Unfehlbar heißt natürlich nicht, daß eine neue Entscheidung nicht die alte überholen kann – das würde bedeuten, die Geschichtlichkeit überhaupt leugnen –, sondern daß es über dem freien, erlösten Menschen keine wie immer geartete, diese Entscheidung relativierende Instanz geben kann – sofern eine Entscheidung aus dem Glauben und in der Gnade getroffen wird. Dessen kann ein Individuum allerdings nie ganz sicher sein.

Die Vorstellungen über das „Wirken des Heiligen Geistes" sind zwar bei den Theologen oft sehr unterschiedlich, aber die Terminologie ist trotzdem sinnvoll. Selbst an vielleicht praktisch anmutenden Beispielen kann dies demonstriert werden. Wenn etwa gesagt wird, bei der Papstwahl der römischen Kirche sei der Heilige Geist anwesend und entscheide über den Ausgang der Wahl, so kann man sich dies natürlich nicht so vorstellen, daß er die Stimmzettel in der Urne umschreibt oder den Kardinälen einen Namen ins Ohr flüstert. Gemeint kann mit einer solchen Wendung lediglich sein, daß der Sinn einer bestimmten Wahl über die individuellen Motivationen hinweggeht, ohne sie im einzelnen zunichte zu machen. Die einzelnen Motive der Kardinäle sind nicht ausschlaggebend für das, was ein solcher Papst schließlich für die Geschichte bedeutet. Freiheit ist also auch auf die Zukunft bezogen keineswegs eindeutig (wie etwa Naturgesetze), aber immer sinnvoll. Diese Differenz zwischen individueller Motivation und dem, was in der Geschichte mit ihr passiert, ist durch die Lehre von der Dreieinigkeit Gottes im Christentum ausgesagt. Bei einem Monotheismus, bei dem sozusagen individuelle Motivation und Heiliger Geist immer identisch sind und der Welt gegenüberstehen, kann der „eigentliche Sinn" einer Handlung nur im Jenseits erreicht werden, wodurch es zu der beschriebenen abstrakten Alternative (Sünde) kommt.

Daß ein Lebensexperiment endgültig geglückt ist, ist zwar schon „auf Erden" konstatierbar (wo sonst?), aber nicht vor seinem Ende im Tod. Deshalb hat es Sinn, wenn die Gemeinschaft der Gläubigen einer Kirche das Gelingen eines solchen Lebens konstatiert (Heilige). Dies dokumentiert, „daß der freie, unberechenbare Gott sein letztes, endgültiges, entscheidendes Wort im dramatischen Dialog zwischen Gott und Menschen gesprochen hat".[16] Dieser Tat Gottes als „letzte" (Was sollte nach dem Freiwerden des Menschen noch kommen?) wird daher nicht mehr die Zeit mit Zukunft, Gegenwart und Vergangenheit zugeordnet, sondern die Ewigkeit. Aber so wie der Himmel nicht mehr im Jenseits ist, sondern in dieser Welt („Das Reich der Himmel ist mitten unter euch"), so ist die Ewigkeit nicht am „Ende der Zeit" (Zeit kann nämlich kein Ende haben, was wäre nachher?), sondern sie besteht in der *Vollendung* der Geschichte. Diese Vollendung geschieht aber je und je.

Daß keine neue Phase der Erlösung für die Menschen mehr kommt, diese Zeit also die Endzeit ist, gibt jedem die Sicherheit, jeweils eine sinnvolle Interpretation der Vergangenheit und des eigenen Lebens in dieser Geschichte der Menschen finden zu können. Die Geschichte hat für jeden, also auch für mich, einen Sinn.

Der Gedanke der Dreieinigkeit Gottes, der Anwesenheit des Heiligen Geistes im Menschen, ist somit auch der eigentliche Grund für eine der faszinierendsten Entwicklungen Europas, nämlich für den Fortschritt im Bewußtsein der Freiheit. Der Fortschritt setzt die Differenz zwischen überindividuellem Sinn und individueller Motivation voraus (er wird auch daran gemessen, daß wir heute Dinge können, die unsere Vorfahren nicht konnten, und vergangene Ereignisse anders interpretieren als die damals Handelnden), andererseits aber auch deren Einheit. Hierin liegt (und läge) eine der wichtigsten Funktionen der Kirche: sie garantierte die Kontinuität der Entwicklung der Versöhnung, die von Jesus als der Christus seinen Ausgang nahm – allerdings nur so lange, als nicht wesentliche Bereiche des Lebens außerhalb dieser Institution und schließlich sogar gegen sie ihren Sinn fanden. Ob nicht heute etwa Wissenschaft und Demokratie, die ja auch im Zeichen der Einheit des menschlichen Geistes in die Geschichte getreten sind, da und dort und in bestimmten Bereichen diese Funktion der Kirche übernommen haben? Sollte man sich nicht im offiziellen Christentum heute die Frage stellen, wie es möglich war, daß heute oft Politik und Wissenschaft die Einheit des Lebens und des Menschen („Den Himmel überlassen wir den Engeln und den Spatzen", Heinrich Heine) gegen die angeblichen „Nachfolger" Jesu Christi verteidigen mußte?

Diese Frage ist heute um so dringlicher, als alle innerweltlichen Eschatologien sich zwar mit Recht gegen eine jenseitige Bestimmung des Menschen etablierten, dabei aber natürlich oft das Kind mit dem Bade ausgossen. Denn Endlichkeit bedeutet ja, daß die Natur nicht ein durch sich selbst Bestimmtes ist. Der Mensch muß die Endlichkeit überwinden, um zu sich selber zu kommen: Alle Versuche, den Menschen, der Schöpfer der wissenschaftlichen abstrakten Modelle ist, selber unter diese Modelle zu subsumieren, können als praktische nie den Sinn der Praxis erreichen.

Tod und Auferstehung

Unter Philosophen kursiert folgender Witz: Ein Jesuit bekommt nach langer Wartezeit endlich Grabeerlaubnis in Jerusalem. Ein halbes Jahr nach Aufnehmen der Grabungen erhält Pater General in Rom folgendes Telegramm: „Grab Jesu gefunden – Knochen vorhanden – stop." Der aus allen Wolken gefallene Pater General trommelt eilends die zuständigen Fachleute zusammen und berät mit ihnen die Problemlage. Man beschließt einen Lokalaugenschein, und die Kommission fährt ins Heilige Land. Dort wird das Grab in ihrer Gegenwart nochmals geöffnet, und nachdem sie sich davon überzeugt haben, daß ein Irrtum ausgeschlossen ist, schauen alle gebannt auf die Knochen Jesu. Nach einer langen Stille hört man endlich den Bibelwissenschaftler wie zu sich selber sagen: „Also hat er doch gelebt!"

Der ernste Hintergrund dieses Witzes liegt wohl darin, daß der Skeptizismus der Bibelwissenschaft meist um einen Schritt weiter geht, als man vermutet und nach dem Text des Neuen Testaments auch erwarten kann. Ganz besondere Schwierigkeiten bereiten dabei diejenigen Texte, die nicht unmittelbar verständlich sein können und daher interpretiert werden müssen.

Zu den unverständlichsten Partien dieser Kategorie gehören die Berichte über die Auferstehung Jesu. Man geht sicherlich nicht fehl in der Annahme, daß die Jünger selbst lange Zeit den Sinn der Auferstehung, die ihnen völlig unerwartet kam, nicht durchschauten. Wirklich verständlich waren Tod und Auferstehung Jesu erst vom Begriff der Dreieinigkeit her, also mit der chalcedonischen Formel. Der Tod Jesu als wahrer Gott und wahrer Mensch in einer Person birgt in verschärfter Form dieselbe Problematik in sich wie schon das Leben. Wäre Jesus nicht gestorben, sondern direkt in eine Art Himmel eingegangen, hätten die Doketisten recht, die sagten: Er war ja nicht wirklich Mensch, sondern hatte nur einen Scheinleib und sitzt jetzt wieder im Jenseits. Wäre andererseits Jesus zwar gestorben, aber nicht auferstanden, hätten die recht, die sagen: Er war ja gar nicht zugleich Gott, sondern auch „nur" ein Mensch wie wir alle, und daher gibt es keinen Gott, oder aber – die andere Form des Atheismus: Gott ist nach wie vor „außerhalb" Jesu im Jenseits. In diesem Sinn ist tatsächlich die Auferstehung das Kriterium für den Glauben an die Versöhnung durch Jesus, wie Paulus es formuliert: „Ist aber Christus nicht auferstanden, dann ist eure Predigt vergeblich und euer Glaube sinnlos" (1 Kor. 15,14).

Vom Gedanken der Versöhnung her ist auch die Auferstehung des Leibes und nicht etwa die Unsterblichkeit einer Seele verständlich. Nur im Leibe sind wir identifizierbare Individuen, nur im Leibe hat das Leben in dieser Welt einen Sinn. Die Unsterblichkeit der Seele, wie sie etwa die Griechen lehrten, ist die vorversöhnte Version der religiösen Bewältigung des Problems des Todes. Es wird zwar erkannt, daß der Tod nicht das absolute Ende des Menschen sein kann, aber die Trennung einer Seele vom Leib macht ja die Zerrissenheit, unter der der Mensch leidet, endgültig. Leib oder Seele heißt dann die Alternative des Lebens. Das Leben sagt: „Leib", und der Tod sagt: „Seele". Damit widerlegt der Tod das Leben, und dies ist sein „Stachel", wie Paulus es nennt. Paulus hat den Zusammenhang von Sünde und Tod sehr deutlich gezeigt. Wenn Sünde die Entfremdung Gottes vom Menschen und damit die Entfremdung des Menschen von sich selbst bedeutet, dann ist der Tod tatsächlich die Krönung der Sünde. Denn gerade dann, wenn es darauf ankäme, das Zusichselberkommen des Menschen, der sich von Gott abgewendet hat, endgültig zu machen und ihm Dauer zu verleihen – stirbt der Mensch. Deshalb müssen alle innerweltlichen Ideologien, die Gott leugnen, auch notwendig den Tod als etwas auffassen, was grundsätzlich nicht sein sollte. Denn der Tod widerlegt jede nur praktische innerweltliche Bestimmung des Daseins. Läßt er sich nicht abschaffen, dann gibt es auch keinen in der Praxis aufgreifbaren Sinn, der ein Letztes sein könnte. Ein praktischer Sinn könnte erst zugleich das Eschaton sein, wenn die Individuen nicht mehr sterben müssen. Dies hat aber nur Sinn, wenn sie auch nicht alt zu werden brauchen. Bei Swift, in „Gullivers Reisen", kann man sehr schön nachlesen, was passieren würde, wenn die Menschen zwar nicht sterben können, aber dabei immer „älter" werden. Der Traum von ewiger Jugend und Unsterblichkeit ist allerdings seit dem Unvermögen der griechischen Götter, das Schicksal zu meistern, in Europa ausgeträumt.

Auf der anderen Seite kann man natürlich nicht eine Heilsgeschichte der Praxis negativ gegenüberstellen, weil dann der Sinn des Handelns ausschließlich in einem Jenseits läge. Dann wäre der Tod zwar sinnvoll – sogar das einzig Sinnvolle – nicht aber das Leben. „Die Philosophen bemühen sich zu sterben", sagt Sokrates im „Phaidon", nachdem er sich bemüht hatte, die Unsterblichkeit der Seele zu beweisen. Der rasche Tod würde tatsächlich das Risiko, seine Seele doch noch zu verlieren, stark vermindern – und wer gäbe nicht ein paar Jahre seines Lebens für die Ewigkeit im Himmel, wenn es so wäre!

Vielleicht sollte man sich für die Schrecklichkeit des Todes doch folgendes überlegen: Ein Problem stellt der Tod nie für den Toten dar, sondern immer nur für die Lebenden. Entweder weil sie Überlebende sind und um den Toten trauern, oder weil sie wissen, daß sie selber einmal sterben werden. Ich finde, daß der Tod anderer für mich viel schrecklicher ist, als das Wissen um den eigenen Tod. Das Schreckliche am eigenen Tod hängt stark ab von dem, wie man gelebt hat. Ein Vorbild für mich war und ist noch immer Martin Luther. Auf die Frage, was er tun würde, wenn er erführe, daß er morgen sterben müsse, soll er geantwortet haben: „Ich würde noch heute das Bäumchen pflanzen, was ich vorhatte zu tun."

Wir gehören als Organismus zur Natur, und alles Lebende muß sterben. Daß wir das auch wissen, bringt uns viele

Vorteile – Geistbestimmung des Menschen – aber auch den Nachteil, daß wir uns vor dem Tode schon lange vorher fürchten können.

Das eigentliche Problem des Todes ist aber der Tod anderer. Denn dieser zerstört die Basis der Kommunikation: Wort und Antwort. Wer tot ist, kann nicht mehr reagieren, und damit ist die Basis jedes Verständnisses zerstört. Der Tod eines anderen muß daher – zum Unterschied vom eigenen Tod – grundsätzlich unverständlich sein.

Wir erleben dieses Unverständnis übrigens in abgeschwächter Form auch immer dann, wenn eine neue Person in eine vorhandene Kommunikationsstruktur dazukommt. Alle vorhandenen Beziehungen müssen neu einjustiert werden, damit die oder der Neue dazupaßt. Es gibt ein neues Ranking, es müssen neue Regeln gefunden werden, es gibt neue Empfindlichkeiten, neue Stärken und Schwächen bei jedem der Beteiligten usw. Ganz dramatisch werden diese Veränderungen aber, wenn jemand aus einer solchen Kommunikationsstruktur wieder ausscheidet. Am schlimmsten ist dabei das Ausscheiden durch Tod. Da vor allem die Kommunikationsstruktur unterbrochen ist, verwundert es nicht, daß immer schon Menschen versucht haben, die zerstörte Rückkoppelung sozusagen „künstlich" wiederherzustellen. Spezialisten sind aufgetreten, die zum Toten Kontakt herstellen konnten und eine Art Briefträgerfunktion zwischen Diesseits und Jenseits wahrnahmen.

Daß dies mit der Zeit nicht nur Autorität, sondern auch Gewinn brachte, ist verständlich. Wer gibt nicht gerne viel Geld aus, wenn er damit einem lieben Toten helfen kann und von ihm etwas erfährt. In der Antike sammelte sich daher in den Tempeln der Totenpriester große Reichtümer an (die man übrigens mittels Grabräuberei wieder dem Wirtschaftskreislauf zuführen mußte).

Die Jenseitsgläubigkeit verschob und verschiebt bis heute den eigentlichen Sinn des Lebens auf das Jenseits, und deshalb versuchten die Erlösungsreligionen dem Leben einen Sinn zu geben. Wer mit dem Leben unzufrieden ist, für den muß der Tod schrecklich sein. Daher liegt der Schlüssel für ein sinnvolles Verständnis des Todes im Begriff der Sünde. Wie schon im 1. Kapitel erwähnt, verstehen die Autoren des Neuen Testaments unter Tod nicht – oder jedenfalls nicht nur – das Absterben des Organismus, sondern die Entfremdung durch die Sünde. „Wir wissen, daß wir an dem Tode zum Leben gekommen sind, weil wir die Brüder lieben. Wer nicht liebt, bleibt im Tode" (1. Joh. 3,14). Man könnte auch sagen, durch die Sünde stirbt die Selbstbestimmung und damit der ganze Mensch. Durch die Liebe gibt es aber wieder eine Auferstehung. Tod und Auferstehung werden also dem grundsätzlichen Sinn der Existenz des Menschen zugeordnet. Der Tod macht die Sünde nämlich offenbar als das, was sie ist: als Entzweiung des Menschen mit sich selbst, durch das endgültige Fixieren auf die Praxis und damit als Verlust jedes Sinnes! Eine Versöhnung der Entfremdung (Erlösung von der Sünde) verlangt eine Auferstehung des Leibes. War Jesus wirklich wahrer Mensch und wahrer Gott, so „mußte er geboren werden, leben, sterben und auferstehen" (vgl. Luk. 24, 26). Wie ist aber diese Auferstehung zu denken? Wie sind die Berichte in den Evangelien zu interpretieren?

Zunächst fällt auf – wiederum reportagenhaft betrachtet –, daß zwischen den Evangelien Widersprüche im äußeren Ablauf feststellbar sind. Auch hier dürfte der Grund dafür wohl darin liegen, daß der Sinn der Auferstehung durch die Berichte vergegenständlicht wurde und deshalb für unser heutiges Weltbild und für den naturwissenschaftlichen Erfahrungsbegriff unverständlich ist. Aber, so wie der Himmel im Neuen Testament nicht eine Konkurrenz zur Erde darstellt, Gottes Wirken nicht in Konkurrenz zum Wirken der Naturkräfte tritt, so ist auch die Auferstehung des Leibes nicht in Konkurrenz zum Leben gedacht. Allerdings hatten die Evangelisten offenbar keine andere Möglichkeit, die Auferstehung darzustellen und verständlich zu machen. Daß unter Umständen das, was damals verständnisfördernd war, heute verständnishemmend sein kann, liegt in der geschichtlichen Entwicklung unseres Weltbildes.

Wirklichkeiten, die unterschieden werden müssen, wurden von den Evangelisten oft in räumliche und zeitliche Distanz zueinander gebracht. Die auf die Sinnesorgane des Menschen angewiesene Sinnlichkeit hat ihre Verständnismöglichkeit hauptsächlich im „Außereinander" der Dinge und Ereignisse. Die Verwendung von Bildern und Gleichnissen ist daher meist die einzige Möglichkeit, einen Sinnzusammenhang auszudrücken. So versucht Lukas die Geburt Jesu als irdisches und zugleich himmlisches Ereignis dadurch auszudrücken, daß „die Herrlichkeit Gottes die Hirten umstrahlte" (Luk. 2,9) und „eine große Heerschar der Engel Gott lobte" (2,13). Das „Öffnen des Himmels" ist schon im Alten Testament (z. B. Ezechiel 1,1) ein Bild für die Herstellung eines – meist endzeitlichen – Zusammenhanges zwischen Himmel und Erde.[17] Eine solche Vergegenständlichung ist auch das Taubensymbol für den Geist, der bei der Taufe Jesu auf diesen herabkommt, oder das „Anhauchen" der Jünger durch Jesus, als sie den Heiligen Geist empfingen. Dieser Empfang des Geistes geschieht bei Johannes zugleich mit der Auferstehung: „Da kam Jesus, trat in ihre Mitte ... hauchte sie an und sprach: Empfanget den Heiligen Geist'" (Joh. 20,22). Bei Paulus, Johannes und Matthäus sind auch Auferstehung und Erhöhung zur Rechten Gottes identisch. Der Auferstandene „lebt" nicht mehr im Sinne des praktisch-irdischen Daseins, sondern bei Gott im Sinn der Geschichte. Nur bei Lukas und Markus wird aus der Erhöhung eine eigene „Himmelfahrt". In der Apostelgeschichte fährt Jesus sogar wie ein Astronaut ohne Raumkapsel „durch die Wolken": „Nach diesen Worten wurde er vor ihren Augen emporgehoben, und eine Wolke entzog ihn ihren Blicken" (Apg. 1,9).

Der Himmel der Apostelgeschichte über den Wolken ist bereits eine außerordentlich drastische Vergegenständlichung dessen, was Jesus mit dem Reich Gottes gemeint hat.

Die „Himmelfahrt" wird notwendig, weil sich die Erscheinungen des Auferstandenen über eine gewisse Zeitspanne hinziehen, die irgendwie abgeschlossen werden muß. Offenbar nahm die Erkenntnis der Jünger, die durch den Heiligen

Geist vermittelt wurde und das eigentliche Verständnis des Lebens Jesu beinhalten sollte, einige Zeit in Anspruch. Jesus muß als Auferstandener sogar persönlich noch einige Male nachhelfen, wie die Geschichte vom ungläubigen Thomas zeigt. Aber auch die anderen Jünger sind nicht übermäßig schnell von Begriff: „Da sprach er zu ihnen: Oh, ihr Unverständigen, wie lange braucht ihr, bis ihr all das glaubt, was die Propheten verkündet haben. Mußte nicht Christus all das leiden und in seine Herrlichkeit eingehen?'" (Luk. 24, 25 f.) Dies sagt er den beiden Jüngern, die nach Emmaus unterwegs waren.

Jesus braucht als Auferstandener einen ganzen Tag, um ihnen begreiflich zu machen, was es mit seinem Leben und Sterben auf sich hatte. Lukas schildert die Problematik in Form einer Geschichte: Die beiden Jünger treffen Jesus, den Auferstandenen, aber er ist ihnen fremd: „Ihre Augen vermochten ihn nicht zu erkennen" (24, 16). Sehr bald stellt sich auch der Grund dafür heraus: Sie haben keine Erklärung für das, was sich in Jerusalem zugetragen hat. Sie erkennen nicht den Sinn und die Bedeutung Jesu als wahren Gott und wahren Menschen – er ist in ihren Augen ein Prophet, der Israel erlösen sollte. Nachdem Jesus sich zuerst über ihr Unverständnis ärgert, wie in früheren Zeiten, als er noch mit ihnen umherzog, „[...] fing er an mit Moses, ging alle Propheten durch und legte ihnen aus, was in der ganzen Schrift über ihn geschrieben steht" (24, 27). Erst als sie abends in einem Dorf einkehren und ihn bitten, bei ihnen zu bleiben – sie erkennen ihn noch immer nicht –, erfassen sie schließlich beim „Brotbrechen" den Sinn des ganzen Geschehens. „Da wurden ihre Augen aufgetan, und sie erkannten ihn. Er aber verschwand vor ihnen" (24, 31).

Der Bericht ist, wenn man ihn nicht als Reportage auffaßt, ziemlich eindeutig. Mit Jesu Tod ist die Zeit seiner handelnden Individualität vorbei. Er ist auch als bestimmtes Individuum mit Haut und Knochen nicht mehr zu erkennen. Weder die Emmaus-Jünger, die vorher jahrelang mit ihm umhergezogen sind, noch die Frauen, die zum Grabe kamen, konnten Jesu als Auferstandenen identifizieren. Seine praktische Individualität ist tot. Maria Magdalena spricht mit Männern beim leeren Grab: „Bei diesen Worten wandte sie sich um und sieht Jesus stehen, weiß aber nicht, daß es Jesus ist" (Joh. 20,14). Sie hält ihn für den Gärtner. Auch hier wird ein Hinweis auf seine Lehre vor dem Tode gegeben: „Da standen zwei Männer vor ihnen in glänzendem Gewande. Da sie nun gar erschrocken waren und den Blick zu Boden senkten, sprachen diese zu ihnen: Was sucht ihr den Lebendigen bei den Toten, er ist nicht hier, er ist auferstanden. Denkt, wie er zu euch sprach, da er noch in Galiläa war." Was hatte Jesus gesagt? Der Menschensohn müsse in die Hände der Sünder übergeben und gekreuzigt werden, am dritten Tag aber würde er auferstehen. „Da gedachten sie seiner Worte und kehrten vom Grabe zurück und erzählten das alles den elf und allen übrigen. Die aber den Aposteln die Kunde brachten waren Maria Magdalena, Johanna, Maria, die Mutter des Jakobus und noch andere. Denen aber erschien solche Botschaft als törichtes Gerede, und sie glaubten ihnen nicht" (Luk. 24,4–11). Der Unglaube der Jünger machte es notwendig, daß sie noch einige Male an das erinnert wurden, was Jesus ihnen vor seinem Tod erklärte. Sobald sie diese Lehre – Jesus als wahrer Gott und wahrer Mensch – wirklich verstanden („glaubten") und einsahen, warum Jesus leiden und sterben mußte, war seine Anwesenheit nicht mehr notwendig. Daher „verschwand er, sobald sie ihn erkannten". Einziger Inhalt der Reden des Auferstandenen ist denn auch in allen Evangelien nur der Hinweis auf seine Lehre. Sobald diese verstanden und geglaubt war – der Heilige Geist gekommen war –, ist Jesus nicht mehr als praktisches Individuum notwendig. Bis ins 4. Jahrhundert wurde daher das Fest Christi Himmelfahrt zugleich mit Pfingsten gefeiert.

Lukas zeigt ein sehr großes Talent, wenn es gilt, spekulative Begriffe in anschauliche Geschichten aufzuschlüsseln. Die Ankunft des Heiligen Geistes wird in der Apostelgeschichte als eigenes Ereignis berichtet. Es steht bei Lukas in einem geschichtlichen Zusammenhang mit dem Alten Testament. Die Fremdheit zwischen den Menschen wird überwunden, so wie durch die Überheblichkeit der Menschen, die sich gegen Gott stellten, untereinander Streit ausbrach und sie einander nicht mehr verstanden (Babylonische Sprachverwirrung), so sind sie, in Christus geeint, plötzlich „ein Herz und eine Seele" (Apg. 4,32). Lukas zählt ausdrücklich eine Reihe von Völkern auf, zu denen die Jünger Beziehung hatten, ohne daß die Fremdheit der Sprache von Bedeutung war. Jeder hörte sie in seiner Sprache reden, d. h. das Wort blieb den Hörern nicht äußerlich, sondern die Beglaubigung kam aus der Lehre selbst. Pfingsten verkehrte die Feindschaft in ihr Gegenteil. Was der Geist vollbringt, sagt Paulus im Galaterbrief: „Die Frucht des Geistes aber: Liebe, Freude, Friede, Langmut, Milde, Güte, Treue, Sanftmut, Selbstbeherrschung" (5,22 f.).

Anfangs war die Erfahrung des Geistes etwas Besonderes und wurde mit Feuerzungen verglichen, die „auf jeden einzelnen herabkamen" (Apg. 2,3). Später kam der Geist meistens mit den Worten und der Einsicht. „Während Petrus noch diese Worte sprach, kam der Heilige Geist über alle, die das Wort hörten" (Apg. 10,44).

In diesem Sinne sind Auferstehung, Ankunft des Geistes und Himmelfahrt identisch, wie es von Johannes überliefert wird. Sie zeitlich aufzuschlüsseln hat nur Sinn, um die Schwierigkeiten für das Verständnis selbst bei den Jüngern zu demonstrieren. Es fällt auf, daß auch hier spätere Interpretationsschwierigkeiten schon von Jesus, dem Auferstandenen, vorweg widerlegt wurden. Jesus ist natürlich auch als Auferstandener kein Gespenst: „Da sprach er zu ihnen: ‚Warum seid ihr erschrocken, und warum steigen Zweifel auf in euren Herzen? Seht meine Hände und meine Füße, ich selbst bin es, fühlt mich an und seht, ein Geist hat nicht Fleisch und Bein, wie ihr seht, daß ich habe.'" Nach diesen Worten zeigte Jesus seine Hände und Füße. Da die Apostel dennoch nicht glauben wollten, fragte er sie: „‚Habt ihr etwas zu essen da?' Sie reichten ihm ein Stück gebratenen

Fisch und eine Honigscheibe. Er nahm es und aß es vor ihren Augen" (Luk. 24, 36–43).

Auch der auferstandene Leib ist nicht ein Scheinleib, wie die Doketisten meinen, sondern einer, der auch essen kann, der Hände und Füße hat. Die Unterschiede zwischen einem „geistigen" und einem „fleischlichen" Leib liegen offenbar nicht im Praktischen, sondern anderswo. Paulus gibt die Antwort: in der Sünde. „Da ja durch einen Menschen der Tod kam, kommt auch durch einen Menschen die Auferstehung der Toten, denn wie in Adam alle sterben, so werden auch in Christus alle lebendig gemacht werden" (1 Kor. 15, 21 f.). Paulus bezieht die Wörter Tod und Leben auf den Sündenfall. Wer in der Sünde steht, ist tot, auch wenn er lebt, wer von der Sünde befreit wurde, lebt, auch wenn er stirbt, denn die Sünde wird durch die Liebe überwunden. Die bezieht Paulus auf Jesus, der durch sein Opfer des Lebens gezeigt hat, daß die Liebe die Endlichkeit überwindet und durch den Tod nicht widerlegt werden kann.

Was aber Jesus noch gesagt hat, und zwar sowohl vor als auch nach der Auferstehung, beinhaltet die Möglichkeit, wie er als Auferstandener erkannt werden kann, nämlich durch den Glauben. Nicht die Sinnlichkeit mit ihrem Angewiesensein auf das Außereinander ist in der Lage, zu erkennen, was ein auferstandener Leib ist, sondern einzig und allein der Glaube. Damit gehört auch der auferstandene Leib zu den Problemen, die nicht von den Naturwissenschaften beantwortet werden können, wie heute viele meinen, die Fragen stellen wie: Wo befindet er sich? Wie sieht er aus? Ist er alt oder jung? Usw. Die Sichtbarkeit durch die Sinne wird sogar eher als Hindernis angesehen, den eigentlichen Sinn der Auferstehung zu begreifen. (Selig, die nicht sehen und doch glauben.) Wer nicht glaubt, kann Jesus nicht erkennen, selbst wenn er ihn als praktisches Individuum vorher kannte. Das Äußere Jesu ist nicht für die Sinne als Jesus identifizierbar. Dies ist aber zugleich ein Vorteil für die Jünger, denn dadurch erst werden sie gezwungen, die Praxis zu überhöhen und den geschichtlichen Sinn Jesu zu erkennen (zu glauben).

Für das praktische Aussehen eines Auferstandenen pflege ich bei meinen Vorträgen immer zu sagen: Sehen Sie sich um, wenn Sie wissen wollen, wie Gott heute aussieht und wie ein auferstandener Leib aussieht. Unter den Umstehenden oder Umsitzenden sind sicher viele (oder alle) Auferstandene, die genauso wie auch Jesus von Nazareth eine Einheit von Mensch und Gott darstellen.

Der geschichtliche Sinn Jesu, seine „Ankunft" im Geiste, ist nämlich – seit der Auferstehung – wirklich in der Geschichte des Christentums. Der erlöste Mensch handelt nicht mehr „im Fleische" (d. h. aus der entfremdeten Entgegensetzung von Welt und Gott), sondern „im Geiste". Der Geist, in dem auch der Tod noch einen Sinn hat, ist aber nicht mehr mit einer Partikularität der Weltgeschichte zu identifizieren (bekanntlich hat keine Institution den Heiligen Geist gepachtet), sondern mit dem Gesamtsinn der Entwicklung der menschlichen Geschichte. Auch dieser Gedanke ist bei Johannes schon angedeutet. Ähnlich wie die Samariterin am Jakobsbrunnen in einem „privaten" Gespräch mit Jesus das Unvermögen des Hausverstandes gegenüber der Heilsgeschichte dokumentiert, so zeigt das Gespräch Jesu mit Nikodemus (Joh. 3, 1–21) die Schwierigkeiten des griechisch gebildeten Judentums. Der jüdische Ratsherr Nikodemus „kam des Nachts zu Jesus und sprach: Meister, wir wissen, daß du von Gott (gesandt) als Lehrer gekommen bist; denn niemand kann die Wunder tun, die du tust, wenn nicht Gott mit ihm ist".

Auch Nikodemus, ein Jesus wohlgesinnter Pharisäer, versteht die Wunder nur als Überhöhung des Irdischen, als übernatürliches Zeichen des göttlichen Boten. Es ist interessant, daß Nikodemus bei der Grablegung Jesu noch einmal von Johannes erwähnt wird: „Aber auch Nikodemus erschien, der erstmals nachts zu ihm gekommen war ..." (Joh. 19,32). Die Wunder, die schon eine Überhöhung der Natur darstellen, sind für ihn auch Zeichen des Göttlichen. Jesus stellt dem gegenüber den christlichen Gedanken der Überhöhung der Endlichkeit als Verwandlung durch Glaube und Liebe und letztlich durch den neuen Sinn des Todes im Geiste:

„Jesus antwortete ihm und sprach: Wahrlich, wahrlich, ich sage dir: Wenn einer nicht wiedergeboren wird, so kann er das Reich Gottes nicht schauen." Die Wiedergeburt in das Reich Gottes gibt dem Tod einen neuen Sinn: nicht durch das Begrabenwerden kommt man in den Himmel, sondern dadurch, daß die leibliche Geburt eines Menschen nicht seine einzige bleibt. Erst das Zusichselberkommen des individuellen Geistes (die Autonomie) stellt die Frage nach dem Sinn des Lebens, der sich offenbar nicht im bloßen „Leben" zwischen Geburt und Tod erschöpfen kann. So wie man aber erst lebt, wenn man geboren ist, so kann mit Recht die Antwort auf die Frage nach dem Sinn des Lebens als „Wiedergeburt" bezeichnet werden. Erst wenn der Tod einen Sinn hat, kann man von einem neuen Leben sprechen. Dieses neue Leben kann natürlich nicht zeitlich an das alte angereiht werden, „nach" dem Tode, da es ja den Sinn des Lebens wie des Todes erst beinhalten soll. Die Wiedergeburt zum Reich Gottes kann daher nicht in einem Jenseits, in einer negativen Überhöhung des Irdischen in ein Übernatürliches, stattfinden, sondern nur in diesem Leben. Bestünde der Sinn des Lebens nur im Jenseits, dann wäre er ja gerade nicht Sinn des Lebens. Jesus spricht deshalb auch nicht von einem Leben nach dem Tode, sondern von einer „Wiedergeburt". Nikodemus, der Gebildete, kann so wie die Samariterin am Jakobsbrunnen, die Ungebildete, damit nichts anfangen: „Da entgegnete ihm Nikodemus: ‚Wie kann denn ein Mensch, der schon ein Greis ist, geboren werden? Kann er denn ein zweites Mal eingehen in den Schoß seiner Mutter und geboren werden?'"

Nikodemus versteht die Wiedergeburt nur analog der ersten Geburt, der Mensch müßte wieder in den Mutterschoß zurückkehren. Die Überhöhung des irdischen Lebens ist für ihn nur als „Nacheinander" oder Wiederholung denkbar: „Ein zweites Mal geboren werden." Bei den Griechen war auch der Gedanke einer Seelenwanderung verbreitet. Die Seelenwanderung als Überhöhung ist schon eine Differenzierung des immer neuen Sterbens und Geborenwerdens:

Es soll irgendein Zusammenhang zwischen den einzelnen Leben hergestellt werden.

Jesus unterscheidet nun in diesem von Johannes sicherlich sehr abgekürzt wiedergegebenen Gespräch mit Nikodemus die Wiedergeburt im Geiste von der Geburt im Fleische. Die Überhöhung des Irdischen und der Sinn des Todes soll nicht in einer immer wiederkehrenden „fleischlichen" Geburt liegen, sondern darin, daß die fleischliche Geburt – um deren Sinn es sich ja handelt – in eine zweite, geistige Geburt übergeführt wird. „Jesus antwortete: Wahrlich, wahrlich, ich sage dir, wenn einer nicht geboren wird aus Wasser und (Heiligem) Geiste, so kann er nicht in das Reich Gottes eingehen. Was aus dem Fleische geboren ist, ist Fleisch; was aus dem Geist geboren ist, ist Geist. So wundere dich denn nicht, daß ich dir gesagt habe, ihr müßtet wiedergeboren werden." Dann folgt der berühmte Vergleich zwischen Geist und Wind: „Der Wind weht, wo er will; sein Brausen hörst du, aber nicht weißt du, woher er kommt und wohin er geht. So ist jeder, der aus dem Geist geboren ist" (Joh. 3,8).

„Fleisch" bedeutet bei Johannes das Leben eines Menschen als eines Lebendigen bis zur Autonomie, also das Leben als eines, das allein in sich von sich aus keinen Sinn haben kann. Seinen Sinn erhält es erst im Geist, der die Welt und Gott (durch Jesus, als wahren Gott und wahren Menschen) als Einheit versöhnt und als diese Versöhnung wirklich ist. Die Versöhnung im Geist ist nicht mehr allein vom Willen der individuellen Autonomie abhängig, sie ist das Geschenk für den, der hofft, glaubt und liebt. Daher „weht der Geist, wo er will".

Daß der Geist nicht mit einem bestimmten Individuum identifiziert werden kann, daß man wohl sein Brausen hört, aber nicht weiß, woher er kommt oder wohin er geht, ist auch sozusagen die Überschrift für die Auferstehungsberichte. Jesus erhält als Auferstandener das Beiwort „pneumatikos", d.h. alles was er tut, muß vom Geiste her verstanden werden. Die Evangelisten drücken dies dann dadurch aus, daß er durch verschlossene Türen gehen kann, plötzlich erscheint und wieder verschwindet (sobald er nämlich als Individuum identifiziert werden soll, wie bei den Emmaus-Jüngern). Alle diese Erscheinungen sollen nur die Wirklichkeit des „Geistes" verdeutlichen, „der weht, wo er will". Von dort bekommen auch die Worte Jesu einen Sinn, die er als Auferstandener spricht. „Sucht doch den Lebenden nicht bei den Toten", oder: „Ich bin bei euch alle Tage während der Vollendung der Geschichte", oder: „Gehet hin und lehret alle Völker ..."

„Im Geiste" wußten sich die Menschen in der Nachfolge Christi. Der Geist kann nicht direkt in der Praxis angetroffen werden, deshalb kann die Praxis im Guten wie im Schlechten nicht das letzte Wort haben. In diesem Sinn scheint mir die christliche Liebe als eine „pneumatische" am besten durch das repräsentiert zu sein, was wir „Humor" nennen.

Im Volksmund war dieser Gedanke vom Humor als Liebe im und durch den Geist immer lebendig: „Ich komme, ich weiß nicht woher, ich bleibe, ich weiß nicht wie lang, ich gehe, ich weiß nicht wohin, mich wundert's, daß ich so fröhlich bin." Ich vertraue also darauf, daß die für mich oft undurchsichtige Praxis mir dennoch eine letzte Sinnverwirklichung gewähren wird, und darum bin ich im Glauben fröhlich. Auch Jesus hat seinen Nachfolgern letztlich die Freude prophezeit:

„Das habe ich zu euch gesagt, daß meine Freude in euch sei und eure Freude vollkommen sei. Denn dies ist mein Gebot: Liebet einander so, wie ich euch liebte" (Joh. 15,11f.). Jesus meinte, daß die Liebe seiner Jünger zur Freude führen wird. Diese Freude enthält die grundsätzliche Bejahung der Welt und des Nächsten. Sie wird erreicht durch das Umdenken derer, bei denen das Reich Gottes ankommt. Das Reich Gottes wird ihnen auch Frieden bringen, allerdings nicht einen praktischen, politischen Frieden, sondern einen mit sich und der Welt. „Frieden hinterlasse ich euch, meinen Frieden gebe ich euch; nicht wie die Welt ihn gibt, gebe ich ihn euch" (Joh. 14,27). Der Frieden, der aus der Versöhnung kommt, die Jesus brachte, ist nicht gekennzeichnet durch Abwesenheit von Leid und Trauer, Kampf und Mühe. Fast könnte man sagen: im Gegenteil. Jesus hat seine Jünger ausreichend mit Kampfparolen versorgt und war auch selbst in diese Richtung nicht zurückhaltend. Nur letztlich werden die Trauer und der Kampf, das Leid und die Mühe in die Freude münden, weil sie von der christlichen Weltbejahung getragen sind. Das Telos tou aionos, der Sinn der Geschichte, liegt in der Versöhnung. Gott hat über Satan gesiegt. Die Sünde ist nicht das letzte Wort der Entfremdung, nicht der letzte Sinn des Daseins für den, der die Frohbotschaft von Jesus, dem wahren Menschen und wahren Gott, annimmt. Daß diese Frohbotschaft nicht über die Schwierigkeiten der Welt hinwegtäuschen soll, hat Jesus immer wieder betont. Nicht eine Flucht aus der Welt kann die Versöhnung beinhalten, sondern ein Ernstnehmen der Realität. Dieses Ernstnehmen der Welt ist aber zugleich ein Nichternstnehmen alles Irdischen als eines Nur-Irdischen. So seltsam es klingt: Gerade weil das Irdische und Praktische nicht als Irdisches und Praktisches einen Sinn in sich haben, kann der Mensch es als Irdisches ernst nehmen. Wenn man eine Allegorie verwenden will, könnte man sagen: Die Endlichkeit will überwunden werden, und erst damit ist sie zufrieden. Die biologische Natur des Menschen als seinen letzten Sinn anzusehen heißt, sie gerade nicht als das nehmen, was sie ist, nämlich als ein Endliches, als etwas, das nicht nur durch sich selbst gesetzt ist.

Wer das Praktische oder die Natur (Jesus spricht von Geld oder von den Antrieben) als letztes Ziel ansieht, erfaßt sie nicht in ihrer eigenen Realität; und auch, wer sie negiert, kann das nicht. Daß Natur und Praxis keinen Sinn in sich haben, kann ja dazu verleiten, ihn außerhalb zu suchen, in der Negation des Praktischen und der Natur. Man wünscht sich ins Jenseits. Der Leib soll abgetötet, das Jammertal verlassen werden. Die Flucht aus der Endlichkeit bringt zuletzt aber genauso wenig Frieden wie die Vergötzung des Endlichen. Beide haben nichts zu lachen: sowohl der, der Leid und Tod in der Welt sehen muß, ohne einen Sinn zu erkennen („sie gehören abgeschafft"), als auch jener, der auf ein

Jenseits hofft, in dem es ihm dann besser geht („Zähne zusammenbeißen und durchhalten in dieser Welt").

Die Versöhnung, die Jesus bringt, schafft Leid und Tod nicht ab, sondern gibt beiden einen Sinn durch Freiheit und Liebe. Insofern lebt Jesus in der Welt mit einer großen Realistik – er übersieht nichts, aber er dringt in Liebe durch Sünde, Leid und Trauer zu einer Bejahung der Welt und des Menschen durch. Vom Sünder Zachäus sagt er: „Ist doch auch er ein Abrahams-Kind", und von der weinenden Sünderin: „Sie hat viel geliebt, und deshalb wird ihr viel vergeben werden."

Jesus ist gekommen, „zu retten, was verloren war", und geriet daher primär an das Leid der Welt (Kranke, Arme, Sünder). Wer das Leid nie kennengelernt, wer noch nie eine Sünde begangen hatte, den konnte Jesus nicht ansprechen. Wohl versuchte er es („Zu einigen aber, die sich selbst zutrauten, gerecht zu sein, oder die anderen verachteten, sprach er ..."), aber es nützte nichts. Am Establishment der Juden ist er ja auch schließlich als praktischer Prophet gescheitert. Deshalb gab sich Jesus auch nie der Illusion hin, daß das Reich Gottes je praktisch siegen werde. Im Gegenteil, er prophezeite den Jüngern Schwierigkeiten in jeder Weise. Nicht wer von Leid und Unglück verschont bleibt, ist zur christlichen Freude fähig, sondern wer es auf sich nimmt, ihm einen Sinn gibt und es dadurch überwindet. Nicht wer keine Sünde hat (Wer sollte das sein?) und wer vor Schuld flieht, hat Frieden, sondern wer Sünde und Schuld durch Liebe überwindet, kann an der Versöhnung teilhaben.

„Wahrlich, wahrlich, ich sage euch, ihr werdet weinen und wehklagen, die Welt aber wird sich freuen. Ihr werdet traurig sein, aber eure Trauer wird sich in Freude verwandeln" (Joh. 16, 20). Die das Böse überwindende Macht der Liebe wird „letztlich" zur Freude führen. In der Bergpredigt sagt Jesus: „Selig, die ihr jetzt weint, denn ihr werdet lachen." Wie in allem, so ist auch in der Haltung, die Jesus zum Lachen einnimmt, ein gewisser Unterschied oder sogar Gegensatz zum Alten Testament festzustellen. Das Lachen ist im Alten

Testament fast immer negativ: „Es lacht über sie, der thront im Himmel, und spottet ihrer der Herr" (Psalm 2,4). Zu lachen hat im Alten Testament tatsächlich nur Jahwe und gelegentlich sein Volk etwas, aber auch dies ist ein unversöhntes Lachen, es ist sarkastisch oder spöttisch, zynisch oder schadenfroh („So wird auch Gott dich vernichten für immer [...] und die Gerechten werden es schauen und erschaudern und dann seiner lachen: Da seht den Mann [...]", Psalm 52,7f.).

Jesus aber denkt anders. Nicht die Vernichtung und Herabsetzung der anderen führt zum Lachen, sondern die Liebe: „Und niemand kann fröhlich sein, der nicht auf seinen Bruder in Liebe blickt [...]", heißt es im Hebräerevangelium. Dieser Ausspruch Jesu ist im Epheser-Kommentar des Hieronymus überliefert (5, 3,4). Hier erhebt sich die Frage, ob das, was Agape heißt, nicht am besten vom Humor her verstanden werden sollte. Denn gerade die grundsätzliche Einstellung Jesu, die Welt und die Menschen realistisch zu nehmen, Fehlhaltung aufzuzeigen, dabei aber nie den „Menschen" aus dem Auge zu verlieren und auch dem Kleinsten in Liebe zugewandt zu bleiben, ist doch Humor. Das Befreiende am Lachen ist die Entlarvung aller innerweltlichen Götzen, die der Mensch als Ziel aufrichten kann; deshalb bewegt sich ja das Erhabene immer am Rande des Lächerlichen. Jeder Don Quixote findet früher oder später seinen Sancho Pansa.

Wenn aber das Lachen nur relativiert und falsche Götzen abbaut, fürchtet man sich davor. Spötter und Zyniker sind selten beliebt, Hohn und Schadenfreude werden dem Teufel zugeschrieben, aber auch Ironie und Sarkasmus erinnern mehr an Resignation, oft sogar an Verzweiflung als an freudige Bejahung der Welt und des Lebens.

Demgegenüber wertet der Humor einen Menschen nie grundsätzlich und bis zum letzten ab. Selbst das Durchschauen von Entfremdungen findet immer irgendwo und irgendwie im Humor zur Liebe zurück.

Eine humorlose Liebe aber – eine, die nicht Distanz gewinnen kann – bleibt genauso im Endlichen wie die Realistik des Lächerlichen ohne Liebe. Christliche Agape ist ja gerade dadurch gekennzeichnet, daß das Endliche nicht übersprungen wird, aber auch nichts Letztes ist. Eine humorlose Liebe geht im Praktischen unter und ist eigentlich keine Liebe. Schmerz und Leid, ja sogar Tod und Sünde werden vom Humor als Agape angenommen und überwunden. Die Überwindung des Widerspruchs zwischen Gott und Welt, zwischen dem Menschen und sich selbst durch die Liebe ist Humor. Der Humor relativiert nicht nur die Erhabenheit in dieser oder jener Richtung, sondern dringt auch durch Leid und Trauer zur Freude hindurch.

1961 habe ich in meiner Doktordissertation die These von „Humor und Liebe" verteidigt. In den seither verstrichenen 40 Jahren bin ich immer wieder draufgekommen, daß nur durch Humor eine besonders schwierige Situation „ernst zu nehmen" sei. Wenn ich die Wahl habe, über etwas zu lachen oder zu weinen, entscheide ich mich – wenn geht – für das Lachen. Im übrigen ist man in den letzten Jahren auch mehr zur heilenden Kraft des Lachens gekommen. Über etwas oder womöglich über sich selber lachen zu können, wäre in meinen Augen daher die höchste Form der erlösten Selbstbestimmung, die alles Endliche ernst nimmt aber doch nicht so sehr.

Jesus und die Frauen

Die für unseren Ansatz der Autonomie beeindruckendste Szene zwischen Jesus und einer Frau ist die Stelle Mark. 7,24. Es ist die einzige Szene in den vier Evangelien, in der Jesus in einem Streitgespräch unrecht hat, dies auch einsieht und sich eines besseren belehren läßt. Seine Streitpartnerin ist eine Frau:

„Und er stand auf, und ging von dannen in die Grenze von Thyrus und Sidon; und ging in ein Haus, und wollte es Niemand wissen lassen, und konnte doch nicht verborgen sein. Denn ein Weib hatte von ihm gehört, welcher Töchterlein einen unsauberen Geist hatte, und sie kam, und fiel nieder zu seinen Füßen; (Und es war ein griechisch Weib aus Syrophönice) und sie bat ihn, daß er den Teufel von ihrer Tochter austriebe. Jesus aber sprach zu ihr: ‚Laß zuvor die Kinder satt werden; es ist nicht fein, daß man der Kinder Brod nehme, und werfe es vor die Hunde.‘ Sie antwortete aber, und sprach zu ihm: ‚Ja, Herr; aber doch essen die Hündlein unter dem Tische von den Brosamen der Kinder.‘ Und er sprach zu ihr: ‚Um des Worts willen so gehe hin, der Teufel ist von deiner Tochter ausgefahren.‘ Und sie ging hin in ihr Haus, und fand, daß der Teufel war ausgefahren, und die Tochter auf dem Bette liegend."

Diese Geschichte, die auch nach Matth. 15,21 überliefert wird, ist in mehrfacher Hinsicht interessant. Bei Matthäus läßt sich Jesus auch noch gegen den Willen der Jünger in dieses Streitgespräch ein.

Wenn Jesus Gott ist, muß er doch wohl immer recht haben, als Prophet und Lehrer müßte er doch auch immer recht haben. Und wenn er schon einmal nachgibt, wieso dann nicht einem weisen Schriftgelehrten gegenüber wie etwa Nikodemus, sondern einer Frau gegenüber und zwar, wie gesagt wird, einer Heidin? Der Begriff der Autonomie als Einheit von Mensch und Gott kann wohl nicht heißen, daß man unfehlbar ist. Ein solch unrealistischer Begriff von Autonomie wäre wohl auch schlecht übertragbar auf die Nachfolger. Schon deshalb ist diese Geschichte wichtig.

Soweit ich das überblicke, ist die Szene auch im Vergleich zu anderen „Offenbarungsschriften" einmalig. Der sogenannte „authentische Offenbarungsbringer" wie heute die Propheten gemeinsam genannt werden (Mohammed, Laotse, Buddha etc.) bekommt bei Streitgesprächen grundsätzlich recht, an seiner Autorität will nicht gezweifelt werden.

Man kann allerdings vermuten, daß auch in den anderen Erlösungsreligionen im Untergrund die Selbstbestimmung als Resultat eines Entwicklungsprozesses steht. So schlägt etwa der japanische Philosoph Suzuki vor, das Wort „Buddha" mit „der zu sich selbst Erwachte" zu übersetzen.

Alle diese „authentischen Offenbarungsbringer" sind aber nach der Überlieferung Männer. Daß Jesus hier sich in einer Frau sozusagen in Dienst nehmen läßt, hat eine besondere Bedeutung.

Der Punkt nämlich, an dem Jesus sozusagen nicht widerstehen kann und seine Prinzipien (er weiß sich zunächst nur als Rabbi der Juden) über den Haufen wirft, ist die Besessenheit einer Frau, die er heilen kann. Die sogenannten „Wunder" beziehen sich ja überwiegend darauf, die Sendung Jesu, die noch nicht vorhandene oder verlorengegangene Autonomie wiederherzustellen, sichtbar zu machen. Deswegen macht er Blinde sehend, Lahme gehend usw., d. h. überall dort, wo die Selbstbestimmung eines Menschen eingeschränkt erscheint, versucht Jesus diese (wieder) herzustellen. Die Wiederherstellung der Autonomie ist auch meist gleichbedeutend mit „Vergebung der Sünden". Sünde ist ja die Fremdbestimmung schlechthin.

Hauptgegner Jesus sind alle, die Menschen dependent machen und halten. Personifizierte Instanz der Fremdbestimmung ist Satan, der Verführer. In seinem Dienste sozusagen sind viele abhängig machende „böse Geister".

Der stärkste Ausdruck für Fremdbestimmung im NT ist „tot" sein, der zweitstärkste „besessen" sein. Von einem bösen – weil dependent machenden -- Geiste zu befreien, war eine der Weisen, in denen Jesus seine Intervention sichtbar machen konnte. Die bösen Geister trieb er allerdings überwiegend bei Frauen aus. Viele der solcherart „befreiten" Frauen folgten ihm daraufhin nach, sodaß sein Gefolge zum Großteil aus Frauen bestand (Luk. 8, 1–3).

„Bei ihm waren die Zwölf sowie einige Frauen, die von bösen Geistern und Krankheiten geheilt worden waren: Maria mit dem Beinamen Magdalena, aus der sieben böse Geister ausgefahren waren, ferner Johanna, die Frau des Chusa, eines Verwalter des Herodes, Susanna und noch viele andere, die mit ihrem Vermögen für sie sorgten."

Daß auch die Johanna, die Frau des Chusa, eines Verwalter des Herodes, mit Jesus „durchgebrannt" ist, müßte eigentlich einen ziemlichen Skandal bei Hofe ausgelöst haben. Die Frauen, die mit Jesus zogen, nahmen außerdem noch ihr Vermögen mit. Jüdinnen waren zwar immer schon etwas freier und autonomer als ihre Geschlechtsgenossinnen im Heidenland, dennoch dürfte es auch damals ungewöhnlich gewesen sein, als Frau den Mann oder die Familie zu verlassen und mit einem Rabbi durchs Land zu ziehen.

Das Herumziehen im Lande war aber nur der äußere Ausdruck einer neuen Freiheitsgewinnung, die sich zunächst über die Negation der unmittelbaren familialen Bindungen vermittelte.

Die lange Reifungsphase des Menschen führt dazu, daß er über viele Jahre von den Eltern oder jedenfalls den für ihn sorgenden Erwachsenen abhängig bleibt. Ein Kind ohne solche Abhängigkeiten könnte nicht überleben. Dabei ist die

Abhängigkeit von der Mutter zunächst wichtiger als die vom Vater. Denn bei der Mutter erlebt jeder Mensch die erste symbiotische Geborgenheit, in der das Urvertrauen entsteht, das er später braucht, um autonom sein zu können. Diese mütterlichen Funktionen kann nach der Geburt, soviel wir heute wissen, auch der Vater übernehmen.

Diese erste selbstverständliche Einheit von Mutter bzw. Vater und Kind muß dann das erste Mal zerstört werden, wenn das kleine Kind eine Eigenidentität bekommen soll, indem es einen eigenen Willen entwickelt. Dieser Wille bestimmt sich als eigener aber zunächst nur über die Negation der elterlichen Entscheidungen oder Gebote. Wer immer nur dasselbe will wie die Mutter oder der Vater, kann nie feststellen, ob seine Entscheidung wirklich seine eigene ist oder doch von Vater oder Mutter beeinflußt.

Diese erste Identitätsfindungsphase, in der das Kind „nein-sagen" lernt, wird von den Erwachsenen despektierlich als „Trotzphase" bezeichnet. Manchmal wird dieser Ausdruck, der nicht vom Sinn der Lebensphase, sondern von ihrer äußeren Unbequemlichkeit für die Erwachsenen seinen Namen hat, sogar noch für spätere und größere Reifungsphasen verwendet (Trotzkopf).

Denn für erwachsene Autonomie ist eine Loslösung aus der Abhängigkeit von den Eltern notwendig. Diese Loslösung geht notwendigerweise über den Konflikt. Man kann nie eigene Entscheidungen treffen, wenn man nicht auch widersprechen kann. Dies muß aber ausgetestet und geübt werden. Wer nicht „Nein" sagen kann, dessen „Ja" hat keinen Wert.

Das Einüben der Autonomie ist eine langwierige Phase, weil man beim Widerspruch gegen die Autorität, von der man bisher abhängig war, gleichzeitig ihren Schutz und ihre Hilfe verliert. Wie uns heute die Psychoanalytiker versichern, sind viele spätere Identitätsstörungen beim Menschen auf eine nicht oder nur mangelhaft gelungene Ablösung von den Eltern, speziell aber von der Mutter zurückzuführen.

Wer so wie Jesus auf Autonomie und Freiheit Wert legte, mußte daher auch auf die Ablösung von den Eltern besonderen Wert legen. Dies wird sowohl aus den Worten als auch aus den wenigen Episoden, in denen sein Verhältnis zu Eltern bzw. Mutter sichtbar ist, deutlich.

Die erste Krise, über die berichtet wird, ist der 12jährige Jesus im Tempel (Luk. 2, 41–52).

„Und seine Eltern gingen alle Jahre gen Jerusalem auf das Osterfest. Und da er zwölf Jahre alt war, gingen sie hinauf gen Jerusalem, nach Gewohnheit des Festes. Und da die Tage vollendet waren, und sie wieder zu Hause gingen, blieb das Kind Jesus zu Jerusalem, und seine Eltern wußten es nicht. Sie meinten aber, er wäre unter den Gefährten, und kamen eine Tagereise, und suchten ihn unter den Gefreundeten und Bekannten. Und da sie ihn nicht fanden, gingen sie wiederum gen Jerusalem, und suchten ihn. Und es begab sich nach dreien Tagen, fanden sie ihn im Tempel sitzen, mitten unter den Lehrern, daß er ihnen zuhörte, und sie fragte. Und Alle, die ihm zuhörten, verwunderten sich seines Verstandes und seiner Antwort. Und da sie ihn haben, entsetzten sie sich. Und seine Mutter sprach zu ihm: ‚Mein Sohn, warum hast du uns das gethan? Siehe, dein Vater und ich haben dich mit Schmerzen gesucht.' Und er sprach zu ihnen: ‚ Was ist es, daß ihr mich gesucht habt? Wisset ihr nicht, daß ich sein muß in dem Haus, daß meines Vaters ist?' Und sie verstanden das Wort nicht, das er mit ihnen redete. Und er ging mit ihnen hinab, und kam gen Nazareth, und war ihnen unterthan. Und seine Mutter behielt alle diese Worte in ihrem Herzen. Und Jesus nahm zu an Weisheit, Alter und Gnade bei Gott und den Menschen."

Nach diesem ersten Sichtbarwerden einer eigenen, von der der Eltern doch deutlich unterschiedenen Identität blieb er ihnen „unterthan". Die eigentliche Ablösung von den Eltern steht also noch bevor. Eltern bringen dafür naturgemäß kein Verständnis auf, sonst mißlingt die Ablösung. Wenn Vater oder Mutter so tun als hätten sie das, was Sohn oder Tochter tun, ohnehin immer schon so gewollt, fühlen sich viele in ihrer neu gewonnenen Identität betrogen.

Der Sinn der Entscheidung – worum immer es sich hier handelt – ist ja gerade der, daß er gegen Rat und Willen der Autorität getroffen wurde. Zeigt die Autorität allzu großes Verständnis für die gegen sie gerichtete Entscheidung, wird die Dependenzphase meist verlängert. Identität gewinnt man durch Verstoß gegen das Gebot der Autorität. Hinterher kann oder muß die jeweilige Autorität die gewonnene Identität als solche anerkennen: „Siehe, Adam ist worden wie unsereiner, erkennend was gut und böse ist." (Gen 3, 22)

Wie man sieht, folgt auch der Bericht vom Sündenfall im AT diesem Muster. Gott (als Inbegriff für Autorität schlechthin) hat den Menschen zwar als sein Ebenbild geschaffen, in paradiesischer Abhängigkeit (Dependenz ist tatsächlich oft viel einfacher als Autonomie) hat er aber noch nicht vom Baum der Erkenntnis gegessen. Hier steht ein Verbot Gottes. Gegen dieses Gebot verstößt zuerst Eva, von der Schlange verführt, danach Adam, von Eva verführt. Diese Tat gegen das Gebot Gottes hat zwar sofort den Verlust der paradiesischen Abhängigkeit zur Folge mit einer Reihe von Schwierigkeiten (im Schweiße des Angesichts Brot verdienen, in Schmerzen Kinder gebären, schließlich den Tod kennen), zugleich aber die Anerkenntnis Gottes als endlich ebenbürtig. Der Mensch ist gottähnlich geworden durch die Entscheidung gegen das Gebot.

Daß dieser Konflikt – der übrigens eine anthropologische Konstante darstellt, traditionell gesprochen: Erbsünde – unausweichlich ist, zeigt schon die Überlegung, warum Gott, der das Resultat ohne Zweifel beabsichtigt (felix culpa), nicht ein Gebot gegeben hat: „Ihr müßt vom Baum der Erkenntnis essen, wenn ihr Ebenbild werden wollt." Hier wären die Menschen ja dependent geblieben, hätten sie sein Gebot befolgt. Hätten sie es aber nicht befolgt, wären sie nicht zur Gottebenbildlichkeit gekommen. (Eine ausführliche Darstellung des anthropologischen Zusammenhanges ist mein Buch über „Die Heilige Ordnung der Männer".)

Diese über die Negation vermittelte Identität der Autonomie war nun für Jesus ebenfalls Thema seiner Betrachtungen, meist im Anschluß an seine eigene Situation der Mutter gegenüber. Von Josef ist in den Evangelien nirgends mehr die Rede.

Die Mutter Maria versucht vergeblich, ihren Einfluß auf den Sohn weiterhin geltend zu machen. Dieser zeigt deutlich, daß er einen eigenen Weg zu gehen gewillt ist. Die Konflikte steigern sich. Bei der Hochzeit zu Kanaa, wo er zuerst von der Mutter aufgefordert wird, sich einzumischen, er aber zu ihr sagt: „Laß mich nur gewähren, Frau. Meine Stunde ist noch nicht gekommen", tut er noch, was seine Mutter will.

Als sie ihn aber an der Spitze der Familie nach seinen ersten öffentlichen Erfolgen und Mißerfolgen wieder nach Hause holen wollte, gibt er ihr eine scharfe Antwort: Den Versuch, ihn als Familienmitglied dependent zu halten und ihn in seiner Tätigkeit aus diesem Titel heraus eventuell zu behindern, quittiert er mit Verleugnung seiner Familienzugehörigkeit (Matth. 12, 46–50).

„Jemand sagte zu ihm: ‚Siehe, deine Mutter und deine Brüder stehen draußen und wünschen dich zu sprechen.' Er aber erwiderte dem, der es ihm sagte: ‚Wer ist meine Mutter und wer sind meine Brüder?' Dann streckte er die Hand über seine Jünger aus und sagte: ‚Da sind meine Mutter und meine Brüder! Denn wer den Willen meines Vaters im Himmel tut, der ist mir Bruder, Schwester und Mutter."

Oder eine Frau sprach ihn an aus der Menge (Luk. 11, 27): „Während er so redete, rief eine Frau aus dem Volk ihm zu: ‚Selig der Leib, der dich getragen, und die Brust, die dich genährt hat!' Er aber sagte: ‚Jawohl, selig, die das Wort Gottes hören und es befolgen."

In diesem Sinne ist Jesus sogar ein Ablösungsvorbild für autonome Entwicklung trotz vorhandener familialer Bindungen. Es geht aber diese Ablösung nicht ohne Konflikt, und deshalb schloß er öfters an solche Szenen familialer Konflikte das Wort an (Matth. 10, 35): „Glaubt nicht, ich sei gekommen, Frieden auf Erden zu bringen. Ich bin nicht gekommen, den Frieden zu bringen, sondern das Schwert.

Denn ich bin gekommen, den Sohn mit seinem Vater zu entzweien, die Tochter mit ihrer Mutter, die Schwiegertochter mit ihrer Schwiegermutter. So werden des Menschen Feinde seine eigenen Hausgenossen."

Hanna Wolff vergleicht dieses Wirken Jesu mit dem eines Psychotherapeuten, der bei seinen Patienten sehr oft die nicht gelungene Abnabelung nachholen muß.

„Jesus im Gegenteil war der erste ‚Therapeut', der Vater- und Mutterbindung anzugehen, aufzuarbeiten, definitiv zu überwinden zur unerläßlichen Aufgabe gemacht hat. Denn Jesus wollte bindungsfreie, voll entscheidungsfähige, selbstverantwortliche Männer und Frauen. Er wollte nicht halbe Kinder, er wollte wahr und wahrhaftige Erwachsene zu seinen Nachfolgern und zu Trägern seiner Ideen."

Hier scheint mir auch die Schwierigkeit erklärlich, mit der die Parapsychologie kämpft. Auf der einen Seite handelt es sich um eindeutig (wie etwa Telepathie) oder weniger eindeutig nachgewiesene Phänomene. Auf der anderen Seite passen sie nicht in unser naturwissenschaftliches Weltbild, weil sie nicht allgemein gültig und überall und jederzeit reproduzierbar sind. Ich würde sogar die These riskieren, daß an der zwischenmenschlichen Kommunikation etwa das Verallgemeinbare gerade das Unwichtige und Uninteressante darstellt. Motivation und Freiheit, das Hier und Jetzt eines geschichtlichen Augenblicks, prägen den eigentlichen Sinn der Kommunikation oft viel stärker als das, was man in einem abstrakten Modell naturwissenschaftlich beschreiben kann. Zwei oder mehreren Menschen kann unter bestimmten Umständen in ihrer Verständigung über Raum und Zeit hinweg in ihrer emotionalen Einheit (und/oder Zweiheit) etwas gelingen, was ihnen selbst unter anderen Umständen und zu einem anderen Zeitpunkt nicht mehr gelingt. Wie kann eine Psychologie, die von all dem absieht, noch Psychologie genannt werden? Umgekehrt: Wie kann eine (Para-)Psychologie, die das alles verstehen will, noch (Natur-)Wissenschaft sein?

Ähnliche Probleme treten nun heute – man muß wirklich sagen paradoxerweise – in der Theologie auf. Das Selbstbewußtsein der Theologen scheint, von ihrem Gegenstand her, soweit auf den Nullpunkt gekommen zu sein, daß sie sich in den Methoden an anderen Wissenschaften und hier ausgerechnet an den Naturwissenschaften orientieren.

Das Verhältnis Jesu zu den Frauen ist deshalb so wichtig, weil bis in die Gegenwart hinein manche Kirchen noch immer, eigentlich dem Prinzip der Erlösung widersprechend, patriarchale Strukturen unterhalten. Zum Beispiel werden in der katholischen Kirche die Frauen nicht gleichwertig zum Priesteramt zugelassen.

DIE WUNDER

Am Tag vor der Sonnenfinsternis 1999 durfte ich im Österreichischen Fernsehen an einer Diskussion über Wunder teilnehmen. Es war auch ein Vertreter der päpstlichen Wunderkommission anwesend. Er behauptete, daß die katholische Kirche Wunder benötige, um Heiligsprechungen vornehmen zu können. Nur wenn – durch Anrufung der betreffenden Personen oder sonstige Kontakte mit Religionen – z. B. von der Wissenschaft nicht erklärbare Heilungen stattfänden, könnte man die betreffende Person heilig sprechen. Er dachte dabei an ein direktes Eingreifen Gottes, der damit ein Zeichen geben wollte.

Natürlich widersprach ich dieser Auffassung von Wunder, als sich der Herr Kollege auch noch auf die Wunder des NT berief. Dies sei schon aus geschichtsphilosophischen Gründen nicht möglich, da es damals ja noch keine Wunderkommission gab, die mit Hilfe naturwissenschaftlicher Methoden – die es auch noch nicht gab – ein Ereignis als wissenschaftlich nicht erklärbar definieren konnte.

Denn man betreibt Geschichtsfälschung, wenn man die Differenzen unseres Weltbildes in ein früheres Weltbild, das diese Differenzen noch nicht kannte, hineinträgt. Genauso falsch wäre aber auch das Gegenteil: die Erkenntnisse eines vergangenen Weltbildes einfach in ihrer unmittelbaren, überlieferten Ausdrucksweise zu belassen. Man kann nicht die Formulierung einer Wahrheit beibehalten und hoffen, sie werde wahr bleiben – das tut sie nämlich nicht. Ändert sich das Weltbild, treten neue Differenzierungen auf, dann muß auch die Wahrheit sich differenzieren und ändern, um dieselbe Wahrheit bleiben zu können. Der Bericht von einem Wunder, das Jesus getan hat, erhält durch den Naturbegriff, den es heute im Abendland gibt, einen völlig anderen Sinn. War es bei Jesus ein Machtzeichen oder Werk des Messias, so ist es heute etwas, das gegen die Naturgesetze verstößt. Wer aber meint, daß dies erst recht ein Beweis für die Göttlichkeit Jesu sei, hat, gerade durch den Naturbegriff der Neuzeit, die christliche Frohbotschaft mißverstanden. Denn Gott wird dadurch zu einer Wirklichkeit außerhalb der Welt, zu einem Gespenst im Jenseits. Gott, der der Welt bloß negativ gegenübersteht – er greift nur bei unerklärlichen oder gegen die Naturgesetze verstoßenden Ereignissen in die Welt ein –, kann dann nur zum Schein Mensch geworden sein.

Gegen diese schon in der Antike auftretende Mißinterpretation der Schrift (Doketismus) hat sich das Konzil von Chalcedon (451 n. Chr.) gewehrt und definiert, „der eine und selbe Jesus Christus ist vollkommen der Gottheit und vollkommen der Menschheit nach wahrer Gott und wahrer Mensch".[18] Die Konzilsentscheidung befindet sich damit auch in Übereinstimmung mit allen Aussagen des Neuen Testaments, und zwar sowohl mit den Aussagen über Jesus als auch mit denen, die als Selbstaussagen berichtet werden. Es kann heute als sicher angenommen werden, daß Jesus von Nazareth die negative Abhebung Gottes von der Welt nicht zugelassen hat und hätte. Allerdings gab es damals noch keine Naturwissenschaft, die gewisse Handlungen Jesu als Wunder aus der Natur herauskatapultieren und dort („außerhalb") einer abstrakten Göttlichkeit zuordnen oder sie überhaupt leugnen mußte.

Dieser Begriff des Wunders (nämlich etwas naturwissenschaftlich Unerklärbares) findet sich natürlich erst, seit es eine Naturwissenschaft gibt, und es ist fraglich, ob es Sinn hat, dieses neuzeitliche Modell auf die Texte des Neuen Testaments anzuwenden. Daß es heute allgemein üblich ist, kann wohl kaum als Beweis dafür gelten, daß es auch sinnvoll sei. Verräterisch ist ja die Wendung: „Man könne nur noch auf ein Wunder hoffen", wenn alle „natürlichen" Hilfsmittel versagen. Gott wird damit in den Lücken der wissenschaftlichen und technischen Perfektion angesiedelt, und wenn auch kaum zu hoffen ist, daß diese Lücken in absehbarer Zeit gänzlich geschlossen sein werden, so muß er jedenfalls dauernd „übersiedeln" oder „Platz wechseln": Was heute noch unerklärlich ist, kann morgen geklärt sein und umgekehrt. Diese fundamentaltheologische Fehlinterpretation der Schrift fährt also in demselben Boot wie die Aufklärung, die mit der Göttlichkeit Jesu zugleich dessen Wunder leugnet. In beiden Fällen wird das naturwissenschaftliche Modell vorausgesetzt und auf Gott sowie auf die Interpretation der Schrift angewendet. Das aufklärerische Modell erfreut sich allerdings heute ungleich größerer Beliebtheit als die Fundamentaltheologie.

H. E. G. Paulus gibt ein Beispiel für aufklärerische Wundererklärung: „Das Meerwandeln ist eine Vision der Jünger. Jesus geht an der Küste entlang und wurde im Nebel von den geängstigten Insassen des Bootes für ein Gespenst gehalten. Petrus warf sich auf seinen Ruf ins Wasser und wurde versinkend von Jesus an den Strand gezogen." Auch das Wetter kann Paulus „erklären": „Als sie den Herrn ins Schiff genommen hatten und um die Bergspitze bogen, waren sie aus der Achse des Sturmes heraus und meinten, er habe das Wetter beschworen [...] sie drehten um den Berg, der ihnen alsbald den Talwind abschnitt, und machten sich nun miteinander Gedanken darüber, daß auch Wind und Wetter ihrem Messias gehorchten."

Auch die wunderbare Speisung erklärt Paulus „logisch": „Als Jesus die hungernde Menge sah, sagte er zu seinen Jüngern: Wir wollen den Reichen darunter ein gutes Beispiel geben, daß sie ihre Vorräte mitteilen, und fing an, seinen Proviant an die zunächst Gelagerten auszugeben. Das Vorgehen wirkte, und alsbald war die Speise in Fülle da."[19]

Das Speisungswunder ist überhaupt ein beliebtes Interpretationsbeispiel. Pierre Nahor[20] macht in seinem „Leben Jesu" fromme reiche Frauen für die Beschaffung der Speise verantwortlich: „Fromme reiche Damen frugen bei ihm an, an welchem Platz er das Volk zu lehren gedachte, und schickten dann für jenen Tag Körbe voll Brotes und gebratener Fische an den bezeichneten Ort, damit die Menge nicht darbte. So sind die Berichte von den wunderbaren Speisungen zu erklären: Dem Volk war unbekannt, woher Jesus plötzlich die Speise hatte, die er durch die Jünger austeilen ließ."

Auch Oskar Holzmann meint, daß die Wunder natürlich zu erklären seien: „Wieder in anderen Fällen ist ein erstaunlicher Vorgang zum übernatürlichen Wunder geworden, so in den beiden Speisungsgeschichten, wo Jesu mutige Liebe, gepaart mit frischem haushälterischem Sinn, eine augenblickliche Schwierigkeit überwindet, während der Evangelist ein seltsames Wunder der göttlichen Allmacht daraus gestaltet hat." Albert Schweitzer macht sich über diesen Autor lustig, er schreibt: „Vielleicht ist Oskar Holzmann nicht um der Theologie, sondern um der Nationalökonomie willen in einem zukünftigen Werk noch etwas mitteilsamer und verrät seinen Zeitgenossen, welcher Art der Hausfrauenmut und die Hausfrauenklugheit waren, die es dem Herrn möglich machten, mit fünf Broten und zwei Fischen einige tausend hungernder Menschen zu befriedigen."[21]

Auch andere Wunder können unschwer natürlich erklärt werden. Die Totenerweckungen waren möglich, weil es sich um Scheintote gehandelt hat, die Schweineherde sei erschrocken, weil Jesus den Besessenen angeschrien habe (Schocktherapie), und in Panik in den See gestürzt. Oder: Bei der Verklärung sei hinter Jesus ein Meteorit am Himmel erschienen und habe ihn – aus der Sicht der Jünger – „umstrahlt".

Die rationalistische Wundererklärung ist so beliebt, daß sie sogar in die Anekdotenerzählung eingegangen ist. Nach dem Zweiten Weltkrieg wurde in Wien folgende Anekdote erzählt: Ein nach Israel emigrierter Wiener Jude wollte am Wochenende am See Genezareth ein Boot mieten. Über die horrende Forderung von fünf israelischen Pfund für die Stunde ziemlich erschrocken, begann er zu handeln: „In Wien, an der Alten Donau, kostet ein Boot pro Stunde nicht einmal ein Viertel Ihres Preises." Darin läge ja gerade der Unterschied, wurde er belehrt, daß es sich hier eben nicht um die Alte Donau, sondern um den See Genezareth handle. „Wieso?" wagte er noch einmal einzuwenden. „Wasser ist hier, und Wasser ist dort, und Ihre Boote sind nicht besser als die in Wien." – „Die Boote nicht", meinte der Vermieter, „aber der See, denn über den ist gegangen der Herr Jesus Christus zu Fuß." Darauf resignierend der Emigrant: „Ein Wunder – bei den Bootspreisen?"

Die Meinung, daß die berichteten Wunder Jesu natürlich zu erklären seien, und die andere, daß sie als übernatürliche Einwirkungen Gottes zu verstehen seien, sind zwar einander entgegengesetzt, beruhen aber beide auf dem Reportagemodell der Aufklärung, wonach es möglich sei, festzustellen, „wie es eigentlich gewesen ist", denn nur durch eine solche äußerliche und exakte Geschehenserfassung kann überhaupt entschieden werden, ob es sich um einen von den Naturgesetzen abweichenden Vorgang handelte. Diese Feststellung ist aber im nachhinein schwer zu treffen, denn schließlich haben die Geheilten oder Auferweckten weder eine Pressekonferenz gegeben noch sich medizinisch untersuchen lassen. Auch vom Seewandeln oder von der Speisung der Mengen haben wir kein Photo- oder Tonbandmaterial, das gestatten würde, naturwissenschaftliche Methoden der Erfahrung anzuwenden und ein Wunder überhaupt als Wunder zu diagnostizieren.

Auch einige moderne Erklärungen der Form- oder Redaktionsgeschichte fußen auf derselben Voraussetzung, denn es ist völlig gleichgültig, ob es sich um natürliche Vorgänge handelt, die nur in der Berichterstattung zu Wundern wurden, oder ob die Berichterstattung solche Erzählungen und Legenden einarbeitete, um Jesus als Gott zu autorisieren – immer wird vorausgesetzt, daß man feststellen kann, wie es eigentlich gewesen ist, und immer erhält man als Ergebnis, daß es nicht so gewesen sein kann, wie es berichtet wird, und daher auch nicht so gewesen ist. Das abstrakte Modell der Wissenschaft wird zur nachträglichen Korrektur der traditionellen Berichterstattung.

So vermutet die Formgeschichte, daß manche Gleichnisse Jesu in der späteren Erzählung als tatsächliche Ereignisse

– natürlich dann solche von wunderbarer Art – berichtet wurden. Bei Matthäus 21,18 ff. steht die Geschichte vom unfruchtbaren Feigenbaum: „Frühmorgens kehrte er in die Stadt zurück, und es hungerte ihn. Da sah er am Wege einen Feigenbaum und schritt auf ihn zu. Doch er fand nur Blätter an ihm und sprach zu ihm: ‚Ewig soll von dir keine Frucht mehr kommen.‘ Und sogleich verdorrte der Feigenbaum." Verständlich, daß die Jünger verwirrt waren. Jesus antwortete ihnen daher: „Wahrlich, ich sage euch, wenn ihr Glauben habt und nicht zweifelt, so könnt ihr nicht bloß das tun, was an dem Feigenbaum geschah, sondern wenn ihr zu diesem Berge sagt: Hebe dich hinweg und stürze dich ins Meer, so wird es geschehen. Alles, was ihr im Gebete gläubig verlangt, werdet ihr empfangen."

Ohne Zweifel ist es etwas komisch, einen Feigenbaum verdorren zu lassen, damit die Macht des Glaubens demonstriert wird. Dieses Wunder wird noch um eine Spur seltsamer, wenn man die Fassung bei Markus betrachtet. Dort wird auch berichtet, daß Jesus auf dem Wege zur Stadt einen Feigenbaum sah, „doch als er herankam, fand er nur Blätter. Es war nämlich nicht Feigenzeit" (Mark. 11,13). Darauf verflucht er den Feigenbaum – eine völlig sinnlose Handlung als Reaktion auf den ebenfalls sinnlosen Versuch, außerhalb der Feigenzeit an dem Baum Früchte finden zu wollen.

Bei Lukas finden wir die Geschichte (13,6–9) als „Gleichnis vom unfruchtbaren Feigenbaum". Es heißt dort: „Jesus aber sprach folgendes Gleichnis: Jemand hatte einen Feigenbaum, der in seinem Weinberg gepflanzt war, und er kam und suchte Frucht an ihm, fand aber keine. Da sprach er zum Weingärtner: Siehe, nun komme ich schon seit drei Jahren und suche Frucht an diesem Feigenbaum, finde aber keine. Haue ihn um! Wozu soll er auch noch den Boden unfruchtbar machen?" Auch hier entgegnet der verdutzte Winzer: „Herr, laß ihn nun auch noch dieses Jahr stehen. Ich will um ihn herum aufgraben und Dünger einlegen. Vielleicht bringt er dann in Zukunft Frucht. Sonst magst du ihn umhauen lassen."

Man vermutet, daß dieses „Wunder" vom verdorrten Feigenbaum eine Verunstaltung des Gleichnisses durch die Überlieferung darstellt. Matthäus hat, um ihm irgendeinen Sinn zu geben, dann den Zusammenhang zwischen „Glaube und Wunder", ein häufiges Gesprächsthema Jesu, hergestellt. Ähnliches könnte auch bei anderen „Wundern" passiert sein.[22]

Solche Arten von Erklärungen gibt es viele. So könnte man die Geschichte vom „unfruchtbaren" Feigenbaum auch mit der Differenz von tropischem und gemäßigtem Klima erklären. In den Tropen, zu denen übrigens aufgrund der Depressionslage auch der See Genezareth gehörte, reifen die Früchte rund ums Jahr. In Jerusalem dagegen gibt es – auf Grund der Höhenlage – Jahreszeiten. Dort kann man nicht außerhalb der Feigenzeit reife Früchte ernten wollen. Wer aber gewohnt ist, ständig Früchte an Bäumen zu finden, muß sich in Jerusalem wundern, wenn es an einem Baum keine Früchte gibt und ihn eventuell für kaputt halten.

Eine andere Art der „Entmythologisierung" der Wundergeschichten (indem man zeigt, daß sie sich gar nicht ereigneten) besteht darin, Parallelen zur hellenistischen Literatur oder zum Alten Testament aufzuspüren. So wird etwa von Kaiser Vespasian eine Geschichte erzählt, daß er mit Staub vermischten Speichel verwendete, um einen Blinden zu heilen, genau wie Jesus. Auch Taubstumme werden in der Antike oft geheilt. Also schließt Fuller[23]: „Es sieht so aus, als seien diese beiden markinischen Wundergeschichten erst im außerpalästinensischen hellenistischen Bereich aus einer volkstümlichen Überlieferung in die Jesus-Tradition eingedrungen. Bezeichnenderweise hat Matthäus beide Geschichten weggelassen."

Wunder können auch dadurch entstanden sein, daß der Messias in Analogie zu Moses gebracht wurde: „Matthäus hat diese Kapitel mit großer Sorgfalt zusammengestellt. [...] Sollte der Evangelist nicht eine theologische oder, richtiger gesagt: christologische Absicht verfolgen? Die Wunder sind für ihn die Werke des Messias' (Matthäus 11,2), so wie die Bergpredigt für ihn die Lehre des Messias ist. Als Messias aber ist Jesus der zweite Moses."[24]

Die Literargeschichte, die Form- und die Redaktionsgeschichte haben bei den Wundern recht interessante Ergebnisse gebracht. Zunächst zeigt schon ein Blick in den griechischen Text, daß überall dort, wo im Deutschen das Wort Wunder steht, keineswegs ein griechischer Ausdruck zu finden ist, der diesem deutschen Wort entspricht. Wunder in unserem Sinne hat es damals nicht gegeben, weil es auch „Natur" in unserem Sinne nicht gab.

Man könnte natürlich einwenden, daß die berichteten Ereignisse (Seewandeln, Brotvermehrung, Totenerweckungen usw.) auch damals keine alltäglichen Vorgänge gewesen sein dürften, da sie ja sonst kaum das Staunen des Volkes hervorgerufen hätten. Aber hier gibt tatsächlich die Worterklärung eine interessante Antwort. Im Griechischen stehen nämlich nicht weniger als sieben Wörter für unser Wunder: dynameis 47mal, semeion 44mal, ergon 37mal, teras 3mal, thaumasia einmal, aretai einmal im Petrusbrief, paradoxa einmal.

Mit Ausnahme des Wortes „aretai" kommen alle Wörter für Wunder, die es im Neuen Testament überhaupt gibt, auch in den Evangelien vor. Die Zahlen sind aufschlußreich, wenn man sie zusammen mit der Übersetzung der Wörter sieht.

„Semeion" bedeutet soviel wie Zeichen und steht in den Evangelien in den verschiedensten Zusammenhängen. Sehr oft meint es ein Zeichen vom Himmel oder von außen, das für die Menschen eine besondere Bedeutung hat [der Engel gibt den Hirten (Luk. 2,12), ein Zeichen; Judas gibt (Matth. 26,48), den Häschern ein Zeichen für die Festnahme Jesu usw.]. Dort, wo es aber Wunder bedeutet, wird es von Jesus ausdrücklich abgelehnt. Bei Matthäus 12,38 und Lukas 11,29 wollen die Pharisäer ein Wunder (semeion) sehen, das Jesus als Messias ausweist: „Da sagten zu ihm einige von den Schriftgelehrten und Pharisäern: ‚Meister, wir möchten von dir ein Wunderzeichen sehen.' Da entgegnete ihnen Jesus: ‚Ein böses und unzüchtiges Geschlecht verlangt ein Wunderzeichen, aber es wird ihm kein Wunderzeichen gegeben werden.'"

Solche Zeichen, Wunder oder außergewöhnliche Taten als Beweis für die Göttlichkeit Jesu wurden öfters gefordert. Sogar Herodes Antipas wollte dies noch knapp vor der Verurteilung Jesu: „Wie Pilatus das hörte, fragte er, ob der Mann ein Galiläer sei, und als er erfuhr, daß er aus dem Machtbereich des Herodes sei, da schickte er ihn zu Herodes Antipas, der gerade persönlich in Jerusalem war in diesen Tagen. Herodes freute sich sehr, als er Jesus sah. Hätte er ihn doch schon längst gerne einmal gesehen. Denn er hatte von ihm gehört, und er hoffte, ein Wunder von ihm gewirkt zu sehen."

Auch hier steht „semeion". Jesus wirkt natürlich kein Wunder, da seine Sendung sich ja gerade nicht durch Außergewöhnliches und Übernatürliches ausweisen sollte. „Und so antwortete er dem Herodes nicht" (Luk. 23, 9).

Das Wort „dynameis" heißt soviel wie Kraft oder Macht. Gemeint ist meistens die Macht der Reden und Taten Jesu. Bei Lukas 24, 19 etwa sagt einer der beiden Emmaus-Jünger nach der Auferstehung Jesu: „Er war ein Prophet, mächtig in Werk und Wort vor Gott und den Menschen." Gelegentlich werden als „dynameis" auch einige der Vorgänge bezeichnet, die wir heute Wunder nennen. Allerdings ist mit „dynameis" dabei nicht der Vorgang selber, sondern der „Krafterweis" oder die „Mächtigkeit" Jesu gemeint. Er herrscht über die Zusammenhänge, allerdings nur unter einer Bedingung: daß man an ihn glaubt. Deshalb sagt Jesus auch meistens: „Dein Glaube hat dir geholfen" (z. B. Mark. 5, 34 usw.).

Am deutlichsten zeigt sich dies in Nazareth, wo er unfähig war, „dynameis" zu wirken, seine Macht zu bezeugen, weil der Glaube fehlte: „Er konnte dort keine Wunder (dynameis) tun ... und wunderte sich über ihren Unglauben" (Mark. 6, 5). Dort aber, wo er „dynameis" wirkte, die aus dem Bereich des Glaubens und der persönlichen Beziehung herausgenommen wie „Wundertaten" (semeia) aussehen konnten, verbot Jesus den jeweils Geheilten, die Heilung weiterzuerzählen. So erweckte er (Luk. 8,54) ein Mädchen, von dem die Leute meinten, daß es gestorben war. Offensichtlich war sie aber nicht tot, denn: „Er aber faßte sie bei der Hand und rief: ‚Mädchen, steh auf!' Da kehrte ihre Seele zurück. Augenblicklich stand sie auf, und er befahl, daß man ihr zu essen gebe. Ihre Eltern waren außer sich, er aber befahl ihnen, mit niemandem über das Ereignis zu reden."

Eine solche Handlung, aus dem Zusammenhang herausgerissen, hat sicherlich das Gerücht von einem Wundertäter um Jesus entstehen lassen. Gerade das aber wollte er nicht. Nicht um der Wundertaten willen sollten die Menschen glauben, sondern umgekehrt: Der Glaube verleiht erst die Macht (dynameis). Bei Johannes 4,48 wirft Jesus den Menschen vor: „Wenn ihr nicht Zeichen und Wunder seht, glaubt ihr nicht."

Neben „semeion" und „dynameis" für Wunder kommt häufig auch noch das Wort „ergon" vor. Es bedeutet soviel wie Werk oder Handlung. Besonders das Heilshandeln Gottes, das heißt die Bedeutung seiner Taten für das Heil des einzelnen in der Geschichte, ist damit gemeint. Als Johannes von den Werken (erga) Christi hörte, ließ er fragen: „Bist du es, der da kommen soll, oder sollen wir auf einen anderen warten?" (Matth. 11,3) Die „Werke Jesu" sind aber im Neuen Testament nicht unterschieden nach Wundern und anderen natürlichen Werken. Die Jünger fragten Jesus (Joh. 6,28 f.): „‚Was sollen wir tun, um die Werke Gottes zu wirken?' Jesus antwortete ihnen: ‚Das ist das Werk Gottes, daß ihr an den glaubt, der mich gesandt hat.'" Und als auch die Jünger ein Zeichen (semeion) wollen, analog dem Mannabrot ihrer Väter in der Wüste, korrigiert Jesus diesen Wunsch, indem er statt der äußeren Zeichen den Glauben an ihn als notwendig bezeichnet: „Ich bin das Brot des Lebens, wer zu mir kommt, wird nicht hungern, und wer an mich glaubt, wird nie mehr dürsten. Aber euch sage ich: Ihr habt mich gesehen, und doch glaubt ihr nicht" (Joh. 6,35 f.).

Einen ähnlichen Sinn haben auch die Geschichten, in denen „ergon" heute mit Wunder übersetzt wird: „Im Vorübergehen sah Jesus einen Mann, der von Geburt an blind war, und seine Jünger fragten ihn: ‚Meister, wer hat gesündigt, dieser oder seine Eltern, daß er blind geboren wurde?' Jesus antwortete: ‚Weder er hat gesündigt noch seine Eltern, sondern es sollen sich an ihm Gottes Werke (erga) offenbaren'" (Joh. 9,1 ff.). Gleichsam um die Werke Gottes nur zu veranschaulichen, wird der Blinde geheilt, worauf Jesus mit den Pharisäern Streit bekommt. Im Verlauf dieses Streites geht es aber eigentlich nicht mehr um das Wunder des Sehendwerdens, sondern um die Sendung Christi, die sich in seinen Werken zeigt, insbesondere eben die Behinderung, unter der ein Mensch leidet, wieder aufzuheben.

„Als Jesus erfuhr, daß sie den geheilten Blinden aus der Synagoge ausgeschlossen hatten, und ihn fand, sagte er zu ihm: ‚Glaubst du denn an den Sohn Gottes?' Da antwortete jener und sprach: ‚Wer ist es, Herr, damit ich an ihn glaube?' Jesus sprach zu ihm: ‚Du hast ihn gesehen. Der ist 's, der mit dir redet.' Da sprach er: ‚Ich glaube, Herr.'" Jetzt wendet sich Jesus an die Pharisäer: „‚Zu einem Gericht bin ich in diese Welt gekommen. Die Blinden sollen sehend werden und die Sehenden erblinden.' Das hörten einige von den Pharisäern, die ihn umgaben, und fragten ihn: ‚Sind etwa auch wir blind?' Jesus sprach zu ihnen: ‚Wäret ihr blind, ihr hättet keine Sünde. Nun aber behauptet ihr: Wir können sehen und – eure Sünde bleibt.'" (Joh. 9, 41)

„Blindheit" ist also auch hier, wie meines Erachtens eben bei Jesus grundsätzlich, nicht der Verlust des Augenlichtes, sondern Zustand der Fremdbestimmung, der Sünde.

„Ergon" bedeutet als Werk Gottes nicht Wunder in unserem Sinn, sondern die Unterscheidung derer, die glauben, von denen, die nicht glauben.

Mit den Worten „semeion" (Zeichen), „dynameis" (Macht) und „ergon" (Werk) sind die griechischen Bezeichnungen für Wunder weitgehend erschöpft. Dreimal kommt das Wort „teras" vor, allerdings immer nur in negativer

Bedeutung und im Zusammenhang mit „semeion". „Teras" meint ein schreckenerregendes, ungewöhnliches Ereignis. „Semeia kai terata" sind Zeichen und Wunder, die etwa vor dem Untergang einer Stadt (Troja bei Homer, Sodom und Gomorrha in der Bibel) auftreten. Jesus gebraucht es nur kritisch für die Geißelung der Wundersucht („Wenn ihr nicht Zeichen und Wunder seht"). Je einmal kommt das Wort „thaumasia" und „paradoxa" vor (Matth. 21,15, Luk. 5,26). Bei Matthäus sehen die Hohenpriester und Schriftgelehrten „die erstaunlichen Dinge", die sich beim Einzug Jesu in Jerusalem sowie bei der Vertreibung der Händler aus dem Tempel ereignen, „werden unwillig" und stellen ihn zur Rede. „Jesus aber ließ sie stehen und ging aus der Stadt hinaus nach Bethanien, um dort zu übernachten" (Matth. 21,17). Auch in dieser Szene stellt er sich nicht einer Diskussion über die Ungewöhnlichkeit der Ereignisse, an denen die Pharisäer Anstoß genommen hatten.

Das Wort „paradoxon" kommt bei Lukas 5,26 vor, nachdem Jesus einen Gelähmten geheilt hat. Auch in dieser Szene ist das Paradoxe eigentlich die Sündenvergebung, von der Lukas in seinem Evangelium vorher nicht berichtet. Die Vergebung der Sünden ist geradezu identisch mit dem Wiedererlangen der Bewegungsfreiheit, der Heilung von der Lähmung: „Damit ihr aber wisset, daß der Menschensohn Macht hat auf Erden, Sünden zu vergeben" Dann befiehlt Jesus dem Gelähmten: „Steh auf, nimm dein Bett und geh nach Hause.' Und sogleich stand er auf vor ihren Augen, nahm sein Bett, ging nach Hause und pries Gott. Da wurden alle außer sich vor Staunen, und sie priesen Gott und wurden von Furcht erfüllt und sagten: ‚Unglaubliches [paradoxa] haben wir heute erlebt.'"

Das Ergebnis dieser Untersuchung beweist die vorangestellte These: „Wunder" in unserem Sinn gibt es im Neuen Testament überhaupt nicht. Sogar Worte, die das Unglaubliche, Erstaunliche oder Mirakelhafte eines Ereignisses bedeuten, sind sehr selten. Schon im Neuen Testament selbst wird die abstrakte Betrachtungsweise des Wunders – das heißt also das Ereignis als solches abgelöst vom theologischen Zusammenhang (dafür aber in unser Weltbild gebracht) – kritisiert. Nicht das Wunderhafte eines Ereignisses ist wichtig, sondern sein Sinn, etwa für den Glauben oder für die Sünde. Auf den Sprachgebrauch des Neuen Testaments läßt sich das abstrakte Modell der Trennung in natürliche und übernatürliche Vorgänge nicht anwenden. Jesus selber wehrt sich gegen diese Trennung.

Hat Jesus also Wunder gewirkt? Diese Frage muß mit ja beantwortet werden, wenn man unter Wunder Zeichen, Machterweise und Werke Jesu versteht, die auf das Wunderbare der Freiheit und der Erlösung hinweisen. Das Neue Testament unterscheidet aber bei den Zeichen, Machterweisen und Werken nicht zwischen solchen, die naturwissenschaftlich erklärbar sind, und solchen, die das nicht sind; diese Trennung stammt erst von uns, und sie kann nicht auf das Weltbild Jesu und der Evangelisten angewendet werden. Etwas auch damals als Wunder Angesehenes – ein Mirakel – hat Jesus nicht gewirkt, und dadurch unterscheidet er sich von allen zeitgenössischen Propheten. Der Ruf eines solchen Propheten ging ihm wohl voraus, und er hatte Mühe, die Erwartungen der Menge in seine Richtung zu lenken. Fraglos erwartete man von einem Propheten oder gar vom Messias (wenn sich darunter überhaupt jemand etwas vorstellen konnte) Machterweise und gelegentlich Wunderbares oder sogar Mirakulöses, und nicht nur in der Rede. Jesus von Nazareth mußte jedoch diese Erwartungen des Volkes genauso enttäuschen wie die Erwartungen vom Reich Gottes als eines irdischen, von den Römern befreiten Reiches Israel. Jesus hatte weder die Absicht, als magische Gottheit aufzutreten, noch wollte er sich als politische Befreiungsinstanz bei den Juden einführen. Er wollte etwas völlig Neues und Unbekanntes, etwas, wofür es damals noch nicht einmal ein Wort gab, geschweige denn eine Vorstellung oder ein Schema. Er wollte die Menschen von den Sünden erlösen und dem Tod seinen Stachel nehmen. Er wollte dem Menschen ein neues Verhältnis zu sich selber, zu Gott und zur Geschichte geben, und er konnte dabei nicht verhindern, daß seine Worte und Taten anfangs (und nicht nur anfangs) gelegentlich mißverstanden wurden. Ein Mißverständnis, das es schon damals gab, ist das des Wundertäters – es hat sich da und dort bis in die Gegenwart erhalten.

Mit der festgestellten Tendenz Jesu und der Evangelien, sich vom Mirakel zu distanzieren, haben wir aber noch nicht den eigentlichen Sinn der Wunder ausgeschöpft. Daß gerade die Wunder in unserem Weltbild schwierig zu interpretieren sind, ist des Nachdenkens wert. Der Grund dafür liegt – und das wurde schon ausgeführt – in unserem Naturbegriff. Wir verstehen alle Phänomene mit Hilfe bestimmter Konstruktionen und abstrakter Modelle, die wir Naturgesetze nennen. Durch diese Konstruktionen ist es dem Menschen auch gelungen, in bisher noch nie dagewesener Weise Herrschaft über die Natur anzutreten.

Eine Voraussetzung für die Konstruktion der abstrakten Modelle war die radikale Entgötterung und Entdämonisierung der Natur, wie sie bei den Griechen begonnen hatte. Nicht Helios fährt mit dem Sonnenwagen über das Firmament, jeden Tag von neuem gestärkt durch das Bad im Okeanos, sondern „die Sonne ist ein glühender Stein", sagt Anaxagoras. Wenig später hat Aristophanes die Entgötterung der Natur sozusagen als Volksbildungsprogramm in seine Komödien aufgenommen: Nicht Zeus uriniert durch ein Sieb, wenn es regnet, sondern die Wolken stoßen zusammen und platzen, lehrt er die Griechen von der Bühne herab.

Notwendige Folge dieser Entgötterung der Natur war die Verschiebung Gottes oder der Götter aus der Natur hinaus, und das bedeutete meistens auch außerhalb der Welt. Epikur siedelte die Götter bezeichnenderweise in den „Zwischenwelten" (Intermundien) an. Dort führten sie als selige Pensionisten ein Dasein fern von den Menschen. Die Götter werden durch die Wissenschaft ersetzt. Noch Schiller klagt in sentimentaler Rückversetzung ins alte Hellas:

„Müßig kehrten zu dem Dichterlande
heim die Götter, unnütz einer Welt,
die entwachsen ihrem Gängelbande
sich durch eignes Schweben hält."[25]

Die Geburt der Wissenschaft und der Philosophie zerstörte die griechische Religion. Die Weisheitslehrer (Stoiker, Kyniker, Epikureer usw.) versuchten den Menschen zu helfen, so gut es ging. Wie wir aus den Zeugnissen dieser Zeit wissen, ging es aber nicht sehr gut, und eine der größten und schönsten Kulturen zerfiel.

Doch führte von der „wissenschaftlichen" Betrachtung der griechischen Weisheitslehre kein Weg zum Mythos zurück. Man kann nicht künstlich naiv sein, und eine einmal eingetretene Entwicklung ist nie mehr rückgängig zu machen. Die Differenz zwischen Natur und Gott blieb. Gott war ein für allemal von den Dingen der Natur (Steinen, Pflanzen, Tieren usw.) unterschieden. Die große Schwierigkeit, die sich für die griechischen Philosophen ergab, war, daß Gott nur durch die Negation bestimmt, damit zugleich auch völlig ungeschichtlich wurde. Er mußte „jenseits" sein, hatte dann aber mit den Menschen und ihrer Geschichte nichts mehr zu tun.

Überall aber, wo das Göttliche als Jenseitiges in besonderer Weise irdisch mächtig ist, treten Zauber an die Stelle des Handelns. Sicherlich ist Jesus gelegentlich vom magischen Bewußtsein für einen Zauberer gehalten worden.

Interessanterweise findet diese Zauberer-Interpretation Jesu ihren Höhepunkt erst mit der Verbreitung des Christentums im gesamten hellenistischen Kulturbereich. Es entstand eine ganze Reihe von Evangelien, die die Berichte der vier Evangelisten durch magische Zaubergeschichten ergänzten. Diese Evangelien, so wird berichtet, waren da und dort sogar beliebter als die Verkündigung der Frohbotschaft durch Markus, Lukas, Matthäus und Johannes. Wie denn auch nicht? Die apokryphen Evangelien verlangten ja gerade das nicht, was die später kanonisierten Evangelien sehr wohl verlangten: ein Umdenken in mehreren Dimensionen, von denen eine das Verlassen des magischen Weltbildes war.

Sehr geeignet für allerlei Erfindungen war natürlich die Kindheit Jesu, da von ihr nichts überliefert ist. Das „Thomasevangelium" berichtet eine Reihe von Jesus-Geschichten, die den Unterschied zu den kanonischen Evangelien sehr klar werden lassen. Der kleine Jesus tritt da als willkürlicher Zauberer auf: So läßt Jesus einen Spielgefährten verdorren, worüber sich dessen Eltern verständlicherweise bei Jesu Eltern beschweren (Thomasevangelium 3,1–3).

Jesus ärgert seine Lehrer und Mitschüler. Wer sich zur Wehr setzt, wird bestraft. Aus jeder unangenehmen Lage, in die er kommt, weiß er sich durch Zauberei zu befreien:

Und als ein anderer Spielgefährte Jesu vom Dach fällt und tot liegen bleibt, erweckt ihn Jesus wieder zum Leben: „,Zenon', so hieß nämlich sein Name, ,stehe auf und sage mir, habe ich dich hinuntergeworfen?' Und alsbald stand er auf und sagte: ,Nein, Herr, du hast mich nicht hinuntergeworfen, vielmehr auferweckt.'" (Thomasevangelium 9,1–3).

Weder Weltflucht und Abwertung des Leibes noch Zauberei und magische Praktiken finden wir in den Evangelien von Matthäus, Markus, Lukas und Johannes. Erst in den apokryphen Evangelien treten sie auf. Wohl aber findet man beides in der Umwelt Jesu in und außerhalb Palästinas. Die Wunder sind – zusammen mit der Ablehnung des Mirakelhaften, Zauberischen durch Jesus – nur ein Hinweis darauf, daß Jesus sein Selbstverständnis nicht in der durch hellenistisch-orientalische Mysterienkulte vorgezeichneten Ablehnung der Welt und Abwertung des Leibes findet. Jesus sieht den Sinn der Wunder nicht in außergewöhnlichen und sensationellen Vorgängen, aber er verlegt ihren Sinn auch nicht in eine bloß theoretische Erkenntnis Gottes oder der Welt, sondern im Mittelpunkt der Ereignisse, die wir heute als Wunder bezeichnen, steht die Selbstverwirklichung durch den Glauben an die Einheit von Gott und Mensch in Jesus und jedem, der ihm nachfolgt. Es sind ja wirkliche Handlungen und nicht nur Symbole oder Gleichnisse oder Allegorien.

Die Wunderinterpretation stellt die Weichen für das Verständnis der Person Jesu. Denn von der Alternative: entweder sind die Wunder übernatürliche Einwirkungen Gottes oder natürliche Vorgänge und die Berichte davon Einbildungen oder Symbole oder sonst etwas – von dieser Alternative her ergeben sich fatale Konsequenzen für den Glaubens- und Gottesbegriff. Jesus sagt von sich nie, daß er Wunder wirke. Er läßt eine Handlung auch nie als Wunder (semeion) gelten, sondern fügt fast immer hinzu: „Dein Glaube hat dir geholfen." Wunder wirkt also der Glaube, was am Beispiel des Feigenbaumes besonders verdeutlicht werden sollte. Wenn man nun die einzelnen Wunderinterpretationen daraufhin durchdenkt, sieht man sofort, daß die Alternativen nicht passen und gerade den Glauben nicht begreifen lassen.

Wenn Gott als übernatürliche Instanz natürlich einwirkt (Brote vermehrt, Tote erweckt usw.), dann würde Glauben soviel bedeuten wie: über dem Natürlichen eine übernatürliche Macht und über der Welt ein Jenseits als „eigentliche" Wirklichkeit anerkennen. Manche Menschen verstehen den Glauben „an Gott" auch heute so. Dieser Glaube an eine äußere, aber jenseitige Instanz hat jedoch zwei verschiedene Konsequenzen: Entweder ist er rein theoretisch, dann bedeutet er nichts; ob ein Mensch ganz normal lebt und im Jenseits einen Gott theoretisch anerkennt oder leugnet, ist ein Problem für eine gesellschaftliche Konversation, nicht mehr.

Bleibt jedoch dieser Glaube an eine jenseitige Instanz, die jederzeit mit übernatürlichen Mitteln in unsere Welt eingreifen kann, nicht nur theoretisch, dann muß er das gesamte Leben und Handeln „verunsichern". Sein eigentliches Ziel könnte nur das endgültige Verlassen dieser Welt darstellen, um dann endlich dort zu sein, wohin man sich ja die ganze Zeit schon „geglaubt" hat, im Jenseits. Es hätte keinen Sinn, Welt und Leib und Natur ernst zu nehmen, sich in diesem „Jammertal" zu bewähren, wenn Gott durch Zauberei ohnehin alles anders machen könnte. Warum zaubert er nicht genug Brot für alle Menschen herbei? Warum verhindert er keine Kriege? Wozu brauchen wir noch Ärzte? Er kann doch eingreifen – mit Hilfe eines Wunders – und alles heilen und ändern. Ein ernstgenommener Glaube an einen jenseitigen Gott, der zugleich irdisch übermächtig sein kann, steht vor ungeheuren Problemen bezüglich der Positivität des Wirklichen; ganz abgesehen davon, daß ein solcher Glaube zugleich an ein Schicksal glauben müßte, das jeder Entscheidung des Menschen den Entscheidungscharakter nehmen würde. Die Menschen wären dann nur mehr Marionetten in der Hand eines allmächtigen Wesens. („Also loben wir ihn laut, weil er uns sonst niederhaut." Nestroy.) Nur sehen das nicht alle ein, weil sie nicht gläubig sind. Aber die Einteilung in Gläubige und Ungläubige wäre, wenn es diesen allmächtigen Zauberer im Jenseits wirklich gäbe (der sich durch Wunder in unserem Sinn legitimierte), wirklich eine solche in Intelligente und weniger Schlaue.

Jesus in diesem Sinne als Gott aufzufassen heißt, ihn ein völlig unverständliches Theater als Mensch spielen lassen. Wozu dann Menschwerdung und Kreuzestod? Gott hätte die Sache doch viel einfacher haben können. Jesus hätte auch nicht sagen dürfen: „Dein Glaube hat dir geholfen" sondern: „Ich habe dir geholfen." Wieso konnte er in Kapharnaum, wo man nicht glaubte, keine Wunder tun? Als allmächtiger Zauberer hätte er gerade dort Wunder wirken müssen, um die Menschen zu überzeugen. Das konnte und wollte er aber nicht.

War das Wunder aber ein ganz natürlicher Vorgang, was soll dann der Glaube? Er könnte höchstens als Einbildung oder Suggestion seitens der Glaubenden verstanden werden. Die Szene in Kapharnaum wurde gelegentlich so interpretiert: Wie ein Patient an ein Medikament glaubt und gesund wird, auch wenn man ihm bloß Zucker oder Wasser verabreicht, so wären einige (hysterische) Kranke durch Jesus geheilt worden, weil sie an ihn glaubten. „Deine Einbildung hat dich gesund gemacht", müßte man dann übersetzen, und Glaube hat nur so lange Sinn, solange wir nicht wissen, daß Jesus eben eigentlich ein ganz gewöhnlicher Mensch war, der durch den Ruf, ein Zauberer zu sein, hysterische oder eingebildete Kranke heilte. Glaube ist in diesem Fall eine Vorstufe zur Erkenntnis, zur Gnosis. Auch hier muß man die chalcedonensische Formel zusammenstreichen, nur fällt dann das andere Glied weg: Jesus war allein „wahrer Mensch", und seine Göttlichkeit war nur eine Behauptung, um besser anzukommen, sozusagen ein prophetischer Trick.

Jesus hätte in diesem Fall seine Jünger nicht zum Glauben, sondern zur Erkenntnis führen müssen und wäre nur ein Weisheitslehrer der Antike mehr gewesen. Er hätte den Menschen nicht helfen können, weil Hilfe (Erlösung) nicht in einer bloßen Erkenntnis (und wäre sie noch so „tief") liegen kann. Wunder sind also auch ein Hinweis darauf, daß gerade die Grenze zwischen natürlich und übernatürlich, die wir mit Hilfe unseres naturwissenschaftlichen Weltbildes zu ziehen in der Lage (oder gezwungen) sind, für das gläubige Handeln keine Bedeutung hat. Ohne Wunder wäre Jesus viel leichter auf diese Alternative festzulegen – mit Mirakeln müßte man ihn wohl darauf festlegen. Die naturwissenschaftliche Fragestellung hat ja vom gläubigen Handeln abgesehen und kann daher in diesem Zusammenhang gar nicht kompetent sein.

Die Wunder können uns aber noch eine weitere Einsicht in die Frage vermitteln, was Jesus unter Glaube versteht. Glaube ist weder theoretisch noch praktisch, sondern mehr als beides zusammen. Dies wird von Jesus anläßlich des „göttlichen Heilshandelns" gezeigt.

Eines der Wörter, die bei Johannes fast synonym mit „Erkennen" sind, ist „sehen". Wörter, die „sehen" oder „erkennen" bedeuten, kommen bei Johannes 81mal vor.[26] Man hat deshalb in Johannes einen Gnostiker sehen wollen: „Und das Wort ist Fleisch geworden ... und wir haben seine Herrlichkeit gesehen" (Joh. 1,14). Sehen, erkennen, wissen sind wichtige Wörter bei Johannes. Ihre Bedeutung für den Glauben wird immer wieder hervorgehoben und betont: „Wir wissen aber: der Sohn Gottes ist gekommen und hat uns Einsicht verliehen, damit wir den Wahrhaftigen erkennen" (1 Joh. 5,20). Anläßlich der Wunder sagt Jesus aber noch etwas weiteres: Sehen ist zuwenig. „Ihr habt mich gesehen und glaubt doch nicht" (Joh. 6,36). Die Heilung des Blindgeborenen gipfelt sogar in dem Satz: „Die Blinden sollen sehend werden und die Sehenden erblinden" (Joh. 9,39). Erblinden werden die Pharisäer, weil sie nicht glauben, sehend wurde der Blindgeborene, weil er glaubte. Zum ungläubigen Thomas aber sagt Jesus nach der Auferstehung: „Weil du mich gesehen hast, Thomas, hast du geglaubt? Selig, die mich nicht sehen und doch glauben" (Joh. 20,29).

Nicht nur daß das Sehen, Erkennen usw. nicht für den Glauben reichen, der Glaubende wird auch mehr erkennen und sehen. Glauben ist mehr als etwas nur Theoretisches. – Glaube ist aber auch mehr als etwas nur Praktisches. Auch dies wird anläßlich der Wunder klar: „Da hebt sich ein gewaltiger Sturm, und die Wellen schlugen in das Boot, so daß sich das Boot schon mit Wasser füllte. Er aber war hinten im Boot und schlief auf dem Kissen. Da weckten sie ihn und riefen: ‚Meister, liegt dir denn nichts daran, daß wir zugrunde gehen?' Da stand er auf, herrschte den Wind an und sprach zu dem See: ‚Schweige, sei ruhig!' Und der Wind legte sich, und es ward tiefe Stille." Daraufhin herrscht Jesus seine Jünger an: „Was seid ihr so verzagt, habt ihr denn keinen Glauben?' Sie hatten große Furcht und sprachen zueinander: ‚Wer ist denn das, daß ihm auch der Wind und der See gehorchen?'" (Mark. 4,35–41) Bei Matthäus 8,26 sagt Jesus sogar: „Was seid ihr verzagt, ihr Kleingläubigen!" Bei Lukas 8,25: „Wo war euer Glaube?"

Eine ähnliche Szene spielt sich bei Matthäus 14, 31 ab, als Jesus über den See wandelt. Petrus möchte auch über den See wandeln, aber als er aus dem Boot steigt, versinkt er und ruft: „Herr, rette mich!" Da streckt Jesus seine Hand aus, faßt ihn und sagt zu ihm: „Kleingläubiger, warum hast du gezweifelt?" Hier wird anschaulich gemacht, daß der Glaube grundsätzlich durch die Praxis nicht relativierbar ist. Sogar ein angesichts des Todes Zweifelnder wird von Jesus kleingläubig gescholten.

Daß der Glaube sozusagen um Dimensionen „mehr" ist als Praxis, kommt auch in dem Gleichnis vom verdorrten

Feigenbaum zum Ausdruck: „Wenn ihr Glauben habt und nicht zweifelt …, dann wird, wenn ihr zum Berge sagt, hebe dich hinweg und stürze dich ins Meer, dieses geschehen" (Matth. 21,18 ff.). Noch deutlicher wird es ausgesprochen in der Geschichte von der Heilung eines mondsüchtigen Knaben. Die Jünger konnten ihn nicht heilen, Jesus heilte ihn, indem er den Dämon austrieb, und auf die Frage: „Warum konnten wir ihn nicht austreiben?" antwortete Jesus: „Eures Unglaubens wegen, denn wahrlich, ich sage euch, wenn ihr Glauben habt wie ein Senfkorn, so könnt ihr zu diesem Berge sagen, rücke von hier weg dorthin, und er wird fortrücken, und nichts wird euch unmöglich sein" (Matth. 17, 20).

Die letzte Wendung drückt am deutlichsten aus, was gemeint ist. Für den Glauben ist nichts unmöglich. Das heißt aber nicht, daß man die Praxis einfach auf praktische Weise verändern kann, um anstatt mit Geist und Material eine Brücke mit Glauben zu bauen, sondern daß die Maßstäbe der Praxis, die Richtlinien des alltäglichen Handelns, nicht für den Glauben gelten. Der Glaube ist nicht eine Besonderheit im alltäglichen Handeln, es geht um eine Spur besser mit Glauben als ohne Glauben, sondern der Glaube ist um so viel mehr – grundsätzlich mehr – als Praxis, daß im Vergleich sogar ein Berg ins Meer stürzen könnte (etwas praktisch „Unmögliches") für den, der glaubt.

Damit soll auch noch auf ein weiteres „Wunder" hingewiesen werden, nämlich auf das Verständnis im Glauben überhaupt. Der Glaube kann nicht „natürlich" erklärt werden, er ist das Lebensexperiment des Menschen, der versucht, über Nützlichkeit und Praxis hinaus Leben und seinem Tod einen Sinn zu geben. Dies ist aber nur möglich, wenn er „versteht", ohne in sinnlicher Weise zu „hören" oder zu „sehen", und „glaubt". Der Glaube ist aber natürlich andererseits kein bloßes „blindes" Fürwahrhalten, sondern selbst verbunden mit einer Einsicht. In diesem Sinne sind die Wunder vorweggenommene Pfingsten, die, äußerlich betrachtet, mißverstanden werden müssen. In ihnen leuchtet sporadisch schon zu Lebzeiten Jesu das auf, was nach seinem Tode und seiner Auferstehung die ganze Gemeinde der Gläubigen „versteht": Jesus als Heilsbringer, als wahrer Mensch und wahrer Gott. Freilich ist diese Einsicht „eigentlich" erst zu Pfingsten möglich (Pfingsten *ist* dieses Verstehen und daher das „letzte" Wunder), weshalb die „Wunder", aus der konkreten Situation herausgerissen, Jesus als „Wundertäter" in Verruf brachten. Deshalb sein Appell, es nicht weiterzusagen. Ganz offensichtlich wurde dieser Appell öfters nicht befolgt, wodurch es – bis heute – zur Mißinterpretation der Wunder kam.

Daß das Mehr des Glaubens über die Praxis nicht selber wieder praktisch sein kann, Jesus also nicht als Konkurrenz zu irdischer Macht die göttliche Macht ausspielen konnte und wollte, zeigt deutlich eine andere Geschichte, nämlich die von der Versuchung Jesu. Bei Matthäus 4,1–11 heißt es: „Dann wurde Jesus vom Geist in die Wüste hinaufgeführt, um vom Teufel versucht zu werden. Als er vierzig Tage und vierzig Nächte gefastet hatte, hungerte ihn zuletzt. Da trat der Versucher heran und sprach zu ihm: ‚Wenn du Gottes Sohn bist, so befiehl, daß diese Steine Brot werden.'" Was aber tut Jesus? Er entgegnet mit dem bekannten Zitat aus dem AT: „Es steht geschrieben: ‚Nicht vom Brote allein lebt der Mensch, sondern von jedem Wort, das aus dem Munde Gottes kommt'" (Deut. 8,3).

Aber der Teufel gibt keine Ruhe, führt ihn nach Jerusalem, stellt ihn auf die Zinne des Tempels und sagt zu ihm: „Wenn du Gottes Sohn bist, so stürze dich hinab, denn es steht geschrieben: Seinen Engeln wird er dich anbefehlen, und sie werden dich auf den Händen tragen, damit du deinen Fuß an keinen Stein stoßest" (Psalm 91,11f.).

Abermals erwidert Jesus: „Wiederum steht geschrieben: ‚Du sollst den Herrn deinen Gott nicht versuchen'" (Deut. 6,16).

Und nochmals nimmt ihn der Teufel mit auf einen hohen Berg, zeigt ihm von dort alle Reiche der Welt und verspricht: „Dies alles will ich dir geben, wenn du niederfällst und mir huldigst.' Da sprach Jesus zu ihm: ‚Hebe dich hinweg, Satan, denn es steht geschrieben: ‚Dem Herrn deinem Gott sollst du huldigen und ihm allein dienen'" (Deut. 6,13).

Es war für Jesus ausdrücklich eine Versuchung, als Wundertäter oder irdischer König zu gelten. Oft genug wollte ihn das Volk zum Messias als Herrscher Israels machen, damit er sie von den Römern befreie. Aus Steinen Brot machen, wenn ihn hungerte, hätte bedeutet, an die Stelle des praktischen Handelns (sich Brot zu beschaffen, wie auch immer) das übernatürliche Zaubern treten zu lassen. Gerade das aber hätte die Probleme der Welt um keinen Schritt ihrer Lösung nähergebracht. Mit Zauberei läßt sich jedes Problem lösen, aber es gibt eben keine Zauberei.

Nicht das Verzaubern eines Gegenstandes sollte die Erlösung bringen, sondern das „Verwandeln in Glauben". Daß der Glaube die Welt verwandelt, ist die zentrale Aussage der Wunder im Neuen Testament. Diese Verwandlung soll aber nicht allein durch eine äußere Veränderung geschehen, durch Zauberei oder ähnliches, denn damit würde man sich eine endlose Last aufbürden. Man müßte auch immer zur Stelle sein, wo Hunger, Leid oder Böses da sind, und es wegschaffen (wegzaubern). Eine solche Veränderung anzustreben hätte keinen Sinn gehabt. Die Verwandlung kann allein die grundsätzliche Einstellung des Menschen betreffen, und es kann nur eine Verwandlung durch Wahrheit und Liebe sein. Die Zauberei verwandelt aber nicht durch Wahrheit und Liebe, sondern durch äußere Einwirkung. Sie macht die Freiheit unmöglich und reduziert den Menschen wiederum auf die Natur (Körper). Nicht auf Äußerlichkeiten kommt es an. Äußerlichkeiten sind an sich weder gut noch schlecht, sie werden es erst durch die Einstellung des Menschen. Der zentrale Inhalt der Lehre Jesu, wie es sich aus der Analyse des Phänomens „Wunder" im Neuen Testament ergibt, ist also die Problematik der individuellen menschlichen Selbstbestimmung.

Interessant sind in diesem Zusammenhang die in den letzten Jahren recht häufigen Verfilmungen des Lebens Jesu. Es ist natürlich schwer, die Aussage von „wahrer Mensch und wahrer Gott" ins Bild zu bringen. Daher orientieren sich viele Filme gerade an den Wundern und stellen Jesus als eine Art Zauberer hin. Damit leisten sie natürlich den falschen Interpretationsmöglichkeiten Vorschub.

Wesentlich brauchbarer als die „positiven" Filme sind die Persiflagen. Hier wird eine offenkundige Häresie exzessiv interpretiert und damit ihre Fehldeutung herausgearbeitet. Ein schönes Beispiel dafür ist etwa der Film „Superman": Ein kinderloses Ehepaar in USA namens Josef und Mary finden einen kleinen Knaben, der von einem fremden Stern kommt und auf der Erde ausgesetzt wurde. Sie ziehen ihn auf und als er 18 Jahre alt wird, beginnt der Stab, den man bei ihm gefunden hat, plötzlich zu sprechen und die Verkündigungsworte aufzusagen: „Du bist mein vielgeliebter Sohn und wirst die Welt erlösen." Um dies zu erreichen, bekommt er ein T-Shirt, das ihm ermöglicht, nach Wunsch zu fliegen und allerlei Zaubereien aufzuführen. So rettet er seine Freundin aus mißlicher Lage und bekommt mit der Zeit Gefallen an der Realisierung kindlicher Allmachtsphantasien. Er kämpft gegen eine Gangsterbande, deren Boß den Namen Luzifer trägt usw. Kurz: Superman tut so, als hätte sein Vorbild Jesus auf die Versuchungen seinerzeit nicht Nein sondern Ja gesagt. Am Ende des 1. Teils des Films greift der – ohne Zweifel theologisch gut gebildete – Regisseur noch eine heikle Streitfrage aus dem Mittelalter auf. Bei einem Erdbeben kommt die Freundin von Superman ums Leben. Da fliegt Superman in den Weltraum und versucht die Zeit zurückzudrehen. Im Film laufen die Ereignisse jetzt nach rückwärts ab – also eingestürzte Brücken erheben sich wieder usw. Superman fliegt dann zu seiner Freundin und warnt sie vor dem drohenden Erdbeben.

Dies ist deshalb interessant, weil auch im Mittelalter schon die Frage aufgetaucht ist, ob Gott so allmächtig sei, daß er auch die Vergangenheit ungeschehen machen kann. Die Entscheidung der Theologen war natürlich: Er ist es nicht. Die Allmacht Gottes bezieht sich darauf, daß er einst die Welt geschaffen hat, nicht aber darauf, daß er im einzelnen, womöglich gegen die Naturgesetze dort eingreift, wo ihm einmal etwas nicht paßt.

Was wissen wir von Jesus?

Die moderne, fast naturwissenschaftlich orientierte Geschichtsforschung sieht weitgehend ab von allen mit der Person des Jesus von Nazareth verbundenen Glaubensproblemen. Diese Abstraktion hat Vor- und Nachteile. Die Vorteile liegen vor allem darin, daß wir uns ein genaueres Bild von den Lebensumständen, den Voraussetzungen, den politischen Situationen, den wirtschaftlichen Gegebenheiten und vielen anderen Umständen Jesu und seiner Zeitgenossen machen können. Wir können nach unseren Maßstäben und im Rahmen unseres Weltbildes feststellen, was damals geschehen sein kann oder nicht. Natürlich wird auch hier nicht immer Übereinstimmung zwischen den Wissenschaftlern erzielt werden können, da bei vielen Bemerkungen des Neuen Testaments nicht dabeisteht, wie sie zu interpretieren sind. Wurde Jesus beispielsweise nachts verurteilt, weil sein Prozeß nach den Aussagen der Schrift mit „der Stunde der Finsternis" zusammenfiel?

Fragt man aber nach den Bedeutungen der Wörter Licht und Finsternis im Neuen Testament, so überschreitet man früher oder später den Bereich exakter Geschichtswissenschaft und findet sich plötzlich mitten in jenen Problemen, die man so sorgfältig ausgeklammert hat, um Geschichtswissenschaft im modernen Sinn betreiben zu können. Hierin liegt der Nachteil der Methode. Ist Jesus ohne „religiöse Brille" überhaupt zu verstehen? Muß diese Frage verneint werden, wie kann man dann noch wissenschaftliche Aussagen über ihn machen? Ist da nicht eine Betrachtung der

Person Jesu notwendige Standpunktsache? Muß die Frage aber bejaht werden und braucht man also für das Verständnis der Person Jesu nicht notwendig eine religiöse Brille, wie kann dann die Wissenschaft so vieles, was er selber gesagt hat oder was ihm jedenfalls in den Mund gelegt wird, vernachlässigen und noch Wissenschaft sein? Oder wie will man exakte Wissenschaft betreiben und zugleich erläutern, was „Sohn Gottes" bedeutet? Was heißt das: „Gott ist die Liebe?" Was heißt überhaupt Gott? Welche „Wissenschaft" sollte diese Fragen beantworten?

Es ist ein Anliegen dieses Buches zu zeigen, daß die historisch-kritischen Methoden hier nicht ausreichen. Die Wissenschaft kann zwar helfen, den Sinn der Aussagen zu verstehen; umgekehrt stellen die Aussagen Jesu und des Christentums aber für die Wissenschaft eine Voraussetzung dar. Man kann natürlich auch im Rahmen der Wissenschaft die Frage stellen: Was wissen wir von Jesus? Welches Gewicht und welche Glaubwürdigkeit haben die Aussagen des Neuen Testaments über die Person Jesu und das, was er gesagt hat? Zu welchen Feststellungen kann man mit Hilfe der modernen Geschichtsforschung gelangen?

Man hat fast alle Probleme mit einem Schlag vorliegen, sobald man sich überlegt, was man denn über die Geburt Jesu auszusagen vermag. Schon das bloße Bemühen, einen Ort oder eine Jahreszahl festzustellen (von einem genauen Datum ganz zu schweigen), stößt auf erhebliche Schwierigkeiten – aber nicht etwa, weil es in den heiligen Schriften keine Datierungen gäbe, fast könnte man sagen: im Gegenteil. Geburt und Tod Jesu sind das einzige, was in den Evangelien genau datiert wird. Bei näherem Zusehen stellt sich jedoch heraus, daß die Evangelisten bei Feststellung eines Datums oder eines Ortes sicherlich nicht von unseren Motiven geleitet worden sind – und damit beginnen die Schwierigkeiten.

Die Geburtskirche Jesu steht heute in Bethlehem, rund zehn Kilometer südlich von Jerusalem. Bethlehem wird als Geburtsort in den Evangelien mehrmals erwähnt. Bei Matthäus 2,1 heißt es: „Als aber Jesus in Bethlehem in Judäa in den Tagen des König Herodes geboren war …" Auch Lukas 2,4 erwähnt Bethlehem als Geburtsort. Nach der damaligen Gewohnheit wurde der Geburtsort meist an den Namen angehängt, und man müßte nach der Darstellung des Matthäus wie des Lukas eigentlich „Jesus von Bethlehem" gesagt haben. Statt dessen gilt als Herkunftsort Nazareth. Bei dem Versuch, diese Diskrepanz zu erklären, liefern die Evangelien Widersprüche. Nach Lukas wohnen die Eltern Jesu in Nazareth und ziehen wegen der Volkszählung für kurze Zeit nach Bethlehem; nach Jesu Geburt kehren sie wieder nach Nazareth zurück.

Der Grund, in Judäa mit einer hochschwangeren Frau nach Bethlehem zu ziehen, ist recht eigenartig: Josef stammte aus dem Geschlecht Davids und wollte sich in der Stadt Davids „aufzeichnen" lassen; David wurde hier nach 1 Samuel 16,1–3 zum König gesalbt. Die Eigenschaft Bethlehems als Davids Stadt scheint nun auch der Grund zu sein, warum Lukas und Matthäus auf das Bethlehem im Lande Judäa als Geburtsort soviel Wert legen. Jesus von Nazareth wurde auf diese Weise mit dem Messias, der Davids Sproß sein sollte, in Zusammenhang gebracht. Matthäus sagt dies noch deutlicher als Lukas und zitiert das Alte Testament: „Denn du, Bethlehem im Lande Judas, bist nicht die Geringste, denn aus dir wird hervorgehen, der herrschen wird in Israel" (Mich. 5,1).

Nach Matthäus wohnen die Eltern Jesu ursprünglich in Bethlehem und lassen sich erst nach dem Kindermord, der Flucht nach Ägypten und der Rückkehr von dort in Nazareth nieder. Die Flucht nach Ägypten scheint ein typischer Beweis dafür zu sein, daß bei Matthäus die Geographie und die Geschichte im Dienst einer Heilskonzeption stehen: „Entscheidend für die Gestaltung von Matthäus 2 ist das Anliegen, Bedeutung und künftiges Schicksal der Person des Messias schon in den Ereignissen seiner Kindheit aufleuchten zu lassen", heißt es in einem Bibellexikon.[27] Die Flucht nach Ägypten sieht sehr nach einer „Konstruktion von rückwärts" aus, denn abgesehen von den technischen

Schwierigkeiten (eine Fahrt über das Meer war auch damals nicht billig und eine Reise durch die wasserlose Wüste Sinai, noch dazu mit einem Kleinkind, fast unmöglich), hätte man nicht bis Ägypten reisen müssen, um dem Einflußbereich des Herodes zu entgehen.

Ich habe dieses Motiv auch bei Kabarettisten immer wieder gefunden. So in einem – fiktiven – Leserbrief einer Faschingsausgabe: „Ihr Blatt berichtet sehr einseitig. Sie schreiben immer nur wenn ein berühmter Mann gestorben ist. Ich möchte von Ihnen auch darüber informiert werden, wenn ein berühmter Mann geboren wird."

Es war aber vermutlich auch gar nicht das Anliegen des Matthäus, eine in unserem Sinne historische Begebenheit zu schildern. Seine Konzeption wird sofort durchsichtig, wenn man die Geschichte mit den Magiern aus dem Morgenlande sowie die darauffolgende Flucht nach Ägypten mit der alttestamentlichen Geschichte des Mosesknaben vergleicht. Die Parallelen zwischen dem Pharao, der sich durch den neugeborenen Moses, den Führer des Volkes Israel, bedroht fühlt, und Herodes, der sich durch den eben geborenen Jesus, der die Verheißungen des Moses erfüllen wird, bedroht fühlt, sind auffallend: Sowohl Amram, dem Vater des Moses, als auch Josef, dem Vater Jesu, wird die Geburt und die Aufgabe des Sohnes im Traume angekündigt.

Herodes wie der Pharao hören von der Geburt „und erschrecken". Beiden erscheint das Kind als Konkurrent, der ihnen das Volk Israel entreißen wird. In beiden Fällen geht die Unruhe auf die Umgebung der Herrscher über. Der Pharao berät mit seinen Ratgebern und Astrologen, Herodes mit den Hohenpriestern und Gesetzesgelehrten. Beide beschließen, das Kind töten zu lassen. In beiden Fällen entgeht das Kind dem Mord, weil Gott beide Väter im Traume warnt. Und in beiden Geschichten stimmen gewisse Partien wörtlich überein. So erfährt Josef vom Tod des Herodes mit den gleichen Worten, mit denen Moses vom Tod des Pharaos erfährt: „Auf, kehre zurück nach Ägypten, denn alle Männer, die dir nach dem Leben trachteten, sind tot.' Moses nahm seine Frau und seinen Sohn, er setzte sie auf einen Esel und kehrte nach Ägypten zurück" (Ex. 4, 19–20). Bei Matthäus 2, 19–21 heißt es: „Nachdem Herodes gestorben war, erschien ein Engel des Herrn im Traume dem Josef in Ägypten und sprach: Auf, nimm das Kind und seine Mutter und ziehe in das Land Israel, denn die dem Kinde nach dem Leben trachteten, sind gestorben.' Da stand er auf, nahm das Kind und seine Mutter und zog in das Land Israel." Matthäus bezieht sich auch hier direkt auf das Alte Testament, indem er anfügt: „Damit erfüllt werde, was vom Herrn durch den Propheten gesprochen wurde, welcher sagt: Aus Ägypten habe ich meinen Sohn gerufen" (Os. 11, 1). Matthäus schildert die Geburt Jesu so, daß sie, wie sich das für den Messias gehört, mit Moses in eine Analogie gebracht wird. Sowohl Lukas als auch Matthäus geben einen Stammbaum Jesu, in dem nachgewiesen wird, daß Jesus, wie es für den Messias notwendig ist, aus dem Hause Davids stammt. Beide legen daher als Geburtsort Bethlehem in Judäa fest, die Davidstadt.

Durch den Stammbaum, durch die Analogie zu Moses, durch den Geburtsort und überhaupt durch die Erfüllung der alttestamentlichen Voraussagen wird deutlich, was Matthäus sagen will: Jesus ist der von den Propheten angekündigte Messias. Im Dienste dieser Aussage stehen alle geographischen und historischen Bemerkungen, die gemacht werden. Legt man die Maßstäbe der modernen naturwissenschaftlich orientierten Historie an, ergeben sich sofort Schwierigkeiten.

Noch größer werden die Schwierigkeiten, wenn man die örtlichen Angaben mit den zeitlichen in Zusammenhang bringt. Zentrale zeitliche Aussage bei Lukas und Matthäus ist die Geburt Jesu zur Zeit des Herodes, der über den neuen König der Juden „erschrak". Abgesehen von dieser Datierung, die auch nur bei Lukas und Matthäus vorkommt und im heilsgeschichtlichen Zusammenhang gesehen werden muß, kommen noch weitere zwei Hinweise für Datierungen in den Evangelien vor: die im Auftrag des Kaisers Augustus durchgeführte Aufzeichnung aller Bürger durch den Statthalter Quirinius und der Stern der Magier.

Herodes der Große starb nach unserem heutigen Wissen im Jahre 4 v. Chr. Zu seinen Lebzeiten ist eine Statthalterschaft des Quirinius nicht überliefert. Dagegen berichtet Flavius Josephus von einer Schätzung des Quirinius im Jahre 6 n. Chr. Tertullian wieder berichtet von einer Volkszählung, die der syrische Statthalter Sentius Saturninus 9 bis 6 v. Chr. durchgeführt haben soll. Diese Schätzung hat sich allerdings nicht mehr auf das Gebiet von Judäa erstreckt, das heißt also wohl auf Nazareth, aber nicht mehr auf Bethlehem in Judäa. Andererseits gibt es aber auch ein Bethlehem elf Kilometer westlich von Nazareth, vermutlich das eigentliche Geburts-Bethlehem. Erst Matthäus wollte aus Jesus einen Juden machen, der auch in Judäa geboren sein soll.

Noch problematischer als die Datierung mit Hilfe der Volkszählung ist eine solche mit Hilfe des „Sterns der Magier". Nach astronomischen Berechnungen gab es im Jahre 7 v. Chr. eine sogenannte große Konjunktion zwischen Jupiter und Saturn im Sternbild der Fische. Astronomen in Babylon hätten diese Konjunktion nach Meinung mancher Wissenschafter für bedeutsam halten können: „Die hellenistische Sterndeutung bezeichnet den Saturn als den Stern der Juden. Das Sternbild der Fische wurde der Endzeit zugeordnet. Wenn sich also Jupiter und Saturn im Sternbild der Fische begegneten, dann lag für die Magier folgende Deutung nahe: In Syrien, genauer im Judenland, erfolgte die Geburt eines Königs, des Herrschers der Endzeit."[28]

Wolfgang Trilling bemerkt allerdings zu dieser Deutung, meines Erachtens zu Recht, daß es nicht darauf ankäme, „festzustellen, was auch möglich wäre, sondern herauszufinden, was der Wortlaut selbst meint".[29] Der Wortlaut meint aber zunächst nicht eine Konjunktion von Jupiter und Saturn im Sternbild der Fische, sondern schildert einen „Stern, der vor ihnen (den Magiern) her zog, bis er hingelangte und über dem Ort, wo das Kind war, stehenblieb" (Matth. 2,9). Einen solchen Stern aber hat man bis heute noch nicht berechnen können. Auch Berechnungen über die

Zeit, wie lange Josef mit der Familie in Ägypten gewesen sein könnte oder ähnliches, führen zu keiner exakten Datierung in unserem Sinn, so daß man heute sagen muß: Wir wissen nicht, wann und wo Jesus von Nazareth geboren wurde. Das Geburtsjahr als das Jahr 0 wurde im 6. Jahrhundert in Rom von dem Abt Dionysius Exiguus festgestellt.

Vor ähnliche Schwierigkeiten stellen uns auch die übrigen Episoden der „Kindheitsgeschichten", wie die das Evangelium eröffnenden Partien bei Lukas und Matthäus heißen. Johannes und Markus beginnen ihren Bericht mit der Menschwerdung des Logos beziehungsweise mit Jesu erstem öffentlichem Auftreten, mit der Taufe im Jordan. Bei Lukas und Matthäus gehen dem Bericht über die Taufe aber noch eine Reihe von Geschichten voraus, über die heute die Meinungen stark auseinandergehen. Es ist oft festgestellt worden, daß Stil und Inhalt dieser Kindheitsgeschichten sehr an das Alte Testament erinnern. Sie haben den Charakter des Wunderbaren und direkt von Gott Kommenden. Gott gibt direkt oder durch Engel Anweisungen, Träume spielen eine entscheidende Rolle, alles, was geschieht, „erfüllt" irgendwie die Schrift, und die Menschen treten durch himmlische Boten mit der himmlischen Welt in Verbindung. Matthäus und Lukas bedienen sich hier, zum Unterschied von ihrem übrigen Werk, vorwiegend alttestamentlicher Stilgattungen. Ein Beispiel dafür sind die Ankündigungen: Die Person, die der Engel aufsucht, wird mit Namen gerufen (z. B. Abraham, Sarah usw.), irgendeine Schwierigkeit wird auf wunderbare Weise beseitigt (meistens die Unfruchtbarkeit bei den Müttern z. B. Isaacs oder Samsons), ein Zeichen verheißt die wunderbare Geburt, und das Kind trägt einen bedeutsamen Namen, der im Zusammenhang mit seinen späteren Leistungen steht.

Diesem Schema folgen nun auch die Verkündigungen der Kindheitsgeschichten, und es liegt nahe, sie als den Versuch zu werten, das Evangelium von Jesus mit dem Alten Testament in Zusammenhang zu bringen. Eine solche Absicht der Verfasser würde auch den Tenor des Wunderbaren erklären, der über diesem Teil der Evangelien – sehr im Gegensatz zum übrigen – liegt.

Nicht als Versuch, einen Zusammenhang mit dem Alten Testament herzustellen, läßt sich hingegen das Motiv der Jungfrauengeburt erklären. Nach Meinung mancher Forscher ist die jungfräuliche Geburt ein Kennzeichen orientalisch-hellenistischer Heilbringergestalten.[30] In Persien etwa hält Zarathustra an einer Überlieferung fest, die sich bis ins 4. vorchristliche Jahrhundert zurückverfolgen läßt, wonach das Prinzip des Guten über das Böse triumphieren wird dank eines Verbündeten, „der inkarnierten Wahrheit", der von „einer Jungfrau geboren werden soll, welcher sich noch kein Mann genaht hatte".[31] Es ist durchaus möglich, daß das Jungfrauenmotiv ursprünglich gefehlt hat (Paulus etwa, dessen Schriften älter sind als die Evangelien, weiß noch nichts von einer Jungfrauengeburt) und daß es aus dem Bestreben der beiden Evangelisten entsprungen ist, Jesus als Heilsbringer auch der griechisch-orientalischen Gedankenwelt nahezubringen.

Eine Jungfräulichkeit Mariens vor der Geburt Jesu sichert ihm außerdem den Titel „Erstgeborener". Der Erlösungsbeginn muß natürlich auch mit den Benefizien eines Erstgeborenen ausgestattet sein. Nur ein Erstgeborener konnte „Erbe" sein. Dies hing damit zusammen, daß die Aufteilung von Grund und Boden (anders als ein Auftrieb von Vieh bei Hirtennomaden) diesen bei vielen Kindern hätte rasch unter die Rentabilitätsgrenze einer Bewirtschaftung fallen lassen. Deshalb gab es immer nur einen Erben und dies war eben der „Erstgeborene". Nur wenn die Mutter vorher Jungfrau war – d. h. kein Kind vor dem Erstgeborenen zur Welt gebracht hatte – war jemand ein „Erstgeborener!"

Im Fall des Jesus gibt es hier eben noch einen tiefergehenden Zusammenhang mit der zentralen Aussage aller vier Evangelien: Jesus als der von Gott gesandte Offenbarer und Retter (wahrer Mensch und wahrer Gott) wird durch Geburt und Tod in seiner Bestimmung gekennzeichnet.

Interessant ist in diesem Zusammenhang, daß das Jungfrauenmotiv in der Entwicklung des Christentums zunehmend an Bedeutung gewinnt. Während es beim ältesten Evangelisten – wenn die Datierungen stimmen – bei Markus, sowie bei Paulus gänzlich fehlt, tritt es bei Lukas noch ohne Selbstzweck völlig im Dienste der Messianität Jesu auf: „Der Engel sprach [...] du sollst schwanger werden und einen Sohn bekommen, den sollst du Jesus nennen. Dieser wird groß sein und der Sohn des Allerhöchsten heißen. Gott der Herr wird ihm den Thron seines Vaters David geben, und er wird herrschen über Jakobs Haus in Ewigkeit, und seines Reiches wird kein Ende sein." Und was antwortet Maria? „Wie wird das geschehen, da ich keinen Mann erkenne?" Der Engel klärt sie auf: „Heiliger Geist wird über dich kommen, und die Kraft des Allerhöchsten wird dich überschatten. Darum wird auch das Heilige, das aus dir geboren wird, Sohn Gottes genannt werden" (Luk. 1,31–35). „Sohn Gottes" ist ein Name des Messias, und heilig ist das Kind, weil es von Gott kommt, und diese Herkunft ist zugleich das Motiv der Jungfräulichkeit Mariens. Sie bezieht sich bei Lukas nur auf die Zeugung Jesu und die Zeit davor.

Bei Matthäus tritt die Jungfräulichkeit zunächst als Problem Josefs auf. Erst nachdem Maria schwanger geworden ist und Josef offenbar nur an eine Untreue seiner Verlobten denken kann, erscheint der Engel als Erklärungsinstanz: „Als seine Mutter Maria mit Josef verlobt war, da fand sich, daß sie, ehe sie zusammenkamen, vom Heiligen Geist schwanger war. Josef aber [...] beschloß, sich [...] von ihr zu scheiden. [...] siehe, da erschien ihm ein Engel des Herrn im Traume und sprach: ‚Josef, Sohn Davids, scheue dich nicht, Maria, deine Frau, heimzuführen, denn das in ihr Gezeugte stammt vom Heiligen Geist.'" Dann klärt der Engel Josef auf, warum das geschehen müsse: „[...] damit erfüllt werde, was vom Herrn durch den Propheten gesprochen wurde, welcher sagte: Siehe, die Jungfrau wird empfangen und einen Sohn gebären, und man wird seinen Namen Emanuel nennen" (Isaias 7,14). „Das heißt übersetzt: ‚Gott mit uns.'" (Matth. 1,18–25)

Bei dem Isaias-Zitat ist es interessant, daß Matthäus entgegen einem sonstigen häufigen Gebrauch den Text des Zitates nicht dem hebräischen Alten Testament entnimmt, sondern hier der griechischen Übersetzung, der Septuaginta, den Vorzug gibt, da die griechische Übersetzung an Stelle des hebräischen „junge Frau" das Wort „Jungfrau" verwendet.

In einigen späteren apokryphen Evangelien wird dieses Motiv dann sehr zentral. Im Protoevangelium des Jakobus, das heute in die zweite Hälfte des 2. Jahrhunderts datiert wird, schildert der Verfasser ausführlich die Geburt und Kindheit Mariens. Mit drei Jahren wird sie als Tempeljungfrau in die Obhut der Priester gegeben: „Maria aber war im Tempel des Herrn wie eine Taube sich beköstigend und empfing Nahrung aus der Hand eines Engels" (Prot. Jak. 8,1). Mit zwölf Jahren mußte Maria den Tempel verlassen, „damit sie das Heiligtum des Herrn nicht befleckt". Unter den Witwern des Landes wird ein Wettbewerb ausgerufen. Jeder muß einen Stab mitbringen, „und wem der Herr ein Zeichen erteilt, dessen Frau soll sie sein". Josef gewinnt den Wettbewerb, weil aus seinem Stab plötzlich eine Taube herausfliegt. Er bekommt Maria, um sie jungfräulich zu bewahren. Mit 16 Jahren besucht sie wieder einmal den Tempel, wird dabei schwanger, und Josef kommt in große Schwierigkeiten. Weil er aber die Möglichkeit nicht ausschließen will, daß im Tempel doch ein „Engel" für die Schwangerschaft verantwortlich sei, klagt er sie nicht an: „Und Josef sagte bei sich, wenn ich ihre Sünde verberge, dann stehe ich da als einer, der gegen das Gesetz des Herrn streitet, und andererseits wenn ich sie den Kindern Israels anzeige, muß ich befürchten, daß das, was in ihr ist, vielleicht von Engeln stammt und ich als einer dastehen werde, der unschuldig Blut der Verurteilung zum Tode ausliefert. Was soll ich mit ihr anfangen?"

In dieser Situation erscheint wieder ein Engel, wie bei Lukas und Matthäus, und klärt Josef mit denselben Worten wie in den Evangelien auf. Daraufhin führt Josef Maria zur Geburt in eine einsame Gegend in die Nähe von Bethlehem, wo sie in einer Höhle das Kind zur Welt bringt. Hier erscheint dann erstmals das Motiv der Jungfräulichkeit auch für die

Zeit nach der Geburt. Josef bittet eine hebräische Hebamme, die vom Gebirge herabkommt, zu Maria in die Höhle. „Die Hebamme schrie auf und rief: ‚Groß ist der Tag heute für mich, daß ich dieses neue Schauspiel habe sehen dürfen', und die Hebamme verließ die Höhle. Da begegnete ihr Salome, und sie sagte zu ihr: ‚Salome, Salome, ein neues Schauspiel habe ich dir zu erzählen. Eine Jungfrau hat geboren, was doch ihre Natur gar nicht erlaubt.'" (Prot. Jak. 19, 3–20, 1)

Das Motiv der Jungfräulichkeit – hier bei Jakobus schon weit entfernt von den Evangelisten – erfuhr dann in der Tradition des Christentums seine dogmatische Formulierung. Im Brief Papst Leos I. aus dem Jahre 449 gegen Eutyches heißt es: „Vom Heiligen Geist ist er empfangen worden im Schoße der Jungfrau, und sie hat ihn ohne Beeinträchtigung ihrer Jungfrauenschaft geboren, wie sie ihn ohne Beeinträchtigung ihrer Jungfrauenschaft empfangen hatte."[32]

Die allgemeine Kirchenversammlung in Konstantinopel 553 spricht von der „immerwährenden Jungfrau Maria", die Kirchenversammlung im Lateran 649 faßt dieses Motiv dann juristisch: „Wer nicht ... bekennt ..., daß Maria ohne Samen vom Heiligen Geiste empfangen und unversehrt geboren hat, indem unverletzt blieb ihre Jungfrauenschaft auch nach der Geburt: der sei verworfen."[33] Das Tridentinum präzisiert dann (1555) das Motiv endgültig in der Fassung des apokryphen Evangeliums: Es wird die Meinung verurteilt, „daß sie nicht immer in unversehrter Jungfrauenschaft verblieben sei, nämlich vor der Geburt, in der Geburt und immerdar nach der Geburt".[34]

Dieser Blick auf die Tradition soll einmal – in vorläufiger Formulierung – drei Dinge verdeutlichen: erstens, daß bestimmte Motive in der christlichen Tradition neu akzentuiert werden können und ursprüngliche Randbemerkungen der Evangelisten unter Umständen zentralere Bedeutung gewinnen. Daraus folgt, daß unser heutiges Bewußtsein geradezu notwendig Texte des Neuen Testaments mit anderen Augen lesen muß, als dies früher der Fall war. Zweitens aber, daß es zwischen den Worten Jesu und der Abfassung der Evangelien bereits eine Entwicklung gab, die in der Darstellung des Geschehens ihren Niederschlag gefunden haben kann. Hier wird die Frage, ob es wirklich so geschehen sei, wie es dargestellt wurde, mehr als problematisch.

Drittens zeigt sich in der Entwicklung der schriftlichen Fixierung dessen, was Jesus gesagt und getan hat, eine Tendenz, die mit dem Wort „Vergegenständlichung" umschrieben sei. Diese Tendenz ist zunächst an der Entwicklung vom Lukasevangelium zum Protoevangelium des Jakobus festzustellen. Noch bei Paulus heißt es: „Als die Fülle der Zeit gekommen war, entsandte Gott seinen Sohn. Er wurde geboren von einem Weibe und wurde untertan dem Gesetz, damit er die loskaufe, die dem Gesetz unterstanden, und damit wir an Kindes Statt angenommen würden" (Gl. 4, 4–6). Lukas will die Heiligkeit des aus Gott Geborenen mit dem Epitheton Jungfrau für dessen Mutter betonen, Jakobus aber führt diese „Eigenschaft" in allen Einzelheiten aus und leitet damit eine Entwicklung des Christentums ein, die bis heute die Differenz zwischen dem Sinn eines Ereignisses und seiner gegenständlichen Darstellung in schriftlicher Fixierung nicht überwinden kann.

Dazu kommt noch, daß die Evangelien auch taktische Absichten verfolgten, heute würde man sagen: von PR-Strategen geschrieben wurden. So hat etwa das Lukasevangelium die Aufgabe, das Evangelium den Römern näherzubringen. Paulus hat ja sein „Marketingkonzept" explizit formuliert: „Den Juden bin ich ein Jude, den Griechen ein Grieche, den Heiden ein Heide usw." Gerade weil Lukas nicht genau wußte, wann und wo Jesus geboren wurde, konnte er umso leichter die Geburtsgeschichten in den Dienst einer römerfreundlichen Strategie stellen: Die Christen waren zur Zeit der Abfassung des Evangeliums schon unangenehm im römischen Reich aufgefallen. Es konnte nicht schaden, ihren Gründer als römerfreundlich darzustellen. Wenn die Geschichte damit beginnt, daß Josef und Maria die Befehle der römischen Regierung befolgen, haben es die Christen leichter.

Auch später spricht Jesus bei Lukas eher römerfreundlich: „Gebt dem Kaiser was des Kaisers ist und Gott was Gott gehört." (Lukas 20, 25)

Auch weitere biographisch interessante Daten des Lebens Jesu sind nicht oder nur schwer und ungenau zu rekonstruieren. Lukas erwähnt, daß „Jesus, als er zu wirken anfing, ungefähr dreißig Jahre alt war" (Luk. 3, 23). Diese Notiz ist jedoch als Altersangabe wieder sehr umstritten. Denn dreißig Jahre war das Idealalter in der Antike und im Alten Testament. „Josef war dreißig Jahre, als er vor den Pharao, den König von Ägypten, trat" (Gen. 41, 46), „David war dreißig Jahre alt, als er König wurde" (2 Sam. 5, 4), Ezechiel wird mit dreißig zum Propheten berufen usw. Von diesem Idealalter sagt aber Lukas, daß es für Jesus nur „ungefähr" zutrifft.

Die einzige direkte Jahresangabe in den vier Evangelien bezieht sich außerdem nicht auf das Auftreten Jesu, sondern auf den Beginn der Wirksamkeit Johannes' des Täufers: „[…] im fünfzehnten Jahr der Regierung des Kaisers Tiberius … erging Gottes Ruf an Johannes" (Luk. 3, 1). Auch hier gibt es verschiedene Berechnungen dieses Jahres, da oft als das erste Jahr eines Herrschers nur das laufende seines Regierungsantritts bezeichnet wird und nicht das volle Jahr. Das fünfzehnte Jahr der Regierung des Kaisers Tiberius wäre demnach zwischen 1. Oktober 27 und 18. August 29 einzugrenzen. Wie weit das Auftreten Jesu und das Auftreten des Johannes zeitlich auseinanderliegen, ist nicht bekannt. Johannes hatte jedenfalls schon einen ansehnlichen Jüngerkreis um sich versammelt, als Jesus eben erst „anfing". Jesu Auftreten kann somit ungefähr zwischen 27 und 33 n. Chr. eingegrenzt werden. Als Jahr des Todes kommt 30, 33 oder 36 n. Chr. in Betracht, da während der Regierungszeit des Pontius Pilatus (26 bis 36 n. Chr.) der 14. Nisan (jüdischer Monatsname für April) nur dreimal, nämlich in den Jahren 30, 33 und 36, auf einen Freitag fiel. Diese Argumentation setzt aber voraus, daß der Kalender damals genau reguliert wurde. Differenzen ergeben sich auch hier zwischen der Datierung der Synoptiker (14. Nisan) und Johannes (15.

Nisan). Möglicherweise handelt es sich um verschiedene Zählweisen, doch konnte auch dieser Widerspruch noch nicht befriedigend geklärt werden. Nach Josephus war die Festnahme des Johannes des Täufers auch im Jahre 33/34. Jesus begann dann erst 34 zu lehren und seine Kreuzigung wäre dann am 30. März 36 n. Chr. erfolgt.

Somit kann auch die Dauer der Wirksamkeit Jesu nicht mit Sicherheit angegeben werden. Die meisten Historiker nehmen ungefähr drei Jahre an, doch kann es auch länger oder kürzer gewesen sein. Große Schwierigkeiten ergeben sich auch bei der Bestimmung der Orte, an denen Jesus gewirkt hat, oder bei der Rekonstruktion seines Reiseweges. Auch das „geographische Interesse" der Evangelisten steht offenbar im Dienste ihrer Theologie. Wohl werden gelegentlich Ortsnamen genannt, doch sind dies meist nicht in unserem Sinne tatsächlich Ortsangaben. Oft sind die unklaren Zeitangaben mit unklaren Ortsangaben gekoppelt. „In jener Zeit" oder „damals", heißt es dann, „ging er weiter" oder „begann am See zu lehren". Aber selbst so beiläufige Wendungen wie „im Hause" oder „draußen" haben gelegentlich eine theologische Bedeutung. So fällt auf, daß Jesus einen Unterschied macht zwischen der Belehrung der Jünger und der Belehrung des Volkes. Den Jüngern erklärt er oft vieles, was er dem Volk nur in Gleichnissen mitteilt. Die „Sonderoffenbarung an die Jünger"[35] erfolgt „im Hause" (oikia). Das Haus, der geschlossene Raum, symbolisiert bei Markus das Nichtöffentliche. Es ist ein Bild dafür, daß Jesus und seine Lehre sowohl verborgen als auch nicht verborgen sein kann. Dies hängt von der Einstellung ab, die die Menschen seiner Lehre und ihm selbst entgegenbringen. Diese Einstellung wird aber wiederum durch die Geographie symbolisiert. „In Galiläa", sozusagen im Heidenland, erfolgt die Offenbarung, erscheint das Heil. „In Jerusalem", dem Zentrum der Religion, wird Jesus endgültig abgelehnt.

Manche Forscher[36] sehen in dem Gegensatz von Galiläa und Jerusalem noch eine Wirkung der beiden Urgemeinden, die in den ersten Jahrzehnten nach Jesu Tod getrennt bestanden haben. Außerdem muß man beachten, daß Namen und Orte bei verschiedenen Evangelisten eine verschiedene Bedeutung haben können. So spielt etwa der „Berg" bei Matthäus eine andere Rolle als bei Lukas. Bei Lukas ist er der Ort des einsamen Gebetes, wohin sich Jesus zurückzieht, bei Matthäus der Ort der Offenbarung (z. B. bei der Bergpredigt).

Viele Details führen bei näherem Zusehen in tiefere Zusammenhänge. So berichten alle vier Evangelisten, daß Jesus am Palmsonntag auf einem Esel in Jerusalem eingeritten sei. Der „Einzug in Jerusalem" ist seit langem Problem der Exegeten und Angriffspunkt der Kritiker. Zunächst müßten „politische" Schwierigkeiten des Einzuges aufgetreten sein. Es heißt bei Johannes (12,12–13): „Als am folgenden Tage das zahlreich zum Fest gekommene Volk vernahm, Jesus komme nach Jerusalem, nahmen sie Palmzweige und zogen ihm entgegen ..." Dazu bemerkt Werner Koch: „In Jerusalem wachsen aber keine Palmen; sind sie also extra importiert worden? Zudem war die Palme zur Zeit Jesu das Symbol des Triumphes, das Ehrenzeichen des siegreichen Feldherrn. Wollte Jesus als Imperator gelten? Und hätten die römischen Soldaten seinem Triumphzug tatenlos zugesehen, wo gerade zur Passahzeit immer politische Unruhen in Jerusalem waren?" Dies erscheint sehr unwahrscheinlich. Außerdem: „Wenn Jesus wirklich eine Ovation nach der anderen empfangen haben soll, mußte ihn dann nicht jedermann kennen? Warum bedurfte es dann noch des Judas, der dem Verhaftungskommando ja nicht nur den Aufenthaltsort des steckbrieflich gesuchten Pseudopropheten verriet, sondern Jesus auch noch küssen mußte, damit die Häscher überhaupt wußten, wen sie gefangennehmen sollten?"[37]

Abgesehen von den Schwierigkeiten, die Jesus mit den Römern haben mußte, wenn er vom Volk als König Israels („Hosanna dem Sohne Davids, dem König Israels") proklamiert wurde, mußte Jesus angeblich auch noch Schwierigkeiten mit dem Reittier haben: Nach Matthäus sind es nämlich zwei Tiere, die von den Jüngern für Jesus requiriert werden, eine Eselin und ein junges, nach Markus, Lukas und Johannes ist es nur ein Eselfüllen.

Die Darstellung hat einen sehr guten Sinn, und die Interpretation wird bei Matthäus und Johannes gleich mitgeliefert. Beide beziehen nämlich die Ankunft Jesu in Jerusalem auf die Weissagung des Alten Testaments, wo es heißt: „Juble laut, Tochter Zion, jauchze, Tochter Jerusalem! Siehe, dein König kommt zu dir, gerecht und siegreich. Demütig ist er und reitet auf einem Esel, auf dem Füllen einer Eselin […]" (Zacharias, 9, 9–10)

Der Esel ist das Reittier der früheren einfachen Fürsten Israels, das Pferd war zum Symbol der stolzen, kriegstüchtigen Könige geworden. Deshalb hat der Prophet vom Messias vorausgesagt, daß er auf einem Esel in Jerusalem einziehen werde, da sein Reich ja nicht auf irdischer Macht und irdischem Glanz aufgebaut sein sollte.

Der Einzug in Jerusalem wird also wie alle wichtigen Ereignisse im Leben Jesu mit dem Alten Testament in Zusammenhang gebracht. Jesus erfüllt die Weissagungen der Propheten, und dazu ist es notwendig, daß er auf einem Eselfüllen in Jerusalem einreitet. Schwierigkeiten ergeben sich erst, wenn man diese Darstellung ihres Motives entkleidet und als Reportage eines Ereignisses auffaßt. Jerusalem ist dann nicht der Ort, an dem sich das Schicksal Jesu und des Alten Bundes erfüllt, sondern bloß eine von den Römern besetzte Stadt in Palästina und der Ritt auf dem Eselfüllen nicht mehr die Darstellung einer Weissagung, sondern „nur" ein Reiterkunststück.

Am schönsten kann man diese „moderne" oder „wissenschaftliche" Betrachtungsweise bei David Friedrich Strauß studieren. Er schreibt in seinem „Leben Jesu": „Das auffallendste in diesen Berichten ist offenbar die Angabe des Matthäus, daß Jesus nicht bloß, da er doch nur allein reiten wollte, zwei Esel requiriert, sondern auch wirklich auf beide sich gesetzt haben soll." Wie erklärt er diesen Widerspruch? „Das Muttertier soll Jesus mit dem Füllen, auf welchem er eigentlich reiten wollte, haben holen lassen, damit das junge, noch saugende Tier desto eher gehen möchte. Oder soll die an das junge gewöhnte Mutter von selbst nachgelaufen sein? Allein ein noch durch Saugen an die Mutter gewöhntes Tier gab der Eigner schwer zum Reiten her."[38]

Strauß nimmt die Worte im Evangelium als Reportage und verändert damit nicht nur wesentlich ihren Sinn, sondern kommt auch notwendig zu skurrilen Schlußfolgerungen: „Laut seiner Worte muß sich der Evangelist vielmehr vorgestellt haben, Jesu sei auf zwei Tieren geritten, was als abwechselndes Reiten auf dem einen und anderen gedacht für eine so kurze Strecke eine unnötige Unbequemlichkeit gewesen wäre […]."

Matthäus kennt also zwei Esel, das Muttertier und das Füllen. Versucht man aber die Schwierigkeiten dadurch zu lösen, daß man die Darstellung der anderen drei Evangelisten bevorzugt, die nur vom Eselfüllen sprechen, ergeben sich nach Strauß neue Probleme: denn „man begreift hier nicht, wie sich Jesus das Vorwärtskommen durch die Wahl eines noch nicht zugerittenen Tieres absichtlich erschweren mochte […]."[39]

Diese durch Auffassen des Evangelienberichtes als Reportage bewirkte Fragestellung reicht bis in die Gegenwart, wo das wissenschaftliche, 1966 erschienene „Theologische Wörterbuch zum Neuen Testament" unter dem Stichwort „Polos" die Stelle bei Matthäus (21,5 und 7) damit erklärt, daß „der Evangelist offenbar an einen orientalischen Thronsitz über zwei Tieren denkt".[40]

Detailerzählungen, Orts- und Zeitangaben, Feststellungen von Zusammenhängen, Namen und ähnliche Angaben wurden von den Evangelisten nicht um der wissenschaftlichen (geographischen, historischen usw.) Genauigkeit oder um einer touristischen Neugierde willen angeführt, sondern haben fast immer einen besonderen theologischen Sinn. Damit soll keineswegs behauptet werden, daß Ereignisse oder Namen bloße Erfindungen der Evangelisten darstellen. Vieles hat sogar durch die moderne Archäologie seine Bestätigung erfahren. So konnte etwa 1932 der nur bei Johannes 5,2 und sonst nirgends erwähnte Bethesda-Teich in Jerusalem ausgegraben werden. Trotzdem wurde er von den Evangelisten nicht erwähnt, um eine Begebenheit zu lokalisieren, sondern um die Andersartigkeit der Heilung Jesu (in diesem Falle sogar im Zusammenhang mit der Nichteinhaltung des Sabbatgebotes) gegenüber den heilkräftigen „Wallungen" des Teiches zu betonen.

Die Alternative: Entweder ist alles so geschehen, wie es in den Evangelien steht, dann können wir auch ein Leben Jesu rekonstruieren, oder es ist das meiste eine Erfindung der Evangelisten, scheint nicht sehr schlüssig zu sein. Das wäre sie nur vom Reportagegedanken her. Ganz offensichtlich handelt es sich hier aber nicht um Reportagen von Ereignissen, die vor rund 2000 Jahren geschehen sind. Betrachtet man die Evangelien als Tatsachenberichte, so ist die Ausbeute für ein „Leben Jesu" sehr gering. Wir wissen nicht, wann, wo und weshalb Jesus was gesagt hat. Eigentlich, so müßte man sich dann eingestehen, ist nichts sicher. Seine Herkunft ist unklar, der Ort der Geburt, die Kindheit, die Zeit des ersten Auftretens, die Reiseroute, all das kennen wir nicht genau. Von den Zeitgenossen wird Jesus nirgends erwähnt, und die Evangelien enthalten Widersprüche und Ungereimtheiten.

Wozu aber will man genau wissen, was damals geschehen ist? Die Neugierde an der Rekonstruktion der Details also z. B. Aussehen Jesu, seine Lebensgewohnheiten, seine Beziehungen etc. entspringt eigentlich einem Unglauben, d. h. einem Abstrahieren vom Wesentlichen: die Erlösung des Menschen von Fremdbestimmung durch Hinweis auf seine Eigenverantwortlichkeit.

Durch diese Erlösung können die Menschen einander als freie Wesen (ens a se) nehmen – wodurch Liebe, heute Konsens möglich wird.

Es ist für diesen Gedanken daher z. B. auch völlig unerheblich, ob etwa das Turiner Grabtuch tatsächlich ein Abbild des Gesichtes Jesus zeigt oder nicht. Im Gegenteil: Alle Details des „praktischen" Jesu als historische Person lenken ab vom Grundgedanken des „Christus", der in uns auferstanden ist als Einheit von Gott und Mensch. Ich halte daher das alte Jüdische Gebot, sich von Gott kein Bild machen zu dürfen, für ein wesentlich moderneres Verständnis der Erlösung als etwa Forschung nach historischen Details.

Viel wichtiger als die Vergangenheit scheint mir aber die Zukunft der Erlösungsreligionen zu sein. Ich habe vor, in einem 2. Band diese Gedanken auszuführen. Dazu im letzten Kapitel einige Skizzen.

Ausblick

Mir erscheinen die Gedanken des Jesus von Nazareth heute aktueller denn je. Vielleicht sollte man sie nicht unabhängig von den anderen Erlösungsreligionen betrachten, sondern die Ähnlichkeiten vergleichen. In Zeiten des Internet könnte dies zu großräumigen Entwicklungen führen, da ja durch dieses Medium tatsächlich jeder einzelne am Prozeß der Geschichte teilhaben kann und sich nicht in einer Kaskade von Autoritäten unterordnen muß. Gott ist sozusagen individuell geworden. Was mit der Naturwissenschaft begann, daß jeder einzelne alles überprüfen können muß, was als wahr gelten soll, ist heute politisches Programm geworden. Niemand muß mehr Sklave sein, alle wichtigen Entscheidungen können im Konsens getroffen werden.

Bis zur Realisierung dieser Gedanken weltweit ist sicher noch ein weiter Weg zurückzulegen. Dennoch gibt es schon erste Ansätze. Es scheint so als ob es heute die Sozialwissenschaften sind, die es den Menschen ermöglichen, die Metaebene zu erreichen und damit eine neue Runde der Selbstbestimmung einzuläuten. Rein theoretisch haben das die Philosophen immer gesagt, praktisch wirklich werden kann es heute.

Wie schon im 1. Kapitel zitiert, ist bei Aristoteles erstmals explizit von „Selbstbestimmung" die Rede: Als freiwillig darf das gelten, dessen bewegendes Prinzip in dem Handelnden selbst liegt. Nur dann, so meint Aristoteles, seien Menschen für ihre Handlungen auch zur Verantwortung zu ziehen, wenn es eine Freiheit gibt. Um die zu erreichen, muß aber eines entwickelt werden: Die Kenntnis seiner selbst: „Selbstverständlich darf einer nicht in Unwissenheit sein über die handelnde Person: Wie könnte er sich selbst nicht kennen?" (III 1a)

Dieser erste Anfang zur Reflexion der eigenen Situation wirkte allerdings mehr auf die spätere Geschichte als in die Breite der Bevölkerung des Römischen Reiches. Mit der Entstehung des Christentums kam das antike Weltbild dann endgültig in die Krise. Wieder traten im Wandel eine Anzahl großer Philosophen hervor, die versuchten, diese Krise zu bearbeiten. Und wieder war die zentrale Aussage: Der Mensch, der Gottebenbild sei, müsse sich selbst bestimmen. Augustinus sagte: „Inscende in te et transcende te." Die Gottheit ist in dir, nicht in einem Jenseits. Für die (in diesem Fall römischen) Götter hatte er nur noch Spott übrig:

„Wenn Mann und Frau die Ehe schließen, wird der Gott Jugatinus (von iugare = verbinden) bemüht, das kann man noch erträglich finden, aber die Braut muß ins Haus geführt werden, und dazu wird der Gott Domicius benötigt; damit sie auch häuslich sei, braucht man den Gott Dominicius (von domus = Haus), damit sie bei dem Manne bleibt, muß die Göttin Manturna dazukommen […]." Dann ätzt der Kirchenmann: „Man nehme doch Rücksicht auf das Schicklichkeitsgefühl und überlasse das übrige dem Naturtrieb von Fleisch und Blut und der Scham. Was füllt man das Schlafgemach mit einem Schwarm von Gottheiten an, wo doch selbst die Brautführer sich zurückziehen?" Jede Handlung wird durch einen eigenen Gott symbolisiert. Gott Subigus heißt „Bezwinger", Göttin Prema heißt „drücken" und Göttin Pertunda heißt „durchsetzen": „Aber wenn die Göttin Virginiensis da ist, der Jungfrau den Gürtel zu lösen, der Gott Subigus, damit sie sich der Umarmung des Mannes unterwerfe, die Göttin Prema, damit sie ihr stillhalte, was soll dann noch die Göttin Pertunda? Schäme sie sich und hebe sie sich von dannen! Mag auch der Mann etwas tun! Ist es doch unanständig, wenn jemand anders als er das tut, wonach sie benannt ist." (Augustinus, De civitate dei, Buch VI, Kap. 9)

Deutlich wird hier übrigens schon das Prinzip, für verschiedene Handlungszusammenhänge eine einheitliche Erklärung zu finden. Im Mittelalter war für alles eine eigene „Kraft" zuständig, die vis dormitiva half für das Schlafen etwa. In der Neuzeit hatte man dann „Triebe", die das Handeln der Menschen bestimmten. Sogar für den Tod gab es einen eigenen „Todestrieb".

Die Götter, die den Menschen die Frage beantworteten „Was soll ich tun?" sind nun zwar verschwunden, an ihre Stelle aber trat die Kirche, auch nicht gerade zurückhaltend im Aufstellen von Regeln für das Verhalten. Die großen Philosophen der Scholastik traten erst auf den Plan, als die Völkerwanderung zu Ende war und das Christentum aus der Oppositionsrolle (wie noch bei Augustinus) tragende Weltanschauung des Abendlandes geworden war. Hier wird das Prinzip des bewußten Handelns als zentrales Prinzip der Welterklärung angenommen:

„Alle Dinge erreichen in der Regel stets das Beste. Das beweist aber, daß sie nicht zufällig, sondern irgendwie absichtlich (ex intentione) ihr Ziel erreichen. Die vernunftlosen Wesen sind aber nur insofern absichtlich, d. h. auf ein Ziel hin tätig, als sie von einem erkennenden geistigen Wesen auf ein Ziel hingeordnet sind, wie der Pfeil vom Schützen." Und der Aquinate schließt: „Es muß also ein geistig-erkennendes Wesen geben, von dem alle Naturdinge auf ihr Ziel hin geordnet werden: und dieses nennen wir ‚Gott'." (Thomas von Aquin, Summa theologica, 1. Buch, Kap. 2,2)

Gott wird auch von Thomas als „ens a se" bezeichnet, also ein Wesen, das aus sich selbst heraus ist. Insoweit der Mensch Ebenbild Gottes ist, ist natürlich auch er einer, der sich selbst bestimmt.

Gegen die in der Folge alles bestimmende und daher auch fremdbestimmende Kirche traten am Beginn der Neuzeit die Naturwissenschaften auf. Die Krise der katholischen Kirche, die den Menschen immer mehr und unsinnigere Regeln auferlegte, führte damals ja zur Spaltung (Luther). Der Streit entzündete sich wiederum an der alten Frage: Wer ist eigentlich Herr über Gut und Böse? Das individuelle Gewissen (Luther, Sokrates) oder die Regeln der Kirche? Die Aufklärer, besonders aber die neuzeitlichen Naturwissenschaften (Kopernikus, Bruno, Galilei und Newton) wollten wiederum den einzelnen Menschen selber als letzte Instanz installieren: Nur was jeder selbst wahrnehmen und überprüfen kann, was sich jederzeit reproduzieren läßt, ist wahr (und objektiv) und daher wissenschaftlich erforschbar. Das Subjektive, das Einmalige, das Hier und jetzt etc. sollten nicht mehr Gegenstand der (natur)wissenschaftlichen Forschung sein.

Dieses Prinzip war vor allem durch seine Anwendung in der Technik sehr erfolgreich und hat sich dann in der europäischen Wissenschaft sozusagen überkomplett durchgesetzt. Mit der Zeit galt nur das als wissenschaftlich, was den Kriterien der Naturwissenschaft genügte.

Mit der französischen Revolution und dem Zusammenbruch des Weltbildes des feudalen christlichen Abendlandes kamen die großen Transzendentalphilosophen. Kant, Hegel und Marx legten jenes Weltbild fest, das heute in die Krise gekommen ist: der Mensch, der sich selber machen kann. Bei Kant war dabei explizit die heute sogenannte „Metaebene" angesprochen: „Ich nenne alle Erkenntnis transzendental, die sich nicht sowohl mit Gegenständen, sondern mit unserer Erkenntnisart von Gegenständen, sofern diese a priori möglich sein soll, überhaupt beschäftigt." (Kant, Kritik der reinen Vernunft. B 49)

Wiederum ist es die Reflexion auf sich selbst, die durch die Aufklärung in der Krise des (feudalen) abendländischen Weltbildes notwendig wird. „Aufklärung ist der Ausgang des Menschen aus seiner selbstverschuldeten Unmündigkeit." (Kant) Damit ist gruppendynamisch formuliert die prozeßorientierte Funktion der Reflexion bereits angesprochen und ein Ziel angegeben: Überwindung der Unmündigkeit. Kant weiter: „Unmündigkeit ist das Unvermögen, sich seines Verstandes ohne Leitung eines anderen zu bedienen. Selbstverschuldet ist diese Unmündigkeit, wenn die Ursache derselben nicht am Mangel des Verstandes, sondern der Entschließung und des Mutes liegt, sich seiner ohne Leitung eines anderen zu bedienen." An anderer Stelle schreibt Kant:

„Faulheit und Feigheit sind die Ursachen, warum ein so großer Teil der Menschen, nachdem sie die Natur längst von fremder Leitung frei gesprochen (naturaliter majorennes), dennoch gern zeitlebens unmündig bleiben; und warum es anderen so leicht wird, sich zu deren Vormündern aufzuwerfen. Es ist so bequem, unmündig zu sein." (Kant: „Was ist Aufklärung?")

Zur Aufklärung gehört, so sagt Kant, auch „nichts als die Freiheit, von seiner Vernunft in allen Stücken öffentlich Gebrauch zu machen". „Selbst denken heißt: den obersten Grund der Wahrheit in sich selbst (d. i. in der eigenen Vernunft) zu suchen." Ohne diese Selbstbestimmung im Denken, so meint Kant weiter, nützen auch Revolutionen nichts.

„Durch eine Revolution wird vielleicht wohl ein Abfall von persönlichem Despotismus und gewinnsüchtiger oder herrschsüchtiger Bedrückung, aber niemals wahre Reform der Denkungsart zustande kommen, sondern neue Vorurteile werden, ebenso wie die alten, zum Leitbande dienen." (Kant: „Was ist Aufklärung?")

Wie man sieht, es ist eigentlich immer wieder dasselbe, was die Philosophen sagen: ob mit oder ohne Gott (inscende in te et transcende); ob mit oder ohne Kirche, ob mit oder ohne Autorität jeder Art. Aus Krisen kommt man nur durch Selbstbestimmung heraus, und diese erreicht man durch Reflexion auf die Voraussetzungen. Dazu gehört Mut und es ist anstrengend. Im Prinzip ist es die alte Weisheit des Essens vom Baum der Erkenntnis, die den Menschen gottebenbildlich macht. Allerdings um den Preis des Verlustes des Paradieses.

In der Gegenwart gibt es vor allem im Rahmen der Sozialwissenschaften, aber auch der Medien viele Reflexionsvarianten, um die Metaebene zu erreichen. Im Prinzip operationalisieren sie die alte aristotelische Forderung: nicht in

Unwissenheit über die eigene handelnde Person zu sein. Man könnte hinzufügen: insofern sich diese eigene Person in einem Kommunikationsprozeß mit anderen befindet.

Selbstreflexion ist daher Voraussetzung der Selbstbestimmung, so wie die Reflexion der Naturgesetze Voraussetzung für die Technik ist. Diese Selbstreflexion kann aber nicht allein eine des Individuums sein, sondern sie ist eine eines sozialen Systems, d. h. zunächst der Gruppe, später der Organisation.

In der Gruppendynamik etwa wird die Grundidee der Philosophen nur in Form einer handhabbaren Methode sozusagen operationalisiert. Wenn es bei den Philosophen der Neuzeit noch heißt, daß Subjekt und Objekt der Betrachtung in eines zusammenfallen, so ist dies in der Gruppendynamik realisiert. So heißt es etwa bei Fichte: „Die Intelligenz, als solche, sieht sich selbst zu; und dies sich selbst Sehen ist mit allem, was ihr zukommt, unmittelbar vereinigt, und in dieser unmittelbaren Vereinigung des Seins und des Sehens besteht die Natur der Intelligenz. Was in ihr ist, und was sie überhaupt ist, ist sie für sich selbst; und nur, inwiefern sie es für sich selbst ist, ist sie es als Intelligenz."

Erst durch diese Einheit von Betrachter und Betrachteten ist es möglich, das Ziel der Freiheit zu erreichen, wie Fichte es nennt: „Das Ich bestimmt sich selbst." (Fichte, Grundlage der gesamten Wissenschaftslehre II. Teil § 4)

Fichte spricht hier noch von der Intelligenz und nicht von den Emotionen. Außerdem hat er uns nicht verraten, wie das praktisch geht. Es gibt dazu sicher viele Möglichkeiten. Eine davon ist die in der Gruppendynamik entwickelte T-Gruppe mit ihrem Versuch, im Hier und Jetzt durch die Selbstthematisierung eine Einheit von Beobachter und Beobachteten herzustellen. Diese „Einheit" (ursprüngliche, synthetische etc.) wird in der Systemtheorie dann die „Ebene von Beobachtungen zweiter Ordnung" genannt.

Historisch entstanden ist diese T-Gruppe ja dadurch, daß die Beobachter einer Gruppe durch die Bekanntgabe der Beobachtung die Situation der Gruppe verändert haben. Die veränderte Situation wurde wieder beobachtet, wodurch sich die Situation neuerlich veränderte. Schließlich wurden die Beobachter in die Gruppe integriert. Die Thematisierung einer Situation, ihre Interpretation sowie die Schlußfolgerungen daraus und die Konsequenzen dieser Schlußfolgerungen lassen eine neue Situation entstehen. Diese kann wieder beobachtet werden usw. Den gesamten Ablauf nennt man in der Gruppendynamik den „Gruppenprozeß".

Dieser Gruppenprozeß stellt meines Erachtens auch die neuen Verifikations- und Falsifikationskriterien dar. In Zukunft wird diese Frage in den Sozialwissenschaften eine große Bedeutung gewinnen. Um das zu differenzieren, müssen einige Zusammenhänge beleuchtet werden:

Alle sozialen Assoziationsformen brauchen ein Ordnungsprinzip. Eines davon ist das Ranking in Gruppen. Es ist z. B. mit Hilfe von Soziogrammen bevorzugtes Thema der Reflexion im Gruppenprozeß. Das Ranking hatte stammesgeschichtlich eine große Bedeutung, weil über die Privilegien der Alpha-, Beta-Position (so nennt man die obersten Positionen im Ranking) usw. der Selektionsprozeß gesteuert wurde. Die obersten Positionen in jedem Sozialgebilde haben bevorzugten Zugang zu Nahrung, Fortpflanzung usw. Damit war gewährleistet, daß ihre Eigenschaften mit höherer Wahrscheinlichkeit an Nachkommen weitergegeben werden konnten als etwa die Eigenschaften der Omega-Positionen (die „letzte" Position).

Wie kommt man nun in die Alpha-Position? Es sind in der Gruppe immer diejenigen, die für die Gruppe wichtige Funktionen erfüllen. (Vgl. dazu Schwarz, „Die Heilige Ordnung der Männer", Westdeutscher Verlag, 3. Aufl. 1999). Damit paßt sich die Gruppe an ihre Umwelt an.

Auf Umweltveränderungen reagieren die Gruppen (oder Sozialgebilde) daher zunächst mit Ranking-Konflikten. Diese Konflikte haben vor allen anderen Prozessen Vorrang, weil sie die Adaptionsoptimierung gewährleisten. Erst die wieder richtig (d. h. mit den richtigen Personen in den richtigen Positionen) adaptierte Gruppe kann sich dann ihren Zielen und Aufgaben widmen. Diskussionen auf der emotionalen Ebene stören jede Sachdiskussion. Ruth Cohn hat deshalb für die Gruppendynamik den Vorschlag gemacht, das Motto einzuführen: „Störungen haben Vorrang." Ein sehr erfolgreiches Motto, nach meiner Erfahrung.

Natürlich gibt es auch in der Wissenschaft und vor allem zwischen den Wissenschaften Rangkonflikte. Denn auch hier – oder sogar: hier besonders – ist die Frage wichtig: Welche Methode ist die beste? Wann gilt etwas als verifiziert und wann als falsifiziert? Nach dem Verhalten oder den Werten der Alpha-Position richten sich dann die anderen Mitglieder des Sozialgebildes. Ohne diese Orientierung entsteht große Unsicherheit. Schon Freud hat übrigens darauf hingewiesen, daß man einem Häuptling Machtmißbrauch eher verzeiht als Führungsschwäche. Unterdrückung ist meist leichter zu ertragen (bzw. man kann sich besser dagegen wehren) als Unsicherheit.

Diese Gesetzmäßigkeit ist vielleicht hilfreich, um die Methodendiskussionen in der Wissenschaft zu verstehen und auch die Vehemenz, mit der sie oft geführt wird. „Unwissenschaftlich", „unseriös" etc. heißt: Methodenabweichung und sehr oft eben auch eine moralische (Ab)qualifikation.

Betrachten wir die Geschichte unter diesem Blickpunkt, dann stellen wir eine Konstanz bestimmter Wissenschaften und Methoden jeweils in der Alpha-Position fest. Nahezu 2000 Jahre befanden sich Philosophie und (etwas kürzer) Theologie in dieser Position. Die Kirche verteidigte diese Methode mit Nachdruck, (immerhin landeten die ersten Abweichler, wie Giordano Bruno, noch auf dem Scheiterhaufen), wohl weil sie selber auch politische Benefizien daraus bezog. Die Methode lautet nämlich: Bei offenen Fragen nachsehen, was die jeweilige Autorität (Gott und für ihn stellvertretend die Kirche) in den entsprechenden Offenbarungen (Bibel oder Dogma) dazu geäußert haben. Diese Methode stabilisierte natürlich die Hierarchie, denn solange sie beibehalten wurde (und Abweichler wurden rechtzeitig eliminiert), konnte die kirchliche Autorität nicht in Frage gestellt werden.

Es ist das große Verdienst der Naturwissenschaften, dieses Ranking erfolgreich außer Kraft gesetzt zu haben. Wenn man wissen wollte, ob Steine mit konstanter oder mit unterschiedlicher Geschwindigkeit zu Boden fallen, durfte man nicht mehr bei Aristoteles oder in der Bibel nachsehen, sondern man ließ einen Stein zu Boden fallen. Galilei maß die Geschwindigkeitsdifferenz und „entdeckte" die Fallgesetze. Er entkam dem Scheiterhaufen noch mit dem Vorschlag an den Kardinalgroßinquisitor: „Euer Problem, Eminenz ist es, wie sich die Menschen dem Himmel zu bewegen, mein Problem ist es, wie sich die Himmel bewegen." Galilei vollzog also einen Abstraktionsprozeß, indem er von den wesentlichen motivlichen Dimensionen, dem Hier und Jetzt etc. absah und nur das gelten ließ, was beobachtbar, reproduzierbar, quantifizierbar sei (siehe dazu H. Pietschmanns Schriften z. B. „Aufbruch in neue Wirklichkeiten", 1999).

Die Methode war so erfolgreich, daß eine neue Rangordnung entstand. Diesmal stand – und steht bis heute – die Naturwissenschaft in der Alpha-Position. Die Folge ist natürlich, daß alle anderen Wissenschaften sich mehr oder weniger bemühen, diesem Vorbild nachzueifern, und dies können sie nur dadurch, daß sie die Methoden übernehmen.

Dies wirkt sich natürlich für viele Wissenschaften – vor allem im unteren Teil des Rankings – ziemlich schlimm aus. Also etwa in der Theologie (z. B. in der Bibelwissenschaft) wird dann nicht mehr gefragt: Welchen Sinn hat eine Aussage des Jesus von Nazareth? Sondern man fragt: Wie gut ist sie bezeugt? Hat diese Aussage etwa die Gemeinde später dazugeschwindelt? Usw. Auch für die Sozialwissenschaften passen die Methoden der Naturwissenschaften nur eingeschränkt. Vor allem die Gruppendynamik hat ja gerade das zum Gegenstand, was in der Naturwissenschaft ausgeklammert wird, das Hier und Jetzt, die Gefühle und Meinungen, die Beziehungen und Werte, und vor allem den Gruppenprozeß, in dessen Verlauf sich die einzelnen Bestimmungen ständig ändern. Versucht man dafür „objektive" Kriterien oder gar Meßinstrumente zu finden, tut man sich schwer. Vor allem stimmen alle gemessenen Daten in dem Augenblick nicht mehr, indem sie bekanntgegeben und von der Gruppe bearbeitet werden.

Dieses Problem hat die Naturwissenschaft gar nicht, denn die Bekanntgabe der Fallgesetze an einen Stein, der fällt, ist völlig sinnlos. Ein Körper kann nicht schneller oder langsamer fallen, wenn er die Fallgesetze kennt. Aber ein Mensch, der beim Soziogramm jemandem wenig Vertrauen gegeben hat, kann sein Votum ändern, wenn er das „Meßergebnis" erfährt.

Da sich „Meßdaten" durch Bekanntgabe ändern, können sie auch nicht „allgemeingültig" oder „objektiv" sein. Im Gegenteil: Nur die Einheit von Beobachter und Beobachteten, die Selbstthematisierung des Prozesses kann in sich die Verifikations- und Falsifikationsbestimmungen enthalten. Eine Trennung von Subjekt und Objekt, wie es die Naturwissenschaft voraussetzt, ist hier nicht möglich.

Auch für das Verständnis der Bibel kann es diese Trennung in Subjekt und Objekt nicht geben. Wenn ich lese, daß ich für den Fall, daß die Erlösung bei mir gelingt, eine Einheit von Gott und Mensch bin (so wie Jesus eine solche Einheit war), wie sollte man dies objektivieren? Natürlich hat es immer wieder Versuche gegeben (und sie muß es weiter geben), die Liebe (Konsensfähigkeit) irgendwie sichtbar zu machen. So hat etwa Nietzsche gesagt: „Erlöster müßten sie aussehen, die Christen, damit ich an ihren Erlöser glauben kann." Auch Lessing hat in seiner Ringparabel den Richter über die drei Söhne, die alle behaupteten, den wahren Ring, der liebenswert macht, vom Vater geerbt zu haben, fragen lassen: „Wen lieben zwei von euch am meisten?" Bei Lessing erntet er Schweigen. Heute kann man schon da und dort die Frage stellen: „Wer ist der Beliebteste?" Aber unabhängig vom Zusammenhang und oft schon einen Augenblick später wird die Frage sinnlos.

Wenn es aber für so wesentliche Probleme wie etwa die Selbstbestimmung eines Menschen keine „objektiven" Kriterien gibt, dann hat das weitreichende Konsequenzen: Zunächst fallen alle Werte weg, die auf der Objektivität von Unbeteiligten beruhen. „An einem Aufklärungsprozeß gibt es nur Beteiligte", sagt Kant. Dazu ein Beispiel: Ich hatte einmal an der Universität Wien eine Auseinandersetzung mit einem Kollegen aus der naturwissenschaftlichen Richtung der Sozialwissenschaften (es gibt übrigens dort fast keine anderen). Er vertrat die Meinung, daß es das Ziel der Wissenschaft sein müsse, möglichst objektiv und neutral von außen die Struktur eines Sozialgebildes zu beschreiben. Wenn die Bekanntgabe dieser Beschreibung die Struktur verändere, dann dürfe man eben (methodisch konsequent) die Ergebnisse der Forschung nicht bekanntgeben. Ich vertrat dagegen natürlich die Meinung, daß gerade die Veränderung der Struktur durch die Bekanntgabe der (daher immer nur vorläufigen Ergebnisse einer Analyse) das eigentliche Ziel der Wissenschaft sein müsse. Jede Analyse ist immer schon eine Intervention. Der Streit eskalierte sofort, weil ich die Sicherheit der (naturwissenschaftlichen) Methode in Zweifel zog, und zum Schluß brüllte er mir im Hörsaal entgegen: „Wenn Sie eine Sozialstruktur verändern wollen, Herr Kollege, dann sind Sie Politiker und nicht Wissenschaftler."

Verständlich ist die Aufregung schon, denn durch die Methode der Rückkopplung, die den Kern des Gruppenprozesses darstellt, kommt natürlich auch der Wissenschaftler als Beteiligter in den Prozeß hinein. Individualgeschichtlich verlangt das von vielen Wissenschaftlern ein Umdenken, denn nicht selten wurde man ja Wissenschaftler um gerade nicht in die Niederungen menschlicher affektiver Prozesse miteinbezogen zu werden.

Eine weitere Konsequenz ist die Neufestsetzung der Kriterien von „wahr" und „falsch". Gerade daß man „wahr" und „falsch" nicht der subjektiven Willkür oder dem Zufall eines Prozesses (der so oder auch anders laufen kann) überließ, war ja der große Fortschritt der (Natur-)Wissenschaft und der Neuzeit. Mein Kollege Peter Heintel hat schon 1975 darauf verwiesen, daß die einzig möglichen Kriterien dafür in „der Erstellung einer gemeinsamen sozialen Verbindlichkeit" liegen. Diese geht nur „über Selbsterfahrung und Selbstreflexion von Gruppen". (aus: „Zum Wissenschaftsbegriff der Gruppendynamik") Ich glaube allerdings, daß auch dies eine Neuauflage der alten christlichen Weisheit darstellt, daß eine Wahrheit, auf die sich eine Gemeinde einigt, wenn sie von ihrem Vertreter (ex cathedra) verkündet wird, „unfehlbar" ist. Dies besagt, daß es keine Außenstellen (Gott, Autoritäten etc.) gibt, von denen her eine Entscheidung eines individuellen Gewissens oder eines gemeinsamen Gruppenprozesses als Wahrheit relativiert werden kann.

Wenn also der Gruppenprozeß sozusagen „die Wahrheit" in sich trägt, dann muß man wohl als Verifikations- oder Falsifikationskriterium den Grad der Zustimmung zu einer Entscheidung ansehen. „Wahr" ist hier übrigens auch nichts anderes als in der Wissenschaft generell, nämlich „brauchbar". Brauchbar ist also jene Entscheidung oder jene Struktur der Kommunikation in einer Organisation, der mehr Menschen, die in ihr leben, zustimmen. Von diesem Gedanken her leite ich meine These ab, daß es heute für eine Organisation oder ein Unternehmen am sinnvollsten sei, in Zustimmung der Mitarbeiter zu investieren. So kann man z. B. nicht sparen gegen den Willen der Mitarbeiter. Zuerst gehen die Kosten runter. Dann beginnen alle die Kosten dorthin zu verlegen, wo sie erlaubt sind (es gibt kein System, das Kosten generell verbietet), dort beginnen sie sich „warm anzuziehen", und schon sind die Kosten wieder höher als sie vorher waren.

Bleibt also die Frage: Wie organisiert man ein soziales System so, daß ein hoher Zustimmungsgrad erreicht wird? Dazu möchte ich in einem zweiten Buch noch einiges referieren.

Zunächst aber lohnt es sich, einen kurzen Blick auf die außereuropäischen Traditionen zu werfen, denn diese Erkenntnisse sind in ihrem Grundansatz nicht auf Europa beschränkt. In den asiatischen Philosophien ist ihr Prinzip etwas allgemeiner formuliert als in Europa und – da nicht vorhanden – ohne Gott. Dadurch wird es auch in seiner Allgemeinheit besser verständlich. Man könnte das Prinzip des Taoismus so zusammenfassen: Individualisierung des Sinnes. Der Mensch hat sich soweit entwickelt, daß er bei der Frage nach dem Sinn seines Lebens nicht mehr auf äußere, ihm fremde sinngebende Instanzen angewiesen ist, sondern diesen Sinn sich selber geben kann. Damit hat er eine neue Dimension der Freiheit. Denn wenn er diesen Sinn des Lebens sich selber geben kann, ist er weniger abhängig von anderen Instanzen, kann er diese leichter als Mittel zur Erreichung seines Lebenssinnes gebrauchen. Originalton Dschuang Dsi:

„Was ich gut nenne, hat mit der Moral nichts zu tun, sondern ist einfach Güte des eigenen Geistes. Was ich gut nenne, hat mit dem Geschmack nichts zu tun, sondern ist einfach das Gewährenlassen der Gefühle des eigenen Lebens. Was ich Hören nenne, hat mit dem Vernehmen der Außenwelt nichts zu tun, sondern ist einfach Vernehmen des eigenen Innern. Was ich Schauen nenne, hat mit dem Sehen der Außenwelt nichts zu tun, sondern ist einfach Sehen des eigenen Wesens. Wer nicht sich selber sieht, sondern nur die Außenwelt; wer nicht sich selbst besitzt, sondern nur die Außenwelt: der besitzt nur fremden Besitz und nicht seinen eigenen Besitz, der erreicht nur fremden Erfolg und nicht seinen eigenen Erfolg. Wer fremden Erfolg erreicht und nicht seinen eigenen Erfolg, dessen Erfolg ist, ganz einerlei, ob er der Räuber Dschi heißt oder Bo I, unwahr und falsch, und ich würde mich seiner schämen angesichts der urewigen Naturordnungen. Darum halte ich mich auf der einen Seite zurück von allem Moralbetrieb und auf der andern Seite von allem zügellosen und unwahren Wandel." (Buch II, Kap. 3, „Das wahre Buch vom südlichen Blütenland")

Diese Grundidee, sich selbst zu besitzen, führte schon bald im Taoismus zu der Grundeinsicht, daß der Gegensatz zwischen Autorität, die mir etwas anschaffen kann, und dem Ich, das diese Befehle durchführen muß, nicht mehr existieren dürfe. Das Ich soll sein eigener Herr werden. Die Fremdbestimmung – in Sachen „Sinn" versteht sich – soll aufgehoben werden.

„Aber das Ich ist auf diese Weise zugleich Nicht-Ich, das Nicht-Ich ist auf diese Weise zugleich Ich. So zeigt sich, daß von zwei entgegengesetzten Betrachtungsweisen jede in gewissem Sinne recht und in gewissem Sinne unrecht hat. Gibt es nun auf diesem Standpunkt in Wahrheit noch diesen Unterschied von Ich und Nicht-Ich, oder ist in Wahrheit dieser Unterschied von Ich und Nicht-Ich aufgehoben? Der Zustand, wo Ich und Nicht-Ich keinen Gegensatz mehr bilden, heißt der Angelpunkt des SINNS (TAO). Das ist der Mittelpunkt, um den sich nun die Gegensätze drehen können, so daß jeder seine Berechtigung im Unendlichen findet. Auf diese Weise hat sowohl das Ja als das Nein unendliche Bedeutung. Darum habe ich gesagt: Es gibt keinen besseren Weg als die Erleuchtung." (Dschuang Dsi, ebenda)

Der Ausdruck „Erleuchtung", also von der Finsternis zum Licht, spielt auch im Christentum später eine große Rolle, obwohl es dort „Erlösung" heißt, also Befreiung von Zwängen. Aber auch im Buddhismus ist das zentrale Wort „Erleuchtung". Die beste Übersetzung des Wortes „Buddha" ins Deutsche lautet wie schon erwähnt: „Der zu sich selbst erwachte" (Suzuki).

Bereits im Taoismus aber führte diese Grundidee der Selbstbestimmung oder des Sich-selbst-Besitzens, die Einheit von fremder Autorität (Nicht Ich) und eigenem Ich, zu einer politischen Abstinenz. Dschuang Dsi zog als Wanderprediger, so wie auch Gautama Siddharta (der sich als Erleuchteter „Buddha" nannte) oder Jesus von Nazareth (den man als Auferstandenen „Christus" nannte) durch die Lande und weigerte sich, seine Ideen in politische Realität umzusetzen:

„Dschuang Dsi fischte einst am Flusse Pu. Da sandte der König von Tschu zwei hohe Beamte als Boten zu ihm und ließ ihn sagen, daß er ihn mit der Ordnung seines Reiches betrauen möchte. Dschuang Dsi behielt die Angelrute in der

Hand und sprach, ohne sich umzusehen: Ich habe gehört, daß es in Tschu eine Götterschildkröte gibt. Die ist nun schon dreitausend Jahre tot, und der König hält sie in einem Schrein mit seidenen Tüchern und birgt sie in den Hallen eines Tempels. Was meint Ihr nun, daß dieser Schildkröte lieber wäre: daß sie tot ist und ihre hinterlassenen Knochen also geehrt werden, oder daß sie noch lebte und ihren Schwanz im Schlamme nach sich zöge? Die beiden Beamten sprachen: Sie würde es wohl vorziehen, zu leben und ihren Schwanz im Schlamme nach sich zu ziehen. Dschuang Dsi sprach: Geht hin! Auch ich will lieber meinen Schwanz im Schlamme nach mir ziehen."

Hier tritt erstmals auch schon der Vergleich zwischen Leben und Tod auf, der dann bei Jesus und im Christentum so eine große Rolle spielt. Leben ist die Freiheit und Selbstbestimmung, das Fischen am Flusse. Tot ist der Zwang am Hofe des Kaisers. Die Schildkröte wird allerdings in einem Schrein mit seidenen Tüchern gehalten. Auch hier schon der Bezug zum Reichtum, der Zeichen der Fremdbestimmung enthält, und die Askese, die Freiheit bringt.

Der Zusammenhang zur Gegenwart ist der: Der Gegensatz von Eigenem (Ich) und Fremdem (Außenwelt, Autorität, Gott etc.) ist bei Dschuang Dsi noch nicht sozial definiert. Aber ab dem Christentum ist es die Frage der Gruppe: Wer gehört dazu und wer nicht? Derjenige, der nicht dazugehört, ist der Fremde. Fremdbestimmung heißt also, von Menschen (oder Mächten) außerhalb der Gruppe bestimmt zu werden.

Wenn wir das in die Gegenwart übersetzen: Selbstbestimmung ist nur möglich im Bereich direkter Kommunikation, im Christentum heißt es dann: durch Liebe. Die indirekte oder anonyme Kommunikation in Hierarchien durch Geld etc. ist fremdbestimmend und mit den Prinzipien der Freiheit der kleinen Gruppe nicht zu ordnen. Dschuang Dsi wußte schon, warum er sich nicht mit der Aufgabe „das Reich zu ordnen" betrauen ließ. Auch Gautama Siddharta ist als Erleuchteter im wesentlichen unpolitisch:

"Buddha sagte zu Ananda: Wer da meint: Ich will über die Gemeinde herrschen, oder: Die Gemeinde soll mir untertan sein – der mag der Gemeinde seinen Willen aufzwingen. Der Vollendete aber meint nicht: Ich will über die Gemeinde herrschen." (Buddha-Legende)

Bei Jesus steigert sich die Haltung dann zur paradoxen Intervention:

"Ihr wißt, daß die, die als Herrscher gelten, ihre Völker unterdrücken und die Mächtigen ihre Macht über die Menschen mißbrauchen. Bei euch aber soll es nicht so sein, sondern wer bei euch groß sein will, der soll euer Diener sein." (Mark. 10, 42)

Diesen Grundgedanken der Reflexion als Voraussetzung zur Selbstbestimmung findet man also auch in den Religionen.

Die Erlösung (im Christentum) oder Erleuchtung (im Buddhismus) beruht auf der Selbstbestimmung oder dem Selbstbesitzen bei den wichtigen Entscheidungen des Lebens, nämlich der Frage über gut und böse und der Frage der Beziehungen. In den Beziehungen verliert sich dieses Ich wiederum. Der aber auf Freiwilligkeit beruhende Akt der Zuwendung, des Ich-Verlustes läßt dieses Ich wieder zurückgewinnen, reicher geworden durch die Anteile des anderen. "Im anderen bei sich sein", nennt Hegel später diese Verlust-Gewinn-Dialektik der Liebe. "Liebe den Nächsten wie dich selbst", heißt es bei Jesus.

Das Wesentliche ist dabei die Freiwilligkeit. Etwas zu tun, was man selber nicht für richtig hält, also fremdbestimmt sein, heißt im Neuen Testament "Sünde". Das griechische Wort "Hamartia" wird übrigens von Augustinus auch mit "Alienatio" übersetzt, zu deutsch: "Entfremdung". Hegel hat diesen Begriff dann für bestimmte gesellschaftliche Verhältnisse verwendet, und von ihm hat Marx das Wort übernommen.

Nicht entfremdet sind aber nur die Strukturen der kleinen Gruppe. Die neuen Spielregeln, die diese Erlösung oder Erleuchtung mit sich bringt, sind die Spielregeln der kleinen Gruppe, wie wir sie auch aus der Gruppendynamik kennen. Menschen versuchen ihre Individualität zugunsten einer gemeinsamen Meinungsbildung zurückzustellen. Dabei entsteht so etwas wie eine Intimsphäre mit je eigener Sprache und Regeln, mit einer gemeinsamen Emotionalität, die dem Hier und Jetzt mit der Zeit einen immer höheren Wert gibt. Die Umwelt verschwindet dabei in immer weitere Ferne, damit auch Vergangenheit und Zukunft, und im Extremfall sogar der Tod. Dem Augenblick Ewigkeit zu geben ist auch eine Form, die Todesangst zu bewältigen.

„Das ewige Leben besteht darin, daß sie dich erkennen, den wahren Gott und den du gesandt hast, Jesus Christus" (Joh. 17,3).

Hier ist vom ewigen Leben die Rede und nicht vom ewigen Tod. Nur wer lebt, lebt ewig, wäre die Devise. Diese Lust an der Liebe („Alle Lust will Ewigkeit") erreicht man durch Verlust und Wiedergewinn der Individualität in der Gruppe.

„Ein neues Gebot gebe ich euch: liebet einander! Wie ich euch geliebt habe, so sollt auch ihr einander lieben. Daran sollen alle erkennen, daß ihr meine Jünger seid, wenn ihr untereinander Liebe habt" (Joh. 13,34).

Die Liebe in der Intimsphäre folgt nun anderen Spielregeln als die Unterordnung unter Gesetze oder Organisationen, Institutionen oder gar der Ökonomie. Die wichtigsten Punkte dabei sind: das Transparenzprinzip, das Bedürfnisprinzip und das Konsensprinzip.

TRANSPARENZ DER GEFÜHLE UND INFORMATION

„Die Liebe ist ohne Falsch" (Röm. 12,9). Die Atmosphäre in einer Gruppe wird immer als eine solche zunehmender Offenheit beschrieben. Man kann plötzlich Gefühle äußern, sogar solche der Aggression oder der Enttäuschung, die man normal nicht äußern kann. Man hat das Gefühl, einander besser zu kennen. Zurückhaltung von Information erzeugt Mißtrauen und wird als Verletzung der Gemeinsamkeit verstanden. „Nichts ist verhüllt, was nicht enthüllt, nichts geheim, was nicht bekannt würde. Was ich euch in Finsternis sage, das verkündet im Licht, was euch ins Ohr geflüstert wird, das predigt auf den Dächern" (Matth. 10, 26).

Eine solche Transparenz ist nur in der kleinen (oder kleinsten) Gruppe möglich. Gerade dadurch schließt sie sich von anderen Gruppen ab. Jede Gruppe hat ihre Geheimnisse, in die andere nicht eindringen können, so daß die Idee der Transparenz, wie sie hier entwickelt wird, sofort umschlägt in das Gegenteil, sobald man die kleine Gruppe verläßt. Das Aufgeben (oder Behalten) von Geheimnissen ist fast immer in einer Intimsphäre Dauerbrenner von Konflikten. Sicher nicht aufrechterhalten könnte man diese Forderung der Transparenz in einer arbeitsteiligen Organisation. Nur wenn alle Mitglieder einer Gruppe über alles entscheiden, müssen alle alles wissen. Arbeitsteilung heißt aber, daß es gestaffelte Transparenz geben muß. Allein das Spezialistentum verhindert, daß bestimmte Information allgemein kommuniziert werden können. Es gab immer wieder Ansätze und Versuche basisdemokratischer Organisationen (sie beriefen sich gelegentlich sogar auf das Christentum), die gerade bei der Veröffentlichung aller Informationen ansetzten. Sie sind alle relativ bald gescheitert.

Noch weniger als auf Organisationen kann man dieses Prinzip der Transparenz auf den Bereich der Ökonomie anwenden.

In der griechischen Mythologie gibt es dazu eine Parallele:

Hermes – der Gott der Kaufleute und der Diebe – hatte ein Geschäft mit Apollo gemacht und diesen dabei mit einer Lüge „übernommen". Apollo beschwerte sich bei Zeus, dem Göttervater. „Zeus ermahnte Hermes, fortan die Rechte des Besitzes zu achten und davon Abstand zu nehmen, Lügen zu erzählen. Aber in seinem Herzen war er über den Knaben froh. ‚Du scheinst ein sehr einfallsreicher, beredter und überzeugender kleiner Gott zu sein', sagte er." Und was schlägt Hermes Zeus vor? „‚Darum mache mich zu deinem Boten, Vater', erwiderte Hermes, ‚und ich werde für die Sicherheit des göttlichen Besitzes sorgen und niemals mehr lügen. Aber ich kann nicht versprechen, immer die ganze Wahrheit zu sagen.' ‚Das wird auch nicht von dir erwartet'", sagte Zeus mit einem Lächeln. (Ranke-Graves, Griechische Mythologie Bd. 1, S. 54).

Wenn man bedenkt, daß es Bereiche in der Wirtschaft gibt, in denen Transparenz sogar gesetzlich verboten ist (durch Transparenz werden z. B. Insidergeschäfte möglich), etwa in Banken, dann sieht man die Problematik des Unterschiedes von kleiner Gruppe und größeren Einheiten. Ein Vorstandsmitglied einer deutschen Großbank sagte anläßlich der Aufdeckung von Insidergeschäften bei einer Pressekonferenz: „Wir müssen jetzt Wände zwischen den einzelnen Abteilungen in unserer Bank aufrichten."

Wenn man an großen Sozialstruktureinteilungen neben der Gruppe noch Organisation, Öffentlichkeit und Ökonomie unterscheidet, dann kann man die Frage stellen: Wenn man schon die Prinzipien der Kleingruppe nicht auf große Einheiten übertragen kann, muß es den Gegensatz zwischen Gruppe und dem Rest der Assoziationsformen geben oder kann man sozusagen ein Pendant zum Erlösungsgedanken entwickeln? Ist der Grundgedanke von Selbstbestimmung und Liebe auch über die kleine Gruppe hinaus sinnvoll und wenn ja, welche Lernchancen oder Lernschritte sind hier möglich?

So zeigt sich etwa am Problem des sogenannten Datenschutzes, daß das Argument der Liebe (hier müßte man wohl sagen: Schutz des Individuums oder der Intimsphäre) das Gegenteil von Transparenz verlangt. Es ist verboten, Telefongespräche abzuhören und ihren Inhalt zu publizieren, Informationen über Beziehungen, Konflikte etc. werden der Öffentlichkeit vorenthalten usw. Die Frage lautet also: Wie müssen die Spielregeln der Kleingruppe umformuliert werden, um auf der Ebene der Organisation, der Öffentlichkeit und der Ökonomie denselben Sinn zu haben wie in der kleinen Gruppe, nämlich Freiheit und Selbstbestimmung sowie Wahrung der Menschenwürde zu erreichen?

Wir bewegen uns hier im Bereich der Utopien, denn diese Arbeit ist noch nicht geleistet worden. Die christlichen Kirchen haben sich seit Beginn der Neuzeit hier mehr oder weniger abgemeldet.

Im Bereich der Organisation sehe ich Ansätze für das Transparenzprinzip in der Installation von Feedback-Systemen. Im Bereich der Öffentlichkeit ist der Gegensatz von Datenschutz für die Intimsphäre und Opposition für Funktionäre und Entscheidungsträger die Garantie für die Weiterentwicklung der Freiheit. Auch das Prinzip der öffentlichen Diskussion wissenschaftlicher Ergebnisse oder von Rechtsverfahren müßte hier wohl genannt werden.

Im Bereich der Ökonomie sind die neuerdings verlangten Prinzipien der „Kostenwahrheit" als Voraussetzung für Leistungsmaßnahmen (Steuern) sowie alle Bereiche des Konsumentenschutzes zu nennen. Auch alle Formen von Qualitätsnormen und deren Kontrolle, das „Kleingedruckte" bei Versicherungen oder anderen Verträgen usw. gehen in dieselbe Richtung. Wer braucht welche Information? Wer darf welche Information nicht haben, damit ein System als gerecht empfunden wird?

VERTEILUNG DER RESSOURCEN NACH DEM BEDÜRFNISPRINZIP

In den meisten Erlösungsreligionen gibt es einen deutlichen Vorrang des Bedürfnisprinzips vor dem Leistungsprinzip. So hat fast jeder Zen-Meister irgendeine Geschichte auf Lager, wie etwa die folgende:

Ein Meister fragt einen Mönch, wie lange er schon im Kloster sei. Dieser sagt: „Ich bin schon lange hier." Darauf der Meister: „Nimm eine Tasse Tee." Dann stellt er einem anderen Mönch dieselbe Frage. Der aber sagt: „Ich bin ganz neu im Kloster." Der Meister: „Nimm eine Tasse Tee." Der Klosterverwalter, der dies mithörte, fragt den Meister: „Wieso bietest du beiden Mönchen eine Tasse Tee an, obwohl der eine Mönch ein alter Mönch ist und der andere ein Schüler?" Da ruft der Zen-Meister: „Oh, Klosterverwalter, nimm eine Tasse Tee."

Auch die Bibel hat mit ähnlichen Geschichten aufzuwarten, so etwa das Gleichnis von den Arbeitern im Weinberg.

„Das Himmelreich ist gleich einem Hausvater, der am Morgen ausging, Arbeiter zu miethen in seinen Weinberg. Und da er mit den Arbeitern eines ward um einen Groschen zum Tagelohn, sandte er sie in seinen Weinberg. Und ging aus um die dritte Stunde, und sahe Andere an dem Markt müßig stehen, und sprach zu ihnen: ‚Gehet ihr auch hin in den Weinberg; ich will euch geben, was recht ist.' Und sie gingen hin. Abermal ging er aus um die sechste und neunte Stunde, und that gleich also. Um die elfte Stunde aber ging er aus, und fand Andere müßig stehen, und sprach zu ihnen: ‚Was stehet ihr hier den ganzen Tag müßig?' Sie sprachen zu ihm: ‚Es hat uns Niemand gedingt.' Er sprach zu Ihnen: ‚Gehet ihr auch hin in den Weinberg; und was recht sein wird, soll euch werden.' Da es nun Abend ward, sprach der Herr des Weinbergs zu seinem Schaffner: ‚Rufe die Arbeiter, und gib ihnen den Lohn; und hebe an den Letzten, bis zu den Ersten.' Da kamen, die um die elfte Stunde gedinget worden waren, und empfing ein Jeglicher seinen Groschen. Da aber die Ersten kamen, meinten sie, sie würden mehr empfangen; und sie empfingen auch ein Jeglicher seinen Groschen. Und da sie den empfingen, murreten sie wider den Hausvater, und sprachen: ‚Diese Letzten haben nur eine Stunde gearbeitet, und du hast sie uns gleich gemacht, die wir des Tages Last und Hitze getragen haben.' Er antwortete aber, und sagte zu Einem unter ihnen: ‚Mein Freund, ich thue dir nicht unrecht. Bist du nicht mit mir eins geworden um einen Groschen? Nimm, was dein ist, und gehe hin. Ich will aber diesem Letzten geben, gleich wie dir. Oder habe ich nicht Macht zu thun, was ich will, mit dem Meinen? Siehest du darinn scheel, daß ich so gütig bin? Also werden die Letzten die Ersten, und die Ersten die Letzten sein. Denn Viele sind berufen, aber Wenige sind auserwählt."" (Matth. 20,1–16)

Mit dem letzten Satz ist eigentlich das Problem sehr klar angesprochen: Es gibt verschiedene Bewertungs- und Ordnungssysteme im menschlichen Zusammenleben. Für die kleine Gruppe, in der das Ordnungsprinzip der Liebe dominiert, gibt es ein anderes Ranking als in anonymen Geschäftsverhältnissen. Im Bereich der Ökonomie muß man auf seinen Vorteil schauen, und „gerecht" ist die Entlohnung nach Leistung. Wer mehr oder länger arbeitet, soll auch mehr Lohn erhalten. Hier erfolgt das Ranking der Gruppe nach Wichtigkeit der Funktion, die jemand wahrnimmt. In der Gruppendynamik ist dies meist mit der Soziogrammfrage erfaßt: Wer hat den größten Einfluß?

Daneben aber gibt es noch die Frage: Wer braucht mehr Zuwendung? Also in diesem Beispiel: Es ist denkbar, daß die, die nur eine Stunde gearbeitet haben, abends genauso Hunger haben und daher den Denar für Essensbeschaffung brauchen wie die, die zwölf Stunden gearbeitet haben. Es können die, die mehr Zuwendung brauchen, durchaus diejenigen sein, die weniger gearbeitet haben. Die Liebe kehrt gelegentlich sogar die Rangfolge um:

„Er aber sprach zu ihnen: Die Könige der Völker herrschen über sie (mit Gewalt) und ihre Gewalthaber lassen sich ‚Wohltäter' nennen." Nach dieser Einleitung kommt Jesus zum Kern: „Bei euch aber soll es nicht so sein: sondern der Größte unter euch werde wie der Jüngste und der Oberste wie der Diener. Denn wer ist größer, der zu Tische sitzt oder der bedient? Nicht, der zu Tische sitzt? Ich aber bin unter euch wie der Diener" (Luk. 22,24–27).

Hier wird explizit auf die unterschiedlichen Ordnungsprinzipien hingewiesen. Allerdings scheint das Gleichnis von den Arbeitern im Weinberg von der Illusion auszugehen, als könne man die Prinzipien der kleinen Gemeinschaft auch auf ökonomische anonyme Geschäftsbeziehungen übertragen.

Denn in der ökonomischen Realität könnte der Hausherr so eine Behandlung seiner Arbeiter nur einmal machen. Schon am nächsten Tag, wenn er morgens die Leute anwerben wollte, würden ihm die Vortagsfrustrierten wohl sagen: „Du kommst besser am Abend, wir arbeiten für dich nur die letzte Stunde und kassieren gerne den ganzen Tageslohn." So wie heute viele Menschen ausrechnen, ob sie nicht mit dem Bezug des Arbeitslosengeldes oder der Apanage der Eltern besser verdienen als mit Arbeit.

Gerade die in der Gegenwart so heiße Diskussion um Abbau oder Mißbrauch des Sozialstaates hat hier ihren tieferen Hintergrund: Im Prinzip ist der Wohlfahrtsstaat ein Versuch, das Bedürfnisprinzip der kleinen Gruppe auf eine Institution, nämlich den Staat, zu übertragen. Dies funktioniert aber nicht, weil die Spielregeln unterschiedliche sind. So setzt das Bedürfnisprinzip in der kleinen Gruppe etwa Vertrauen voraus. Zuwendungen des Staates aber müssen kontrolliert werden, was natürlich nicht geht. So wäre ein „Recht auf Zuwendung" schon ein Widerspruch in sich. Der sogenannte „Mißbrauch" ist für mich ein Zeichen, daß hier zwei nicht kompatible Systeme verwechselt werden.

In der kleinen Gruppe, in Liebesbeziehungen gilt der Vertrauensgrundsatz. Ich kann meine Interessen zugunsten der Bedürfnisse des anderen zurückstellen und werde dabei nicht verlieren, sondern gewinnen. Bei Konfliktinterventionen gelingt das manchmal, und alle Beteiligten erleben das dann als großes Wunder: Eine der Konfliktparteien fängt damit an, daß er dem anderen recht gibt, darauf faßt auch der andere sich ein Herz und beginnt im Sinne seines Gegners zu denken, was bei diesem wiederum einen zusätzlichen Vertrauensschub auslöst usw. Starten kann man diesen Prozeß manchmal mit einer Soziodramatisierung der Schlüsselszenen mit vertauschten Rollen. Die beiden Kontrahenten müssen jeweils ihre Gegner spielen. Wenn sie dies sehr gut machen, löst manchmal ein Gelächter das Umdenken und den Lernprozeß aus.

Um diesen Prozeß zu starten, ist nach Jesus manchmal eine paradoxe Intervention sinnvoll „Wer dir den Rock nehmen will, dem laß auch den Mantel. Wer dich nötigt eine Meile zu gehen, mit dem geh zwei, wer dich bittet, dem gib, wer von dir hören will, von dem wende dich nicht ab" (Matth. 5, 39). Jesus steigert sich dabei dann bis zu der berühmten Forderung der Feindesliebe: „Liebet eure Feinde, tut wohl denen, die euch hassen" (Luk. 6, 27). Aber dies führt schon zum nächsten Prinzip, zum Konsensprinzip.

Bedürfnisprinzip bedeutet den paradoxen (dialektischen) Umgang mit fremden und auch eigenen Bedürfnissen. Wer sich um den anderen kümmert (sogar um den Feind – in der Hoffnung, damit aus dem Feind einen Freund zu machen), braucht sich nicht um sich selbst zu kümmern.

Diese Grundidee, daß man sich nicht um die eigenen Bedürfnisse kümmern soll, sondern um die der anderen, um erfolgreich zu sein, ist so paradox, daß sie im Endeffekt wieder in eine Naturgesetzlichkeit mündet: nämlich der Einsicht, daß Erfolg immer wieder Erfolg zur Folge hat, wogegen der Mißerfolg der Ausmerze anheimfällt. „Wer hat, dem wird gegeben werden, und er wird im Überfluß haben; wer nicht hat, dem wird auch noch das weggenommen werden, was er hat" (Matth. 13, 32). Dieses Zitat steht am Ende einer Ausführung über Anlagespekulation, in der behauptet wird, daß man mit dem „Pfund wuchern" soll, damit es Zinsen bringt.

Auch im Buddhismus gibt es diese Grundregel: „Meister Pai-chion sagte zu den Mönchen: ‚Wenn ihr einen Stock habt, werde ich euch einen geben. Wenn ihr keinen Stock habt, werde ich ihn wegnehmen.'" (44. Koan)

Dieses Prinzip ist nun sicher nicht auf Organisationen oder auf die Wirtschaft anwendbar. Wenn jemand, von dem ich etwas kaufen will, mir sagt, es kostet 100,- Euro und ich würde sagen: Ich gebe ihnen 200,- Euro, würde er nicht dadurch mein Freund, sondern würde mich für verrückt halten. Eine Wirtschaft würde auch so nicht funktionieren – knappe Güter und knappes Geld sind Voraussetzung dafür.

Die Frage, die hier offen bleibt, lautet: Was ist gerecht?

Ist gerecht die Verteilung von Ressourcen (z. B. knappem Geld) nach dem Leistungsprinzip (wer mehr leistet, verdient mehr) oder nach dem Bedürfnisprinzip (wer mehr braucht, bekommt mehr)? Da nun ein und dieselbe Ressource (z. B. Zeit bei Eltern) nicht zweimal nach unterschiedlichen Prinzipien vergeben werden kann, kommt es zum Konflikt, der organisiert werden muß.

DAS KONSENSPRINZIP

der kleinen Gruppe löste in der Geschichte sicher die größten Kontroversen aus, wenn es auch für größere Einheiten reklamiert wurde. Konsens heißt, daß für die Gültigkeit einer Entscheidung jedes Gruppenmitglied zustimmen muß. Dies hat zwar den Vorteil, daß diese Art von Entscheidungen sowohl sachlich besser sind (wegen Fehlerausgleich und besserer Ressourcennutzung) als auch in ihrer Durchführung mehr Einsatzbereitschaft seitens der Gruppenmitglieder erfahren.

Sobald sich eine Entscheidung aber auf mehrere Gruppen bezieht, gibt es nicht mehr die Möglichkeit, daß alle mit allen kommunizieren. Daher kann eine gemeinsame Meinungsbildung nur mehr über Repräsentanten funktionieren. Da diese sich aber meist nicht so einfach und so schnell einigen als es manchmal erforderlich ist zu entscheiden, hat sich in der Geschichte die Hierarchie sozusagen als Zwangseinigungssystem etabliert (siehe dazu Gerhard Schwarz, „Die Heilige Ordnung der Männer", Kapitel 2 und 3). Zentrale Funktionen bekommen mehr Macht, und die anderen werden von ihnen abhängig. Damit wird eine Koordination über Zentralität letztendlich sogar in einem einzigen Willen möglich.

Was die Zentralperson (König, Generaldirektor, Rektor, Papst etc.) entscheidet, ist für alle anderen verbindlich. Gefragt werden müssen die „Untertanen" nicht, sonst käme man nie zu einer Entscheidung. Speziell dort, wo Interessensgegensätze vorhanden sind, bedeutet das eine Herrschaft der Obertanen über die Untertanen, die eigentlich daher als Mittel (z. B. der Wirtschaft) und nicht als Selbstzweck gesehen werden. Es handelt sich dabei nicht um einen Konsens, sondern um eine Unterordnung.

Das Konsensprinzip in Organisationen, Institutionen und in der Ökonomie zu installieren, ist Ziel aller gesellschaftspolitischen Strömungen seit der Französischen Revolution. Es ist aber bisher noch nicht gelungen. Die Organisationsentwicklung innerhalb der Hierarchie liefert erste Ansätze für gemeinsame Meinungsbildung über Repräsentanten im Rahmen eines kollektiven Lernprozesses. Hier sehe ich schon die verschiedenen Formen öffentlicher Kontrolle der Bürokratie innerhalb von Hierarchien als großen Fortschritt.

Auch Demokratie und die neuen, auf Konsens beruhenden Modelle vereinigter Staaten (wie etwa die EU) stellen meines Erachtens einen großen Fortschritt dar.

Das Modell von vereinigten Staaten ging ja von wirtschaftlichen Überlegungen aus, da der Kapitalismus große Märkte braucht, um niedrige Produktionskosten, damit auch niedrige Preise zu erreichen, damit sich jedermann die Produkte kaufen kann. Darin besteht ja der soziale Fortschritt des Kapitalismus. Solche großen Märkte sind nur durch Vereinigte Staaten möglich. Das Modell von vereinigten Staaten, wie es sicher z. B. die USA darstellen, bestand in der bisherigen Geschichte immer darin, daß eine bestimmte Nation mit Hilfe eines Krieges – der Nordstaaten gegen Südstaaten –, andere Nationen unterwirft, die nun von diesem Zentrum her gesteuert werden. Diese anderen Nationen müssen eine zentrale Sprache sprechen, meistens die der Sieger; im Fall Amerikas ist es Englisch gewesen, obwohl die Englischsprechenden keine Mehrheit hatten, und im Fall der Sowjetunion war es Russisch, obwohl es in der Sowjetunion nicht nur Russen gab. Auch in der Volksrepublik China gibt es nicht nur Chinesen. Es muß das Geld, die kulturellen Bestimmungen usw. der Siegernation akzeptiert werden. Mit den Minderheiten geht man mehr oder weniger willkürlich um. In der Sowjetunion wurden sogar Nationen von einem Ort – wie etwa die Krimtartaren – an einen anderen umgesiedelt usw.

Dieses Modell vereinigter Staaten hat in Europa bisher nicht funktioniert. Es wurde immer wieder probiert – von Napoleon, der ein Europa unter französischer Führung wollte, über die Politik Österreichs bis zu den Deutschen. Der 2. Weltkrieg kann auch so interpretiert werden, daß die Deutschen versucht haben, ein Europa unter deutscher Führung zustandezubringen. Nach dem 2. Weltkrieg reflektierte man offensichtlich die Problematik, die mit diesen Versuchen verbunden ist, und die Kriegsanfälligkeit dieser Vereinigten-Staaten-Lösung. Man versuchte ein neues System: nämlich eine Lösung nicht mehr durch Unterordnung oder Delegation an ein Zentrum zu suchen, sondern eine durch Kompromiß und Konsens zu finden. Man begann mit relativ minimalen Übereinstimmungen im Wirtschaftsbereich, die EWG, die europäische Wirtschaftsgemeinschaft, um langsam diese Übereinstimmungen zu einem immer größeren Bereich auszubauen.

Man versuchte immer mehr Länder Europas miteinzubeziehen und immer mehr Bereiche in einen Konsens zu integrieren. Jeder der Mitgliedsstaaten der ursprünglichen EWG, der späteren EU, hat zwar nicht formal, aber de facto in den meisten Fällen Vetorecht, das heißt, es wird nichts gegen den Willen einer bestimmten Nation festgelegt. Dieses Konsensmodell, das nun nahezu 40 Jahre alt ist, stellt einen absoluten Fortschritt im Rahmen der Konfliktlösungen dar und hat natürlich weltweit ziemliche Attraktivität. Ich machte schon 1987 im deutschen Fernsehen die Voraussage, daß die Attraktivität dieses Modells auch auf die bereits nach dem alten Muster konstruierten Vereinigten Staaten seine Rückwirkungen haben wird. Als erster Zerfallskandidat stand damals natürlich schon die Sowjetunion zur Diskussion, aber auch Jugoslawien, das ja nichts anderes repräsentierte als einen Balkan unter serbischer Führung. Natürlich werden auch die Chinesen und USA mit solchen Bestrebungen noch ihre Probleme bekommen.

Dieses Modell, die Vereinigten Staaten von Europa im Konsens zu konstruieren, ohne kriegerische Dominanz einer bestimmten Nation, stellt sicher auch einen geistigen Exportartikel dar. Was in den nächsten Jahrzehnten noch zur Diskussion anstehen wird, sind natürlich auch die Vereinigten Staaten von Arabien. Das Modell der Vereinigten Staaten von Indochina unter vietnamesischer Führung ist freilich schiefgegangen, aber auch in Indien regen sich erste Widerstände, und natürlich warten noch Südamerika auf ein praktikables Modell und selbstverständlich Afrika.

Mit der Erweiterung der europäischen Gemeinschaft durch die osteuropäischen Länder will man in Europa ein höheres Konfliktlösungsniveau, nämlich das des Kompromisses und Konsenses, zustande bringen, was bisher mit Hilfe der primitiven Lösungen Vernichtung oder Unterordnung nicht möglich war. Hier liegt die relative Sicherheit, daß es keinen Krieg mehr geben wird, in der konsens- oder kompromißmäßigen Verflechtung von Bürokratien.

Am Horizont zeigt sich ein solches Konsensmodell schon weltweit im Rahmen der UNO. Seine faktische Realisierung wird allerdings noch weit in dieses Jahrtausend hineinreichen.

Aber nicht nur die politischen Umstände, auch die konkreten Arbeitsformen werden – so meine These – mehr und mehr auf die Grundprinzipien der Erlösungsreligionen einschwenken. Virtuelle Wirtschaft und die virtuelle Gesellschaft geben dem einzelnen einen größeren Spielraum und eine größere Verantwortung als es die Hierarchien bisher gaben. Damit werden aber auch die Fähigkeiten zur Selbstbestimmung und zur Konsensfindung mehr und mehr gefragt werden.

Ob man dazu explizit den Rückbezug auf das, was Jesus oder andere sagten, braucht, hängt davon ab, ob es denen, die einen solchen Rückbezug für sinnvoll halten, gelingt, die oben angedeutete Übersetzungsarbeit des Evangeliums in die Gegenwart zu leisten. Notwendig für die (heils-)geschichtliche Realisierung dieser Gedanken ist dies vermutlich nicht. Aber man wird ja sehen.

Ich selber möchte jedenfalls einen solchen Blick in die Zukunft in einem Fortsetzungsbuch versuchen.

BIBLIOGRAPHISCHE HINWEISE

Mein Weg zum Christentum führte über die Philosophie. Religionsunterricht an der Schule und Vorlesungen der Theologen an der Universität allein waren nicht in der Lage, mir den Sinn der Lehre Jesu nahezubringen. Erst das Studium der großen abendländischen Philosophen von Augustinus bis Hegel, die ausnahmslos zugleich auch Theologen waren, hat mich überzeugt. Es ist erschütternd, wenn man sieht, welche in den Werken der Philosophen und Theologen vorhandenen Einsichten in den Bibliotheken versteckt werden, die Öffentlichkeit aber mit Argumenten für und wider das Christentum abgespeist wird, deren Niveau im allgemeinen schon seit eineinhalb Jahrtausenden überholt ist.

Der Traditionsverlust unserer Tage ist eines der schwierigsten Probleme für das Christentum. Einfachem, kritiklosem Tradieren steht Ablehnung ohne Kenntnis des Abgelehnten gegenüber. Beide Haltungen sind unzureichend angesichts der Aufgabe, auch das Christentum für die Sinnbestimmung der Zukunft heranzuziehen.

Im folgenden sollen einige Hinweise auf Literatur gegeben werden. Wer tiefer in die Zusammenhänge eindringen will, möge grundsätzlich den Klassikern vor der Sekundärliteratur den Vorzug geben.

ZUR BIBELWISSENSCHAFT (TEXTKRITIK, LITERARGESCHICHTE, FORMGESCHICHTE, REDAKTIONSGESCHICHTE)

Kurt Aland/Barbara Aland, „Der Text des Neuen Testaments", Stuttgart 1989.

Jürgen Becker, „Das Evangelium nach Johannes", ÖTK 4, 2 Bde., Gütersloh, Würzburg 1991.

Klaus Berger, „Einführung in die Formgeschichte", UTB 1444, Tübingen 1987.

John Dominic Crossan, „Der historische Jesus", Verlag C. H. Beck, München 1994.

Rudolf Bultmann, „Die Geschichte der synoptischen Tradition", Göttingen 1995.

Martin Dibelius, „Die Formgeschichte des Evangeliums", Tübingen 1971.

Johannes Dietl-Zeiner, „Das kastrierte Evangelium", Ariston Verlag, Kreuzlingen 1996.

Wilhelm Egger, „Methodenlehre zum Neuen Testament", Freiburg 1990.

Robin Lane Fox, „Die Geheimnisse der Bibel richtig entschlüsselt", Weltbild Verlag, Augsburg 2000.

Gerhard Kittel/Gerhard Friedrich (H), „Theologisches Wörterbuch zum Neuen Testament I–X", 1933–1979.

Werner Georg Kümmel, „Das Neue Testament", OA III/3, Freiburg/Breisgau, München, 1970.

Joachim Rohde, „Die redaktionsgeschichtliche Methode", Berlin 1966.

David Friedrich Strauß, „Das Leben Jesu", Tübingen 1835.

David Friedrich Strauß, „Der alte und der neue Glaube", Leipzig 1872.

Heinrich Zimmermann, „Neutestamentliche Methodenlehre, Darstellung der historisch-kritischen Methode", Stuttgart 1966.

ZUR GEGENWÄRTIGEN THEOLOGISCHEN DISKUSSION

Alexander Bommarius (H), „Fand die Auferstehung wirklich statt?", Parerga Verlag, 1995.

H. Braun, „Jesus", Stuttgart 1969.

Rudolf Bultmann, „Theologie des Neuen Testaments", Tübingen 1958.

Jacques Duquesne, „Jesus – was für ein Mensch", Patmos Verlag, Düsseldorf 1997.

Peter Heintel, „Innehalten", Herder 1999.

Gisbert Kranz, „Schmunzelkatechismuus", Verlag J. Pfeiffer, München 1994.

Herbert Pietschmann, „Aufbruch in neue Wirklichkeiten", Weitbrecht 1997.

Wolfgang Poeplau, „Jesus, der Buddha", Christophorus-Verlag, Freiburg i. Br. 1989.

Karl Rahner, „Schriften zur Theologie", 16 Bände, Einsiedeln 1960–1967.

Günther Schiwy, „Abschied vom allmächtigen Gott", Kösel-Verlag, München 1995.

Georg Schmid, „Zwischen Wahn und Sinn. Halten die Weltreligionen, was sie versprechen?" Benziger Verlag, Solothurn und Düsseldorf 1995.

Gerhard Schwarz, „Was Augustinus wirklich sagte", Wien 1969.

Gerhard Schwarz, „Die Heilige Ordnung der Männer", Wiesbaden 1985.

Gerhard Schwarz, „Konfliktmanagement", Wiesbaden 1990.

Gerhard Schwarz, „Raum und Zeit als naturphilosophisches Problem", Wien 1992.

Walter Weiss, „Tod als Leben", Wien–Klosterneuburg 1991.

Walter Weiss, „Östliches und westliches Denken", Wien 1990.

ZUR KLASSISCHEN PHILOSOPHISCH-THEOLOGISCHEN LITERATUR

Aurelius Augustinus, „De trinitate". Deutsche Übersetzung: Bibliothek der Kirchenväter, Bd. 12/13, München 1936.

Aurelius Augustinus, „De civitate dei". Deutsche Übersetzung: Artemis Verlag, Zürich 1955.

Thomas von Aquin, „Summa contra gentiles". Deutsche Übersetzung: Fraumünster-Verlag, Zürich 1942, 5 Bände.

Thomas von Aquin, „Summa theologica". Deutsche Übersetzung in der deutsch-lateinischen Ausgabe in 36 Bänden, Verlag Anton Pustet, Salzburg, seit 1933 sind 26 Bände erschienen.

Martin Luther, „Von der Freiheit eines Christenmenschen", 1520.

K. F. A. Schelling, „Philosophie der Mythologie und Philosophie der Offenbarung", 1857.

G. W. F. Hegel, „Vorlesungen über die Philosophie der Religion", 1832.

ZUR DISKUSSION FRAUEN IM CHRISTENTUM

Gerhard Dautzenberg/Helmut Merklein/Karlheinz Müller (H), „Die Frau im Urchristentum", Herder, Freiburg 1983.

Anne Jensen, „Gottes selbstbewußte Töchter. Frauenemanzipation im frühen Christentum?" Freiburg i. Br. 1992.

Elisabeth Moltmann-Wendel, „Ein eigener Mensch werden. Frauen um Jesus", Gütersloh 1980.

Hubertus Mynarek, „Jesus und die Frauen", Eichborn, Frankfurt 1995.

Uta Ranke-Heinemann, „Eunuchen für das Himmelreich. Katholische Kirche und Sexualität", Hamburg 1988.

Ross Saunders, „Die Frauen im Neuen Testament", Wissenschaftliche Buchgesellschaft, Darmstadt 1999.

Luise Schottroff/Silvia Schroer/Marie-Theres Wacker, „Feministische Exegese", Wissenschaftliche Buchgesellschaft, Darmstadt 1995.

Elisabeth Schüssler Fiorenza, „Zu ihrem Gedächtnis. Eine feministisch-theologische Rekonstruktion der christlichen Ursprünge", Freiburg 1988.

Anmerkungen

1 Aristoteles, „Nikomachische Ethik", Drittes Buch, Kap. 1–3, 1110b
2 W. Trilling, „Fragen zur Geschichtlichkeit Jesu", Düsseldorf 1966, S. 83.
3 Rudolf Bultmann, „Theologie des neuen Testaments", Tübingen 1958, S. 16
4 Vgl. H. Litzmann, „Der Menschensohn", 1896
5 Theologisches Wörterbuch, Band 8, S. 403–481
6 Vgl. dazu die Problematik des Großinquisitors in Dostojewskis Roman „Die Brüder Karamasow".
7 H. Braun, a.a.O., S. 59
8 Vgl. G. Schwarz, a.a.O., S. 45 ff.
9 Vgl. G. Schwarz, a.a.O., S. 84 ff.
10 H. Braun, a.a.O., S. 161
11 Ebenda, S. 163
12 „Glaubensverkündung für Erwachsene", S. 505
13 K. Rahner, a.a.O., Bd. 1, S. 208
14 Homer, „Odyssee", 8. Gesang, Vers 342
15 K. Rahner, a.a.O., Bd. 4, S. 144
16 Vgl. dazu Karl Rahner, a.a.O., Bd. 1, S. 135
17 Vgl. Fritz Leo Lentzen-Deis SJ, „Die Evangelien zwischen Mythos und Geschichtlichkeit, dargestellt an den Berichten über die Taufe Jesu, in „Theologische Akademie", Bd. 5, S. 102 f.
18 Denzinger, 301, Enchiridion symbolorum, Ed. 37, S. 142.
19 Zitiert nach Schweitzer (Anm. 6), S. 91 f.
20 Pierre Nahor, „Jesus", Berlin 1905, zitiert nach Schweitzer (Anm. 6), S. 374.
21 Schweitzer (Anm. 6), S. 335.
22 Vgl. Werner Koch, „Der Prozeß Jesu", S. 82 f.
23 R. H. Fuller, „Die Wunder Jesu in Exegese und Verkündigung", Düsseldorf 1967, S. 42.
24 Ebenda, S. 87 f.
25 Schiller, „Die Götter Griechenlands", 1788.
26 Vgl. dazu Franz Mußner, „Die Johanneische Sehweise. Questiones disputatae". Nr. 28, Freiburg i. Br. 1965.
27 „Praktisches Bibellexikon", Freiburg im Br., 1969, S. 324

28 G. Kroll: „Auf den Spuren Jesu", Leipzig 1963, S. 29
29 W. Trilling, „Fragen zur Geschichtlichkeit Jesu", Düsseldorf 1966, S. 75.
30 Vergleiche dazu Herbert Braun, „Jesus", Stuttgart 1969, S. 39.
31 Vergleiche dazu Xavier Leon-Dufour, a. a. O., S. 400 f.
32 Neuner-Roos, „Der Glaube der Kirche", S. 163, Denzinger 144,
33 Ebenda, S. 176, D. 256
34 Ebenda, S. 199, D. 993
35 Vergleiche dazu Georg Strecker, „Der Weg der Gerechtigkeit", Göttingen 1962, S. 95 f.
36 So etwa Ernst Lohmeyer, „Galiläa und Jerusalem", f. R. L. A. N. P. – N. f. 34, 1936.
37 Werner Koch, a. a. O., S. 73.
38 David Friedrich Strauß, „Das Leben Jesu", Tübingen 1836, Band 2, S. 288 f.
39 Ebenda, S. 291
40 Theologisches Wörterbuch, Band 6, S. 961.

Dem Gerhard Schwarz erscheint der Heilige Geist im Traum. Schwarz fragt ihn sofort: „Wie hat dir mein neues Buch über den Jesus von Nazareth gefallen?" Sagt der Heilige Geist: „Im großen und ganzen recht gut. Aber es werden einige Dinge über mich gesagt, die mir selber gar nicht bekannt sind."